战后中国知识界的社会主义思潮研究

（1945—1949）

李颖　著

中国社会科学出版社

图书在版编目（CIP）数据

战后中国知识界的社会主义思潮研究 ：1945—1949 / 李颖著．—北京：中国社会科学出版社，2024.3

ISBN 978－7－5227－3026－4

Ⅰ．①战…　Ⅱ．①李…　Ⅲ．①社会主义—政治思想史—研究—中国—1945－1949　Ⅳ．①D092.6

中国国家版本馆 CIP 数据核字(2024)第 035327 号

出 版 人　赵剑英
责任编辑　刘　洋
责任校对　周　昊
责任印制　王　超

出　　版　中国社会科学出版社
社　　址　北京鼓楼西大街甲 158 号
邮　　编　100720
网　　址　http://www.csspw.cn
发 行 部　010－84083685
门 市 部　010－84029450
经　　销　新华书店及其他书店

印　　刷　北京君升印刷有限公司
装　　订　廊坊市广阳区广增装订厂
版　　次　2024 年 3 月第 1 版
印　　次　2024 年 3 月第 1 次印刷

开　　本　710×1000　1/16
印　　张　16.25
字　　数　254 千字
定　　价　88.00 元

凡购买中国社会科学出版社图书，如有质量问题请与本社营销中心联系调换
电话：010－84083683

目　　录

绪　论

20 世纪 40 年代中后期的中国是教育界和舆论界的知识分子非常活跃的时期。对于当时活跃于教育界和舆论界的知识分子，身兼复旦大学政治系教授和名动一时的《观察》周刊主编的储安平曾指出："在中国，散布于国共以外的自由思想份子，为数极多，不过他们较为散漫，甚少严密的组织。其中组织较大的就是民盟"，"除了民盟、民社党这些组织外，就是散布在各大学及文化界的自由份子了"。[①] 借鉴储安平的观察，本书所讨论的知识分子主要是指活跃于教育界和舆论界，没有显著的国共两大党派色彩，以相对自由的身份对社会公共事务发表见解的知识分子群体。他们大多数依托学校、学会等机构或报纸、杂志等媒体而存在，他们中的一些人与民盟、民社等松散的组织有较为密切的联系。

社会主义思想自清末传入中国，因其所秉持的平等公正的价值理念与中国传统的价值诉求、清末民国的社会需求、世界潮流趋向相耦合，几乎成为近代中国各种不同政治立场者的重叠共识。20 世纪 20 年代末以降的近代中国，国共两党对峙导致社会主义具有一定的政治敏锐性，但在知识分子的公共舆论空间中，社会主义话题始终不绝如缕，他们中的一些人还以社会主义者自居。梁启超说："凡'思'非皆能成'潮'；能成'潮'者，则其'思'必有相当之价值，而又适

① 储安平：《中国的政局》，《观察》1947 年第 2 卷第 2 期。

合于其时代之要求也。”① 的确，在特定历史条件下，知识分子关于社会主义的探讨会尤其集中，并且彼此激荡，蔚然成潮。20 世纪 40 年代中后期的中国与世界就为这样一个思潮的形成提供了特定的历史条件。这一期间，在知识界，有人为社会主义办刊结社；有人为社会主义唇枪舌剑；有人为社会主义独树一帜，诸如“自由主义的社会主义”“新社会主义路线”“民主自由社会主义”“社会主义的民主主义”等思想主张不一而足；有人视社会主义为人类不可逆之潮流，认为“十九世纪是资本主义与民主政治的时代，二十世纪前五十年是民族主义的时代，而二十世纪后五十年，由世界大势看来，将是社会主义时代之到来。这是历史发展的逻辑。亦是人类前进之当然”②。借此，我们谓之为一个社会主义的思想之“潮”应也不为过。

但相对于之前的社会主义思潮，我们对于 40 年代中后期存留于知识界中的社会主义思潮所知不多。实际上，深入认识这一思潮不仅有助于呈现社会主义在近代中国流布的完整图景，而且也为深入认识马克思主义打开了一个新的视域。

首先，有助于进一步拓展近代中国社会主义思潮研究的时限和论域。学界对近代中国社会主义思潮的研究，从时限上看，多数集中于从清末民初到 20 世纪 20 年代初，即从清政府驻外人员对社会主义只言片语的记录到五四时期社会主义的广泛传播直至马克思主义成为一部分先进分子的选择并成立中国共产党。从论域上看，在中国共产党成立之前，研究的主体广泛涉及不同政治立场的知识分子，但在中国共产党成立后，对社会主义思想和实践的研究多以中国共产党人以及一些左翼知识分子为主体。这样的研究路径的确揭示了历史的主流，但无法反映历史的全貌。从时限上看，知识分子关于社会主义的讨论并未因一部分知识分子在 20 年代初选择了马克思主义而终止。从论域上看，即便在中国共产党成立后，社会主义实际上依然是许多不同

① 梁启超：《梁启超全集》（第 5 册），北京出版社 1999 年版，第 3068 页。

② 王任重：《社会主义在世界的抬头》，《主流》1947 年第 2 号。

政治立场者的共识。不仅共产党人，甚至连一些国民党人也以社会主义为追求的目标，而在国共之外的知识界更是存留着许多社会主义的追随者。从目前的研究现状来看，20 世纪 30 年代知识界的社会主义思潮已有学者涉足，而 20 世纪 40 年代中后期知识界的社会主义思潮，尚未见到专门的研究成果。因此，深入开展对 20 世纪 40 年代中后期知识界的社会主义思潮的研究，是从时间和论域上对近代中国社会主义思潮研究的开拓。借此，也才有可能更完整地展现近代中国人追寻社会主义的思想和实践的历史全貌。

其次，有助于更丰富地展现近代中国知识界社会主义思潮中的问题视域。在社会主义公正平等的价值理念的招引下，许多近代中国人聚集于社会主义的大旗之下。但他们拥有相同的社会主义者的名号，却对社会主义的属性和实现条件等问题的认识不尽相同。受不同时空条件和主体条件的限制，近代中国每次社会主义思潮中都包含有独特的问题意识。仅就知识界而言，20 年代的社会主义思潮中，知识分子特别关注讨论实现社会主义的国情基础问题；30 年代的社会主义思潮中，知识分子关注社会主义与计划经济的关系问题。而 40 年代中后期知识界的社会主义思潮在前人思想与实践的基础上，也形成了自己独特的问题意识。他们围绕社会主义与计划经济和市场经济的关系问题，围绕社会主义与政治民主的并行问题，围绕实现社会主义的途径方式问题展开了思考与探讨。尽管这些问题意识生成于知识分子中，并非近代中国社会主义思想发展史的主流，但任何一种主流思想都不是在与外界隔绝的环境中生成演化的。恰恰相反，主流思想的流变离不开与非主流思想的碰撞与激荡。因此，更丰富地展现近代以来知识界社会主义思想的问题视域，实际上可以为理解主流社会主义思想提供更加广阔的历史文化视野。

最后，有助于更深入地理解马克思主义在近代中国知识分子中的潜在影响力。马克思主义是社会主义思想发展史上的一个阶段与高峰，知识分子对马克思主义的观点与看法当然应该是知识界社会主义思潮研究的题中应有之义。但在近代政治思想史的研究中，我们经常不自觉地陷入一种非此即彼的僵化思维之中，即认为马克思主义只是共产党人以及左派知识分子的思想资源，因此在知识界中研究马克思主义的影响力问题尚未引起足够的重视。事实上，非此即彼的贴标签式的研究并不符合历史的真实现象。就表面观之，的确知识分子中的相当一部分人对马克思主义存有观望、怀疑甚至否定的态度。但对一些知识分子的思想进行细致的条分缕析，却会发现马克思主义的一些重要观点与方法其实是他们用而不觉的一种思想资源。揭示这一长期被忽视的思想潜流，将为理解40年代末知识分子对科学社会主义的接受与认同提供一种新的视角。

受中国20世纪40年代中后期动荡的社会环境和知识分子个人拮据的经济生活条件的影响，知识分子中除如张东荪、吴景超、吴恩裕等少数人外，多数人没能将他们的思想集结成册以专著的形式出版。多数知识分子一般通过公共舆论空间来表达自己的思想和主张，因此，以报纸杂志为中心展开对知识分子群体的社会主义思想的研究，是一种比较理想的研究方式。基于此，本书以《大公报》《观察》《世纪评论》《新路》《时与文》《主流》等刊物为主要阵地，展开对40年代中后期知识分子的社会主义思潮的研究。之所以选择这些刊物，一方面，是因为这些刊物中有些本身就是以中国的费边社自居的学人群体的团体刊物，如《新路》和《主流》；另一方面，是因为这些刊物在当时都有比较大的影响力，而且主观上都明确表明了自己的“非党”立场，因此在当时深受知识分子的青睐，成为知识分子经常发表他们见解的舆论阵地。

以下对作为本书研究主阵地的相关刊物作一个简单的介绍。借此，对本书所研究的知识分子群体也会有进一步的了解。

《大公报》创立于1902年，到1949年1月天津解放，中国共产党的工作组进驻其天津馆之前，连续运行46年。经历胡政之、张季鸾两代报人，40年代中后期由王芸生主编。40年代中后期，《大公报》颇受来自国共两党的“左右夹击”。1948年年初，《大公报》曾发表社评，明确表达其“不党”立场。《大公报》公开声言《大公报》“不属于任何党派，它的地位是独立的”①。

《观察》周刊于1946年9月1日在上海创刊，复旦大学政治系教授储安平任“观察社”董事长、发行人兼主编。《观察》周刊在最盛时甚至发行到100500份，创造了民国新闻出版史上的奇迹。在其发刊词性质的《我们的志趣和态度》一文中，编者表达了这样的立场：“这个刊物确是一个发表政论的刊物，然而绝不是一个政治斗争的刊物。我们除了大体上代表着一般自由思想分子，并替善良的广大人民说话以外，我们背后另无任何组织。我们对于政府、执政党、反对党，都将作毫无偏袒的评论；我们对于他们有所评论，仅仅因为他们在国家的公共生活中占有重要的地位。”② 1947年2月，《观察》出满1卷后，曾刊出《读者意见书》，征求读者关于刊物的意见。在收回的323份意见书中可见，读者对于《观察》追求的不偏不倚的立场还是比较认可的。读者认为《观察》周刊的态度，“中正”的为243人，“稍偏右”的为46人，“稍偏左”的为32人，“太偏左”的为2人。③

《世纪评论》于1947年1月在南京出版，由“离开政府以后，对政治有一种‘不感兴趣的’兴趣”④ 的何廉倡议，由张纯明任主编。在《世纪评论》的发刊词中，编者表明了刊物的基本立场：“在目前言论界不入于杨即入于墨的状况下，一种真正超然性的刊物，还有其存在的价值。我们这个小小的刊物没有党派的背景，没有宣传的作用，本着独立不倚的精神，从事于现实问题的检讨。”⑤ 1947年11月，一位叫李慕白的学者在《纽约民声论坛报》上发表文章，向国外读者介绍中国舆论界的发展情况。文中他向国外读者如此评价《世纪评论》和《观察》这两份刊物：“《世纪评论》与《观察》都是没

① 社评：《政党·和平·填土工作——论自由主义者的时代使命》，《大公报》1948年2月9日。

② 编者：《我们的志趣和态度》，《观察》1946年第1卷第1期。

③ 安平：《三百二十三位读者的意见的分析与解释》，《观察》1947年第2卷第12期。

④ 何廉：《何廉回忆录》，朱佑慈等译，中国文史出版社1988年版，第275页。

⑤ 编者：《发刊词》，《世纪评论》1947年第1卷第1期。

有背景的，正如《观察》封面上所表明的‘独立的，自主的，超党派的’意义一样”，“它们的撰稿人大半都是国内知名的学者和教授。言论公正，具有学术地位，无疑地已然成为今日中国舆论界的权威，执中国杂志界的牛耳，与抗战以前胡适博士所主编的《独立评论》和邹韬奋主编的《生活杂志》相比，大有过之无不及之感觉”。[①]

《主流》于1947年1月在南京创刊。《主流》认为由“劳文”领导“一个变而不乱之不流血的革命乃是中国唯一的出路”。对于这样一种运动，《主流》称之为“新的革命运动”。在其代发刊词中，《主流》社认为这样一个“新的革命运动”的目标在于“把我们这辆古老篷车的方向由向左向右而纠正到向‘前’走”。[②] 1947年11月，《主流》社曾撰文声明：“到现在为止，我们的出版费还是由我们一群最忠实的劳文朋友集体维持”，刊物在经济上是独立的，在刊物的背后并没有“一个庞大的力量存在”。[③]

《时与文》周刊于1947年3月在上海创刊，主要集合了上海的知识分子。《时与文》发刊时没有发表发刊词，其编者认为“读者们读过《时与文》尽够了解《时与文》”。从实际发文来看，一些宣传“中间路线”的标志性文章均出于《时与文》。如施复亮的《中国派的政治路线》（第1卷第1期），张东荪的《和平何以会死》（第1卷第3期），施复亮的《中间派在政治上的地位与作用》（第1卷第5期），伍丹戈的《民主路线与中间路线》（第1卷第8期），施复亮的《中间路线与挽救危局》（第1卷第8期），等等。1947年6月在答复读者询问时，《时与文》编者就刊物性质回复道：“我们刊物本身并不隶属任何政党。《时与文》是个超党派的刊物。”[④] 1948年9月，在《时与文》被迫停刊之际，编者申明《时与文》一贯的办刊理念，即坚持“进步、独立、理性、坚定”的态度，“要为民主运动尽一分努

---

① 泰焕之（译）：《今日中国舆论之趋势》，《世纪评论》1947年第2卷第22期。
② 编者：《一代的意志与行动（代发刊词）》，《主流》1947年第1号。
③ 李维林：《在民主自由社会主义的革命路上》，《主流》1947年第12号。
④ 编者：《〈时与文〉的背景》，《时与文》1947年第1卷第13期。

力，而刊物本身则必须始终维持超党派的立场，负责人不参加任何实际政治活动”①。

《新路》于1848年5月在北平创刊，是由有40多位知名学者教授参与其中的“中国社会经济研究会”创办的刊物，最初由钱昌照与吴景超、刘大中一起商议创办。在《新路》的发刊词中，编者郑重声明“中国社会经济研究会，并非一个政党的组织”。

这些具有比较明确的非党派立场的刊物为本书研究的开展提供了厚实的资料基础。本书以此为研究主阵地，辅以其他相关期刊、回忆录、著作集等资料，探究战后中国知识分子中的社会主义思潮。全书共分五章。第一章在明晰20世纪40年代中后期知识界关于“社会主义”概念的使用和认知的基础上，分析了引发这一思潮的国内外影响因素及其主要表现。第二章分析战后知识界关于社会主义的探讨。主要从社会主义的经济特征、社会主义与政治民主的并行、社会主义的实现路径等视角揭示其时知识分子关于社会主义的代表性认识。第三章分析战后知识界对于马克思主义的认识，其中既包括知识分子对马克思主义理论上的认识偏差，也包括知识分子对马克思主义部分观点方法自觉或者不自觉的认可与运用。第四章分析战后知识界的社会主义思潮的历史命运，主要揭示其在新中国成立前的历史大十字路口趋于分化的事实与原因。第五章对战后知识界的社会主义思潮的特点、性质及其历史作用进行评析，重在与国内外社会主义思潮或思想的纵向及横向的联系比较中揭示其历史定位。全书结束语是对这一思潮的当代反思。

20世纪40年代中后期知识界的社会主义思潮虽非历史发展的主流，却是建构社会主义思想在近代中国流布的完整图景不可或缺的一个环节。或为接近一个为当代人所忽视的历史侧面，或为从中找出那些“为时代所抛弃，却为历史常记起”的思想火花，或为从历史的回响中读懂当代的节奏，都值得我们深入当年知识分子的舆论空间，去领略这一思潮的潮起与潮落，去理解他们关于社会主义的所思与所想。

---

① 本社：《停刊告别读者》，《时与文》1948年第3卷第23期。

第一章　战后知识界社会主义思潮的生成

1945 年 8 月，世界反法西斯战争暨中国的抗日战争宣告结束。中国和世界上许多惨遭法西斯蹂躏的国家一起面临着战后恢复与重建的问题。由此，落后的中国与世界上的一些发达国家拥有了相同的历史课题。正是因抗战胜利而激发起来的建国热情，辅以世界发达国家的榜样作用，以及中国国内一度高涨的“民主”氛围，使得“社会主义”在战后成为知识分子论坛上的新宠。不过，在近代中国知识分子的论坛上，“社会主义”确如有些学者所言，是一个如变色蜥蜴一样的概念，其内涵可能因人而异。所以，在我们正式面对这一思潮之前，有必要对战后知识分子论坛中对“社会主义”这一概念的使用和认识的基本情况作一分析。借此，我们才能正确把握这一思潮中学者们的基本诉求。

第一节　战后知识界关于“社会主义”概念的使用和认知

20 世纪 70 年代末，于光远教授与高放教授之间曾有关于“什么是社会主义”的通信。信中于光远教授指出：“‘社会主义’这个名词，我想要算是最吃香的东西了。从它产生的那一天起，各色各样的人都抢着把这顶桂冠往他们的头上戴，似乎没有什么人讨厌这个名词，反对这个名词。从这一点来说，它的命运同民主、自由、平等差不多，而同共产主义就很不一样。其中有一个道理可能就是在普列汉诺夫那个长注里所说的：它的含义是‘极端不确定’，因而谁都可以按照自己的观点去使用这个名词，各种政治力量都可以用它来装饰自己。”[①] 笔者查阅40年代中后期知识分子的出版物，对两位教授关于“社会主义”的谈论深有同感。以下试对40年代中后期知识分子关于“社会主义”这个概念的使用与认识状况作一分析。

一　知识界关于“社会主义”概念的使用状态分析

1949年学者夏炎德曾借英国学者之言形容知识分子在使用“社会主义”这个概念时“因人而异随缘而化”的“变色龙”特质：“在街道转角处及俱乐部内，它是炙手可热的猩红色的阶级斗争；对知识分子，它的红色忽而变为褐黄色；对热情分子，它又变成极可爱的玫瑰红色；在牧师群中，它又变为贞洁的白色。”[②]事实上，在40年代中后期知识分子的舆论空间中，对“社会主义”这一概念的运用确有如英国学者所形容的变色龙特质，它至少为以下几种不同倾向的知识分子所共享共用。

1. 有三民主义倾向的知识分子。一些活跃于知识分子的论坛但对三民主义有较明显偏好的学者，声称自己是社会主义者。如一位署名“泉清”的知名学者，就同时明确表达了自己的三民主义和社会主义取向。他直言：“孙中山最初在东京向留日学生讨论社会改革的时候，他所标榜的不是民生主义，是社会主义。以后他改用‘民生主义’是为宣传的方便，不是因为它的思想或主张有任何变更。……民生主义就是社会主义。”[③]

2. 有共产主义倾向的知识分子。一些同样活跃于知识分子的论坛，但从其言论中能够感到他们的马克思主义偏好的学者，同样声称自己是社会主义者。如学者汤德明也主张走社会主义的道路，但从他

---

① 于光远、高放：《关于“社会主义”一词的通信》，《读书》1979第1期。

② 夏炎德：《为“社会主义”的名词作一详解》，《舆论》1949年第2卷第6期。

③ 泉清：《美国人对于中国的了解与误会》，《世纪评论》1947年第1卷第9期。

分析中国需要的是大多数人的自由还是少数人的自由、需要优先解决“均”的问题还是“寡”的问题、如何走向经济平等之路等问题上，都可以感到他的马克思主义偏好。①

3. 独立立场的知识分子。这一类知识分子也认可社会主义，但不照搬任何已有的社会主义言论，而是根据自己的个人见解赋予“社会主义”以独具特色的理解。比如学者蒋硕杰、刘大中、吴景超等基本都认可兼有社会主义与自由主义之优点的“自由竞争的社会主义”②，学者周绶章则提出他的“新社会主义路线”③，等等。

4. 无明确立场的知识分子。这一类知识分子发表的社会主义言论为数不少。所谓“无明确立场”是指他们不以三民主义或共产主义的认识作为自己对社会主义的认识，也不曾形成自己独特的社会主义观点。但他们或者依据自己认同的关于社会主义的一般性认知，或者干脆将社会主义视为一种“不证自明”的社会理想而加以追求，并希望借此修正当前社会的诸多问题。如有学者追求社会主义，因为他相信“从社会主义的特质看来我们找不出它有什么与自由必然抵触之处。相反的，在社会主义制度之下，自由却有积极的发展”④。

二　知识界关于“社会主义”概念的基本共识分析

如前文所述，“社会主义”在40年代中后期知识分子的论坛上实际上是许多不同倾向的知识分子的重叠共识。尽管倾向各异，但既然他们共享一个“社会主义”的名号，那么其背后就一定有某种共识。可是当我们试图去找寻这一重叠的“共识”的真正内涵时，却发现他们关于“社会主义”概念的一个极为清晰的共识却是“没有共识”。1949年学者夏炎德还在发问和感叹：“社会主义的意义是什么？

---

① 汤德铭：《中国的出路》，《时与文》1948年第3卷第2期。

② 蒋硕杰：《经济制度之选择》，《新路》1948年第1卷第3期。

③ 周绶章：《政治自由与经济平等——新社会主义路线的提出》，《世纪评论》1947年第1卷第20期。

④ 易廷镇：《论社会主义与自由》，《清华旬刊》1948年第3—4期。

或社会主义的宗旨是什么？对于这个问题的答案，不嫌其少，倒是觉得太多了。”① 但这一共识绝非不存在，只是是否被明确揭示的问题而已。笔者认为，到40年代中后期，知识分子在“社会主义”的内涵认识上至少有以下几点共识。

1. 社会主义是一种以“社会问题”为中心的学说

无论对“社会主义”的具体认识有何不同，几乎所有谈论“社会主义”的知识分子都不反对“社会主义”是因社会问题而产生的学说，也是为解决社会问题而存在的学说。

比如前文述有民生社会主义倾向的知名学者泉清就主张即使在美国的共和党抬头之际，中国也要“大声的宣布我们是社会主义者”。因为中国经济发展所面临的问题不是美国所能比拟的。在中国，“有些事业，如果政府不举办，就没有人办了”。比如铁路和电信，“在中国，私人没有建设铁路和电信的能力，财团具有国际信誉可从国外举债的亦不存在”。为解决类似问题，泉清认为唯一的出路就是实行社会主义。② 另一位署名许煊之的同样对民生社会主义颇有好感的学者，就直言社会主义就是对各种社会问题的一种“反动”。③ 此外，有马克思主义倾向的社会主义支持者也不否认科学社会主义与各种社会问题之间的关系，但他们进一步认为科学社会主义产生的基础是这些社会问题的极度激化，如“富者愈富贫者愈贫的前所未有的不平等现象”“生产与消费间异常矛盾的现象”等。④

2. 社会主义是一种以“平等”为核心价值的学说

社会主义既然是一种以“社会问题”为中心的学说，那么，它在解决社会问题时所遵循的核心价值是什么呢？从当时诸多关于社会主义的价值追求的言论可以看出，“平等”是时人最认同、也最珍爱的

---

① 夏炎德：《为“社会主义”的名词作一详解》，《舆论》1949年第2卷第6期。

② 泉清：《美国人对于中国的了解与误会》，《世纪评论》1947年第1卷第9期。

③ 许煊之：《个人主义的民主，社会主义的民主和三民主义的民主》，《智慧》1947年第18期。

④ 应澜（记录）：《民主主义与社会主义：本刊第七次座谈会》，《青年与妇女》1947年第10期。

一种价值。

首先，“平等”是时人一致认同的一种社会主义价值。一位有三民主义倾向的社会主义支持者认为，资本主义的“个人主义的政治，造化经济上的不平等，于是，发生社会主义的反动，社会主义无论其为空想派或马克思派，其哲学观点，政治主张，各有差异，但消除贫富悬殊的现象，使经济地位平等的思想则无二致。所以社会主义，可以称为平等主义”[①]。与此类似，一位崇尚“基督教社会主义”的独立立场的社会主义支持者认为，“社会主义就是一种以人类的平等，自由，公道，友爱，互助，合作为社会理想的主义”[②]。一位署名“旭东”的有马克思主义倾向的社会主义支持者认同社会主义代表着一种“追求平等幸福的愿望”，但只有马克思主义通过对生产力和生产关系的科学分析，“替人类开辟了一条真正自由、平等和幸福的道路”。[③]

其次，“平等”是时人最珍爱的一种社会主义价值。在时人的这些论述中，与“平等”同时出现的还有“自由”这一价值理念。但当这二者出现冲突时，时人的选择则反映了社会主义者对于“平等”这一价值的珍视。1946 年，美国教授裴斐（Nathaniel Peffer）曾将中国的“自由”与“平等”问题形象地比喻为“一张票”与“一碗饭”的问题。[④] 裴斐教授的言论随即引起知识分子的热烈讨论。在学者的讨论中，有人主张“平等”与“自由”皆不可失，典型代表是刘大中、蒋硕杰等。有人主张为能够平等地获得“面包”，“自由”应该或者至少应该暂时退居第二位，典型代表如周绶章、萧乾等。有人认为在“寡”与“不均”之间，可以在一定范围内忍受“不均”，以改善“寡”的状态，但最终还是为了实现更高水平的“均”，张东

① 许烜之：《个人主义的民主，社会主义的民主，和三民主义的民主》，《智慧》1947 年第 18 期。

② 编者：《何谓社会主义》，《基督教丛刊》1946 年第 14 期。

③ 应澜（记录）：《民主主义与社会主义：本刊第七次座谈会》，《青年与妇女》1947 年第 10 期。

④ 王芸生：《与裴斐教授的一席谈》，《大公报》1946 年 11 月 10 日。

荪、施复亮等是这一观点的典型代表。这些学者的具体观点，我们将在第二章中述及，在此先不展开。但在我们的视野所及，的确不曾看到有所谓社会主义者可以以根本牺牲“平等”为代价来换取自由或发展。由此可见，“平等”在社会主义者心目中有着不可替代的地位。

3. 社会主义是一种以“国有化”和“计划经济”为特征的经济制度安排

“平等”是知识分子认同且珍爱的社会主义的核心价值。但价值的实现是需要一定的制度载体的。与“社会主义”的概念一样，知识分子对于社会主义应有的制度规定性的认识同样是众说纷纭的。但到了40年代中后期，将社会主义视作一种以“国有化”和“计划经济”为特征的经济制度安排，应该可以成为知识分子中的社会主义者们的一种总体共识。

首先，社会主义是一种经济制度安排。社会主义应该是经济的、政治的抑或是伦理的，在知识分子中不乏论说者。但无论持何种观点，学者普遍都能认同它首先或者说主要的应该是一种“经济制度”。一位对“民主主义社会主义”抱有强烈认同感的学者，明确指出“社会主义是整个社会组织的一种方式，主要的是一种经济制度”①。另一位对社会主义抱有好感的无明确立场的学者也认为，社会主义“简单的说，它乃是一种经济制度”②。如果再证之以40年代中后期的公共舆论空间中频繁出现的诸如“民主主义的政治与社会主义的经济”③ 这样的提法，更足以说明“社会主义”对40年代中后期的知识分子而言，首先是甚至主要是作为一种经济制度而存在的。

其次，“国有化”和“计划经济”是社会主义经济制度的主要特征。40年代中后期的知识分子见识了二三十年代资本主义世界的经济大危机和苏联前两个五年计划的辉煌成绩，逐步对“社会主义”

① 夏炎德：《为“社会主义”的名词作一详解》，《舆论》1949年第2卷第6期。

② 易廷镇：《论社会主义与自由》，《清华旬刊》1948年第3—4期。

③ 罗梦册：《民主主义的政治与社会主义的经济》，《主流》1947年第2号。

的经济制度的具体规定性有了一些新的认识。通常他们愿意将“社会主义”与“国有化”或“公有制”“计划经济”或“统制经济”密切联系。

如果说“社会主义”应有“公有”之意，在知识分子中早已有这种认知。如1904年梁启超就明确指出：社会主义，“括其最要之义，不过曰土地归公、资本归公，专以劳力为百物价值之原泉”①。那么应该说，40年代中后期的知识分子并没有放弃对“社会主义”经济规定性的这一传统认知，但他们在此基础上进一步将“计划经济”或“统制经济”与“社会主义”相联结。这种新变化，对知识分子而言，是在30年代以后才有的观念，到40年代中后期近乎成了一种不言而喻的观念。40年代中后期的一位学者是这样论述平等—社会主义—统制经济之间的关系的：

> “还有与‘平等’观念关系更密切直接的思想，认为资本主义社会根本不应当继续存在，这自然是社会主义的主张。在最近的西欧，英国，甚至美国，从之者为数甚多。他们的看法是资本主义社会亦即自由式经济制度，虽然标榜自由，但是实际上经济极不平等，所谓自由乃少数人之自由。在自由经济制度之下，欲求充分就业与社会安全，无异于舍本逐末，因为根本的弊病是资本社会中逐利动机。唯一挽救办法，亦只有废除这个自私的动机，而代之以中央设计制度，以集体的力量来建树经济上的平等。”②

对40年代中后期的知识分子而言，将“国有化”“计划经济”与“社会主义”相联结的确具有一定的普遍性。如一位笔名为“负生”的支持费边社会主义的学者认为：“社会主义这个名词有许多不

① 梁启超：《梁启超文集》。北京燕山出版社1997年版，第536页。
② 吴元黎：《现代经济思潮的趋势》，《观察》1947年第2卷第9期。

同的定义。但我们现在用这个名词，大体是指：一种根本取消私有财产，彻底实行计划经济的社会”①。另一位支持“民主主义的社会主义”的学者也认为社会主义的经济制度主要表现为：“第一生产工具公有；第二重要产业公营；第三为人民使用而生产；第四计划经济之运用；第五公平的分配方法。”② 有马克思主义倾向的知识分子当然也支持“将私有财产变为公有，而更合理更有计划地生产和分配消费”，但他们更深刻地指出，“资本主义的矛盾在于生产的社会化与生产机关的私有化”，而公有制和计划经济是“消解这个危机的唯一办法”。③

但是，应该说明的是，我们在此将“国有化”和“计划经济”作为40年代中后期知识分子对社会主义经济制度安排的一种总体共识，并不代表着不存在分歧意见。比如，蒋硕杰、刘大中、吴景超等学者就对社会主义与计划经济之间是否存在着必然的联系提出了质疑。他们虽然人数不多，但颇有思想力和影响力。但是就连他们也承认，国有化和计划经济是当时知识分子对于社会主义的普遍认知。如蒋硕杰就指出：“社会主义的涵义究竟为何，论者亦颇不一致。但是普通的定义，系指一切生产工具尽归国有，而同时采取集体的计划经济之制度。”④ 因此，有理由相信，“国有化”和“计划经济”可以代表当时大多数社会主义支持者对社会主义经济制度的看法，但不可将其绝对化。他们关于社会主义经济制度的分歧意见，我们将在下文加以详细的讨论。

总之，在40年代中后期知识分子的舆论空间中，“社会主义”是被许多不同倾向的知识分子共享共用。这也就意味着他们虽然冠有相同的名号，实际上对“社会主义”的理解是不相同的，甚至是截然

① 负生：《用和平方法不能实现社会主义》，《新路》1948年第1卷第6期。

② 夏炎德：《为“社会主义”的名词作一详解》，《舆论》1949年第2卷第6期。

③ 应澜（记录）：《民主主义与社会主义：本刊第七次座谈会》，《青年与妇女》1947年第10期。

④ 蒋硕杰：《经济制度之选择》，《新路》1948年第1卷第3期。

对立的。但借助前文分析，我们可以相信，到40年代中后期，当知识分子为自己冠以“社会主义”这一名号的时候，他们中的大多数人可以认同关于“社会主义”的这样一种规定性：社会主义是一种在公正平等的价值理想指导下，以国有化和计划经济为手段来解决社会不公问题的学说和理想。

由上述分析可知，40年代中后期知识分子对“社会主义”的共识的内核其实就是“经济公平”。而学者能够在这一层面上形成对“社会主义”的共识，是有其历史和现实的原因的。

从历史原因来看，“社会主义”在中国的最初的传播就是以“均贫富”这一包含着“公平问题”与“经济问题”双重内涵的主题出现的。比如，被认为是中国近代史上第一位在自己的著作中使用“社会主义”一词的学者梁启超于1902年发表的《干涉与放任》一文中即认为由于资本主义导致“富者愈富，贫者愈贫，于是近世所谓社会主义者出而代之”。稍早于此，1900年《译书汇编》刊载日本学者有贺长雄编著的《近世政治史》一书。译者在该书中对“社会主义”所作的注释中指出：“遂有均贫富制恒产之说者，谓之社会主义”①。1903年出版的《新尔雅》对社会主义的解释是：“废私有财产，使归公分配之主义，谓之共产主义，一名社会主义”②。这样的历史传统不能不对后世社会主义者的认知有所影响。

从现实的原因来看，“经济公平”的确是国民党治下知识分子的突出诉求。1927年后的国民党是代表“官僚买办资本家和大地主利益的统治集团”③，这一点是即便有心“不阿国、不拥共”的主张中间路线的知识分子也不讳言的。国民党统治下两极分化的社会生态不断为知识分子们所抨击诟病。一方面，正如著名报人储安平所言：“国民党一党专政前后垂二十年。二十年执政的结果：一般人民的物

① 杨奎松、董士伟：《海市蜃楼与大漠绿洲》，上海人民出版社1991年版，第26页。

② 参见王海林《梁启超社会主义思想研究》，九州出版社2020年版，第68页。

③ 施复亮：《中间派的政治路线》，《时与文》1947年第1卷第1期。

质生活愈来愈艰难”[①]。另一方面，知识分子揭露国民党抗战胜利后“财政经济上的枝节应付有一主旨屹然不动，这便是维护富裕阶级和既得利益集团的利益”[②]，这种两极分化的格局到40年代末甚至已经将一直以来以中产阶级自居的知识分子裹挟其中，沦为衣食堪虞之群。1948年《大公报》就发表社评：“饥寒的威胁，现实的冷酷，竟逼得向以‘宁可饿死而不离开工作岗位’自矢的教授们也不得不忍痛罢教”[③]。置身这种社会条件之下，知识分子在畅谈其社会主义理想之时，自然会将经济公平问题置于优先考虑的位置。因为此时他们追求社会主义的动力已不仅仅是知识分子早已有之的救世情怀，也不仅仅是个人的情感偏好，实际上也已关乎知识分子个人的现实境遇。

既然知识分子对“社会主义”的基本共识只是一种解决社会不公问题的经济制度安排，那么，毫无疑问，“社会主义”就可以嫁接于任何发展阶段的社会，“社会主义”也可以嫁接于任何意识形态的国家。理解了这一点之后，当我们步入40年代中后期知识分子的舆论空间时，许多看似矛盾的东西都变得可以理解了。比如，他们将任何有“国有化”和“计划化”改革倾向的国家都视为是将要社会主义化的国家；他们中的一些人自称社会主义者，但盛赞的却是英国、法国甚至美国；他们中的一些人自称是社会主义者，却无意根本推翻代表大地主大资产阶级利益的国民党政府，等等。

因为与当代中国普遍使用的“社会主义”概念存在着意义认识上的差距，所以有必要在此先对知识分子关于“社会主义”概念的普遍认知作一铺叙，作为我们认识40年代中后期知识分子的社会主义思潮的概念前提。

---

① 储安平：《失败的统治》，《观察》1946年第1卷第3期。

② 杨西孟：《枝节应付，阶级利益，经济失衡》（上），《世纪评论》1947年第1卷第11期。

③ 社评：《北大教授停教三天》，《大公报》1948年10月25日。

第二节　战后知识界社会主义思潮的生成原因

抗日战争期间，具有悠久文明历史的中华民族在日寇的铁蹄下备受蹂躏。民族的苦难砥砺着知识分子们实现民族复兴的愿望与决心。抗战胜利后，蓄积已久的复兴梦想与知识分子的清议传统以及战后一度生成的“民主化”氛围相结合，带来了战后知识分子“参与爆炸”式的论政。而战后世界，从欧洲、美洲以致亚洲，从经济到政治，处处弥漫着“左倾化”的倾向。社会主义正是在这样一股世界潮流的裹挟下成为中国知识分子论坛上的新宠。具体而言，战后知识分子掀起谈论或追求社会主义的热潮，大致与以下几个因素相关。

一　大战告终后迸发的蓄积已久的建国热情

抗日战争的全面爆发，对中华民族而言，一边是民族苦难的积累，一边却是人们心中蓄积的越来越强烈的民族复兴的愿望。这在一向以“铁肩担道义”自居的知识分子身上表现得尤为强烈。知识分子普遍希望以抗战为契机，纠正国家在政治、经济、社会思想以及国际关系中的各种缺陷，建设崭新的国家。1939 年，《大公报》社评即指出：“我们这次抗战，乃是一种伟大的民族复兴运动。”① 但是国难当头之际，知识分子们虽有这份建国热情，却还是服从抗战第一的需要，极少过问政治。他们中的绝大多数人安守于象牙塔内，忍受清贫与动荡的生活，对自己的职业，尤其是教育事业，恪尽职守。他们相信一切都要等待抗战的胜利。如朱自清所认为：“抗战第一，生活苦一点不要紧，只要抗战胜利，什么问题都可以解决。”②

1945 年 8 月日本投降。对于经历了 14 年苦难的中国人而言，这种喜悦是无法用言语来表达的。重庆《大公报》的记者是这么描述

---

① 社评：《论提倡正常娱乐》，《大公报》1939 年 1 月 13 日。

② 陈竹隐：《追忆朱自清》，转引自扬州市政协文史资料委员会《扬州文史资料》（总第七辑），邗江县印刷厂 1988 年版，第 17 页。

当时中国人的狂喜的：

> 昨天晚上的重庆，成了一个欢声的大海！一个精神的原子炸弹落到重庆来了——日本宣布投降！
>
> 这一个消息，没有人再查问它是从哪里来的，由这一个人传给那一个人，由这一处传到那一处，重庆的一百三十万市民立刻都受到震动。
>
> ……
>
> 等两路口中央社的号外贴了出来，立刻街上就集合了许多人，狂跑、狂叫，跟着爆竹响遍了每条街道，车涌到街上来，人涌到街上来，这是八年来没有见过的场面，没有人能分辨得清各种声音；没有笔墨能形容这种场面。
>
> ……
>
> 人力车在人群中简直无法前进，旁边的人喝道："你还坐在车上？"这不是嫉妒，不是愤恨，而是奇怪坐车的人，为什么还能够安安定定地坐在车上。
>
> 军令部的墙边刚搭好了些遮阳竹席，有些人一面在狂呼，一面用棍子拼命敲打；没有爆竹，他们要发出这点声音来发泄感情！有些人提着洋瓷面盆，大敲特敲，没有调子，没有谱，狂敲！狂叫！狂欢！①

伴随抗战胜利狂喜而来的，还有国人一度复燃的民族自信。晏阳初就曾这样描述：到抗战胜利，"中国人获得了前几个世纪所没有的百倍信心"，满怀希望的"处在'民族复兴'的前夜"。② 与此同时，国民党政府于 1945 年 10 月 1 日取消了执行了 14 年的战时新闻出版检查制度。于是，本就有士大夫"清议"传统的知识分子在这样战

---

① 《日本投降消息传来 重庆市民昨晚狂欢》，《大公报》1945 年 8 月 11 日。

② 晏阳初：《晏阳初全集》第 4 卷，天津教育出版社 2013 年版，第 607—608 页。

后情绪和环境的刺激下，迸发出“参与爆炸”式的议政热忱。

对于知识分子所迸发的议政热情，尤其是非政治专业学者的议政热情，潘光旦认为这是合理的和应当的。因为，其一，学人论政是中国文化的一大传统。潘光旦认为，孔孟以降的先哲之所以值得我们敬仰，绝不仅仅在于他们是学术家，也在于他们是政论家，“倒不是要政治来控制教化，而是要教化来辅导以至于督责政治”。其二，学人论政是“做一个比较完整的人的权责”。潘光旦认为，学者，首先是人，是国民，然后才是专业的学者。“没有做一个完整的人的意识的专家，无论他的专业如何精深，他终究是一个匠人”。而没有政治意识的专门人才，更无价值，因为他“可以加入伪北京大学，可以到沦陷区做顺民”。[①] 应该说潘光旦的观点是代表着当时大多数知识分子对学者议政问题的认识的。因此，战后的环境才能催生出一个办刊议政的热潮。对于这个热潮，蔡尚思称之为“有点像雨后春笋的出现”[②]。这些创办于战后的刊物多少都与著名的《观察》周刊有着相同的初衷，即“要对国事发表意见”[③]。即便后来国势日趋颓败，舆论环境更加不自由，知识分子也不改初衷。如1948年创刊的《新路》周刊即带着这样的宗旨：“在万方多难的今日，我们深感天下兴亡，匹夫有责，所以发行本刊，想以大家的智慧，来探索中国的前途。……我们相信我们的动机是相同的，就是对于国家社会的种种事实与问题，想了解得更清楚。”[④]

二　国际经济改革趋向与经验的启示

战后国内的各种条件共同促成了知识分子的议政热情，但要说明何以社会主义会成为知识分子论坛上经常性的主题，还必须关注当时的国际经济环境。如前文所述，在近代中国知识分子的舆论空间中，

① 潘光旦：《潘光旦文集》第5卷，北京大学出版社1997年版，第500—501页。
② 蔡尚思：《十年来的教育文化统制》，《时与文》1947年第1卷第17期。
③ 编者：《我们的志趣和态度》，《观察》1946年第1卷第1期。
④ 编者：《发刊词》，《新路》1948年第1卷第1期。

社会主义的基本内涵是一种诉求社会平等、以“国有化”和“计划经济”为特征的经济制度安排。那么，照此逻辑，一切与“国有化”或“计划经济”“统制经济”相关的经济改革措施都被认为是“社会主义”的，它们的成效都是社会主义的成效。而当时许多国家类似的改革措施可谓“成效显著”，社会主义的魅力当然也因此而放大。

（一）苏联五年计划的显著成绩

让作为“计划经济”和“国有化”这些经济手段的化身的社会主义大放异彩的当然首推苏联的经济成就，尤其是1928年以后的三个五年计划的成就。在知识分子的舆论空间中，我们经常可以看到知识分子对苏联经济成就的艳羡之情。

1. 惊叹苏联因五年计划而带来的发展速度

学者陈振汉就认为：“苏联从一九二八以来的工业建设，无论从苏联本身的目的与客观的经济福利的标准来衡量，都得到不可否认的成就。”① 陈振汉对苏联工业建设成绩的肯定是基于他对苏联历史和当前经济发展速率的比较。他指出：“在欧战以前，从一八八五以迄一九一三，俄国工业产值的增加率，平均每年只有5.7%，根据这个速率，工业生产要用十二年半的时间才能加倍”，而在五年计划期间（从一九二八到一九三八年），“十一年间产量增加了四倍。”②

2. 惊叹苏联的社会主义经济对苏联赢得反法西斯战争胜利的贡献

一些学者认为苏联的计划经济是苏联能够战胜德国法西斯的一个重要因素。学者焦敏之就认为：“战争结局之所以胜利，不祇因为军事上的战略，而且得惠于苏维埃国家的经济计划。或更正确地说，苏维埃国家的经济计划，是史达林领导战争及战败希特勒德国的单一战略计划的一个组成部分。”③

学者王之相也认同这一观点，他认为苏联社会主义经济对战争的

---

① 陈振汉：《苏联的工业建设与计划制度》，《新路》1948年第2卷第4期。
② 陈振汉：《苏联的工业建设与计划制度》，《新路》1948年第2卷第4期。
③ 焦敏之：《苏联新五年计划》，《大公报》1945年12月27日。

贡献包括，首先，重工业支持了苏联军队的作战。由于苏联的公有制和计划经济，苏联在战争中能够凭借自己高度发展的重工业，源源不断地向前线供给大炮、坦克、飞机、炮弹、子弹、被服和一切必需的军用物资和装备。在攻取柏林的战斗中，红军能列出两万二千门大炮，六千余辆坦克车，五千余架飞机，这一切都支援了各强大步兵团的供给。其次，集体农场制度在反法西斯战争中起了特殊的作用。由于战争，大量男性人口离开农村去往前线，拖拉机的数量也减少了，开战初年还沦陷了广大的肥沃土地——乌克兰、库班、顿河区等。但战时苏联的农业仍旧光荣地完成了自己的任务：它供给了军队和国家粮食，工业的原料。苏联农业在战争条件下能够达成自己的任务，就是因为“生产手段的公有和苏联经济的计划性”。这一切都保证了国家经济资源的迅速发展和正确利用，保证了现代科学和技术方法在农业中的运用。①

3. 惊叹苏联在战后表现出来的高效的复原能力

第二次世界大战宣告结束后，世界各国都开始了战时的复原。但英美各国在复原的过程中，出现了诸多不“美满”的问题：如美国战时几乎百分之百被利用了的生产力（如钢铁），战后却只有百分之五十左右的生产设备在利用着；又如战时绝迹了的失业现象，战后又成群结队地大批出现了；第二次世界大战期间绝迹的罢工潮在战后又开始呈汹涌澎湃之势。与此不同的是，苏联在战后不仅不受这些问题的困扰，而且雄心勃勃地制定了1946—1950年的新的五年计划，旨在推进苏联的国民经济大幅超过战前水平。

有学者就认为苏联在战后的这种强大的复原能力是与其经济的社会主义性质密切相关的。比如，由于“苏联的经济基础是社会公有，全国的经济是一个密切相连的有机整体，所以计划经济在苏联，是可能而且必要的”。而其结果是，苏联“在战后的经济复原上，并没有资本主义国家那种漫无头绪和杂乱无章的情形，而是由全国统一的政

① 王之相：《由我的回忆说到胜利和教训》，《大公报》1945年12月31日。

府计划机关，来确定经济部门间的新联系，来确定经济体制中的新重点，并来指导经济复原的新途径”。此外，“苏联的最高经济原则：‘各尽所能’与‘按劳取酬’，也是战后经济复原上一个重要的推进机”。由此，苏联的经济复原能力不仅获得知识分子的盛赞，认为“苏联在经济上的成就，尤其是战后复原的成就，是无人可以抹杀的”。而且认为，苏联“建国的精神与态度，是值得我们这个经济落后的中国学习的”。[①]

（二）欧美等西方国家经济改革的动向

除了苏联的公有制和计划经济外，对战后知识分子的社会主义热情产生影响的还有英美等西方国家在战前、战时以及战后的经济改革动向。

在战前，为应对经济危机，美国就开始了强调政府对经济的干预的罗斯福“新政”。“新政”使美国经济从危机中缓慢复苏，人民生活有所改善。这些成效在一些知识分子看来是社会主义的成效，如有的知识分子就认为“罗斯福总统所行的新政，都是社会主义性的”[②]。

第二次世界大战爆发后，英美等国的经济相继转入了战时管制经济。这种战时管制经济也具有一定的计划性的特点。在40年代中后期的一些知识分子看来，这也是社会主义的经济表现，而且认为英美各国都从中受益匪浅。有学者认为，战时美国“物价因受严格的管制”，因此，尽管因为本土未被袭，战争需要推动生产力大增，战前失业工人获得就业，但并未出现物价的过度上涨，显现了“高增长、高就业、低通胀”的战时繁荣。[③] 而英国为应对战争，战时管制的力度要更甚于美国。“在英国内为消费工业改成作战工业数量太大，消费品生产不足，不得不实行按口配给，同时为顾全劳动者的劳动力，配给肉类鸡蛋等滋养的东西，往往按照个人的消费需要而定，所以产

① 李正文：《苏联战后经济复原的几个特点》，《大公报》1947年2月5—6日。
② 王芸生：《与裴斐教授的一席谈》，《大公报》1946年11月10日。
③ 方善桂：《国际经济趋势与中国之新使命》，《大公报》1946年10月27日。

妇儿童及劳动者，有时较其他人可得较多的肉类牛奶等物。”① 尽管管制之下的经济生活是清苦的，但“战前二十年中，欧美人民对于经济生活所得的影响不外两端，一是发狂似的物价高涨，得了职业也不能好好生活，一到物价惨落便是失业，踟蹰街头，无人理会”。而战中，“虽然生活很苦，消费量大大减少，但大家都有事做，而且贫富的差别，因为重税同物价管制配给制度等设施，几乎消灭于无形，有时劳工反而比有产者来得更舒服”。②

战后，在一些知识分子看来，英美各国的政治动向正是英美人民希望延续这种经济管制，实行社会主义的表现。

在英国，法西斯德国投降后，英国于 1945 年 7 月进行大选。即便到 7 月 25 日下午，即大选揭晓的前一天下午，一些消息灵通的人士依然认为共和党可能获得的大多数虽然比较有限，但共和党和邱吉尔还是将取得大选的胜利。但 7 月 26 日，揭晓的大选结果是工党获胜，艾德礼出任首相。不仅如此，艾德礼还将组织英国工党内阁，这是第一个在下院取得多数的英国工党政府。英国的这一政治动态，在中国的一些知识分子看来，正是社会主义在英国的胜利。《大公报》发表社评，认为在第二次世界大战中声名卓著的丘吉尔之所以不能领导共和党取得胜利，就在于忽视了英国人民对政府干预经济、保证经济平等的强烈诉求。《大公报》认为：“邱（丘）吉尔去年在竞选时斥责计划，反对统制。其实自从苏联之五年计划成功，继之以罗斯福的新政，十九世纪昌兴的自由贸易，以及纯以私人盈利为基础的竞争的经济制度已成为过去，而政府对人民经济生活的责任日益增多。在自由贸易时期，工人失业，举家挨饿，怪的是失业者无本事，今日应蒙羞受处分的却是措置失当的无能政府。从前街上孤老残病，流离失所，靠的是慈善家慷慨解囊，今日这现象却是行政者的显著污点。”③与邱吉尔和共和党的命运不同，知识分子认为，艾德礼和工党的成

① 方善桂：《国际经济趋势与中国之新使命》，《大公报》1946 年 10 月 27 日。

② 方善桂：《国际经济趋势与中国之新使命》，《大公报》1946 年 10 月 27 日。

③ 社评：《英工党执政一年》，《大公报》1946 年 8 月 30 日。

功，其原因恰恰在于认清了战后的现实，主张走社会主义道路。萧乾即认为工党成功的原因在于他很清楚“战时管制的成功使即便是酷爱自由的英国人也不惧怕管制经济了”①。黎秀石也认同英国工党执政的最大特色在于“在朝的工党要把她从资本主义的制度下，变为一个社会主义的国家”②。

在法国，1945 年 10 月，时隔八年后第一次普选，戴高乐获胜组阁，但他所组成的是一个包括共产党、社会党、共和党等在内的混合内阁。其中，共产党和社会党占优势，是一个明显“左倾”的内阁。为此，《大公报》评论说“这次法国大选的趋势，无疑的进一步证实了社会主义的巨潮不可抵挡”③。

在美国，自由主义的力量具有深厚的根基。但即便如此，第二次世界大战后，意图恢复罗斯福“新政”传统的由华莱士领导的“第三党”，即便在一些民主党的传统选区也能取得高度的支持。华莱士在美国各地的演讲颇受欢迎。《大公报》曾经如此描述华莱士在美国的受欢迎程度：“他到南方去了，在一个小地方演讲。南方政治素来是民主党把持的，老百姓对政治一向没兴趣。以往如有议员要竞选……便得像我们选举立法委员似的，得大请客，要乐队奏乐。华氏演讲，既没有东西吃，也没音乐听，而且要收门票，每人五毛。结果听众满坑满谷。这不过是一个例，他到处如此。”④ 正因为华莱士“代表着民意”，所以在民主党传统的控制区布朗克斯地区，华莱士和第三党依然取得竞选的胜利。

总之，英美等传统资本主义国家的经济改革的措施和趋势，使中国的知识分子更加确信，“计划经济”“国有化”等具有强烈社会主义色彩的经济主张是一种世界经济发展的趋势。

---

① 萧乾：《工党的阵容和作风》，《大公报》1945 年 7 月 28 日。

② 黎秀石：《蜕变中的英国》，《大公报》1947 年 2 月 22 日。

③ 社评：《法国的普选》，《大公报》1945 年 10 月 23 日。

④ 朱启平：《华莱士的新胜利》，《大公报》1948 年 3 月 8 日。

三 欧洲社会党民主和平主张的鼓舞

40 年代中后期，社会主义之所以能够引起知识分子的关注，除了因为它代表着一种世界经济改革的趋势之外，还与欧洲社会党号称以民主、和平的方式实现社会主义有密切的关系。因为民主、和平同样是当时知识分子的强烈诉求。

就民主而言，五四以来，知识分子对民主，尤其是西方传统的议会式民主经历了从期盼到怀疑到再度期盼的心路历程。

五四时期，知识分子以“德先生”和“赛先生”相标榜，沉重打击了封建式的专制与盲从。那时，对知识分子而言，“民主”无疑是一种救世良方。但民主，尤其是议会式民主在中国实际执行的结果却是政治动荡、战乱频仍、民不聊生。与中国的现状不同，20 年代就有学者观察到，第一次世界大战之后，世界产生了另一集权性质的主义：“共产主义与棒喝主义”，这两种主义尽管有所不同，但它们都不同于一般的民主政治，“主张以党治国，不承认言论自由，不行公平的议会政治，他们对于反对党，都极力的压迫和抑制，使反对的党绝对没有活动的余地”①。尽管这种主义与知识分子们传统的对民主的期盼有所不同，但意大利、德国等国家在第一次世界大战后国力的迅速增长，还是引得一部分对西方民主产生了怀疑的知识分子对“专制”或“独裁”产生了一种积极的观感，或至少是暂时的认同。在 20 年代中后期，就有学者认为“意大利、土耳其、西班牙的革命是独裁政治对民主政治的一种反动趋势”。虽然“独裁政治只能是特殊时期的一种反应”，但“这种反动说明，独裁政治也有优于民主政治的地方，有时也许还是救济民主主义失败的唯一的政治形式”。②此外，还有学者对西方的议会政治能否行之于中国表示了怀疑：“民主政体——自由选举的议会政体——却是欧洲的一种特殊制度，他有

---

① 何作霖：《欧战产生的两大主义》，《东方杂志》1926 年第 23 卷第 5 号。

② 仲云：《独裁政治之勃兴》，《东方杂志》1926 年第 23 卷第 18 号。

深长的历史上的渊源，他有复杂的环境上的条件，并不是可以通行全世界而无阻的。各国的国民性不尽同，而社会条件亦互有差异，则议会政治是否可行之于中国、于苏俄，诚也是一种偶然的现象。所以以后民治政体即使可以复兴，也不过重现于欧洲几个独裁的国家，说他一定会重新风行全世界，却恐是未必罢。"① 到30年代初苏联完成第一个五年计划后，这种情绪表现得尤为强烈。1934年，学者丁文江提出了"新式独裁"② 的主张，认为由聪明才德之士团结起来来做中国的设计与领导工作，一如苏联的斯大林一样，或许是内战不断、外患严重、国民素质不高的中国实现现代化的唯一手段。但第二次世界大战中，德、意、日法西斯势力的残暴以及国民党政府在抗战中表现出来的专制、无能与腐败，使知识分子中再度兴起民主的呼声。这主要表现为从1939—1940年、1943—1946年掀起的两次民主宪政运动。尤其是1944年，在世界反法西斯战争节节胜利的大形势下，国民党战场却发生了连续丢城失地的豫湘桂大溃退。这样的失败已经不能仅仅从军事上寻找原因，与军事的失败密切联系的是政治的腐败无能，而政治的腐败无能又说明国民党一党专政的落后。因此，在抗战胜利前夕，废除国民党一党专政，实行民主政治已经成为包括知识分子在内的人们的普遍要求，这也推动着一直延续到战后的第二次民主宪政运动。

就和平而言，抗战胜利前后，内战问题已经成为一种笼罩在知识分子心中的挥之不去的阴霾。抗战结束前夕，国共之间因"淳化事件"产生摩擦，为此《大公报》特意刊发社评，疾呼"内战，是一个大不祥的名词"，"我们害怕内战，厌恶内战，反对内战"。③ 随后，《大公报》驻伦敦特派员萧乾也从英国发回报道，借英国一位远东问题专家之口，表达了自己的忧思：中国目前正"站在一个交叉路口，

① 朱偰：《民治政体的厄运》，《东方杂志》1927年第24卷第19号。

② 丁文江：《民主政治与独裁政治》，《独立评论》1934年第133号。

③ 社评：《论淳化事件——并附述我们对国事的意见》，《大公报》1945年8月3日。

一条路是长期的民主的繁荣，另一条路是绵长的不必要的内战”[①]。战后知识分子对和平的强烈诉求，不仅是人类回避残酷战争的一种正常反应，而且其中还寄托着知识分子建立独立富强的国家和维护中国的国际地位的良好愿望。

首先，和平才能建立自由富强的国家。正如一位读者在毛泽东抵达重庆，国内和平有望实现之时，满怀欣喜地向《大公报》投书中所言：“我们经过八年的抗战，在各方面已精疲力竭了，全中国的人民渴望着和平，渴望着一个独立自由和富强的新中国出现。如是，我们就需要国内和平，我们就得巩固国内团结，我们就得在政治上切切实实实行民主，希望两大领袖必定能以政治家的胸襟相互谅解，合理解决目前各项迫切问题。”[②] 而经济学者伍丹戈在分析了战后工业复原的一些问题后，也强调无论是工业复原或工业建设，其根本前提之一是以政治民主求得统一与安定的局面的实现。[③] 萧乾则从国际政治的视角，强调“在苏联和英、美完全和解之前，任何国内的冲突都不能保持纯粹的国内纠纷”。如果发生内战，中国或者沦为别国的战场，或者沦为他国利益的牺牲品。而中国只要不发生内战，就有机会避免这样的命运。因此，中国要加倍珍惜和平的机会，假如我们“有这样的机会却把这机会失去，那将是历史上最可怜的事”。[④]

其次，和平才能保持中国的国际地位。战后，中国得以跻身与英国、美国、苏联并立的“四强”或与英、美、法、苏并立的“五强”位置。但知识分子们担心中国一旦发生内战，中国将丧失其国际地位，其自身将成为国际问题，更不用说发挥其维护世界和平的国际作用。抗战胜利四个月后，国共两党之间没能就实质性的问题达成共识，《大公报》就不无担忧地发表社评，希望国人要珍惜机会。它指出：“我们艰苦战斗了八年，流了许多血、吃了多少苦，好容易战胜

① 萧乾：《英美人士盼我国团结》，《大公报》1945 年 8 月 19 日。

② 读者：《读者投书》，《大公报》1945 年 8 月 30 日。

③ 伍丹戈：《工业复原的几个重要问题》，《大公报》1945 年 8 月 19 日。

④ 萧乾：《戴高乐新阁组成》，《大公报》1945 年 11 月 23 日。

强敌，挣脱桎梏。熬到了‘四强’‘五强’的地位。这虽是一个虚名，实际上我们在旧金山会议的确有相当的地位，发言也受人重视，我们也参加五国外长会议，对欧洲问题也有了发言权。而许多弱小民族也眼巴巴期待我们强大进步，几个有力的盟邦也的确希望我们能够团结安定，来分担奠立世界和平的责任。我们由此时机，只要自己认真努力，积极建设，经过相当时期，真不难挺然矗立，成为名副其实的强国。”可惜内战的阴霾不散，过去中国有资格参与旧金山五外长会议（1945 年 4 月），签订联合国宪章，如今反而成为美英苏三国外长莫斯科会议（1945 年 12 月）讨论的问题。所以《大公报》感叹：“可惜过去四个多月的光阴白白浪费了！不仅浪费，而且一切都往相反的方向走，以至招人轻蔑，国际地位日渐‘贬值’。”[①] 为此，《大公报》呼吁中国如果还想成为“强国”，甚至只是不想再回到“九国公约”各国共管的时代，都应该珍惜即将到来的政治协商会议的机会，和平解决国内问题。

在这样强烈诉求民主与和平的社会心理背景下，社会主义能够为知识分子所关注，因为在他们看来，社会主义运动，尤其是欧洲的社会主义运动充满着“民主”与“和平”的气息。

《大公报》欧洲特派员丹枫认为民主与和平是欧洲社会主义潮流的基本信念。他在转述了欧洲各国的战后的贫困状态后，认为社会主义是欧洲的总潮流：“无论是英国，或法国，或西欧其他各国，大多数人民都要求社会主义的实现。今年英国和法国的总统选举已表明此点，斯干的纳维亚诸国也已走上社会主义之路，荷兰和比利时的政治趋向亦复如此。意大利的革命危机似已减少，但对于社会主义的要求则绝无动摇。西班牙的弗朗哥政权一旦下台，代之而起的也将是社会主义的政府。现时西欧政治的总潮流是这样的趋向。”他随后还强调，这一潮流的基本信念“是要以稳健的渐进的民主方法，求达社会经济之彻底平等的改

① 社评：《问题要自己解决》，《大公报》1945 年 12 月 28 日。

造，而在过渡期间，则力求避免惨酷的斗争和杀戮”。①

英国工党执政一年后，《大公报》认为英国工党成功的秘诀在于兼顾平等与民主：“工党政纲推行的顺利，大半在于政府于计划全国经济命脉时，对人民政治自由却绝对尊重，从无横加干涉事件。……英国所要的是所有社会主义集体行动的好处，而依然保持民主政治尊重个人自由的精神。”②

1947 年英国工党政府决定赋予其原殖民地印度、缅甸和埃及以独立地位。这一决定被美国解读为“英国一等强国的地位，即将结束”，被苏联解读为“不列颠帝国沉沦的预兆”，但《大公报》更愿意接受工党精神领袖拉斯基充满着国际和平自由平等信念的解读：“一个社会主义的英国不可能同时又成为帝国主义的英国。英国对于世界和平贡献不应该是海权的控制或是像过去那种利用被征服民族的资源的力量，而应该按照互相和谐的利益和各个自由民族合作。”③

四　中国共产党联合政府主张的激励

如果说英、法各国社会党声称可以以民主、和平的方式实现社会主义对知识分子的社会主义思潮的生成是一种鼓励，那么另一种鼓励则来自抗战胜利前后中国国内一度形成的“民主化”改革氛围。这一氛围尽管未必真实，但的确一度使知识分子对借这一潮流实现中国的社会主义抱有期望。这一氛围的生成最初源于中国共产党提出的建立联合政府的主张。

抗战后期，在国际反法西斯战争节节胜利的背景下，国民党的正面战场却在豫湘桂战役中上演着大面积丢城失地的悲剧。国民党及国民党政府的腐败和无能备受民众，甚至是国际盟友的谴责。在此背景下，中国共产党率先由董必武根据中共中央的指示于 1944 年 9 月在国民政府第三届第三次参政会上提出建立“联合政府”的主张，旨

① 丹枫：《欧洲之冬》，《大公报》1946 年 1 月 14 日。

② 社评：《英工党执政一年》，《大公报》1946 年 8 月 30 日。

③ 拉斯基：《扬弃了帝国的不列颠》，《大公报》1947 年 4 月 19 日。

在结束国民党的一党专政。1945 年 4 月，在中国共产党的“七大”上毛泽东做了《论联合政府》的报告，提出结束国民党一党专政的两个步骤：“第一个步骤，目前时期，经过各党各派代表人物的协议，成立临时的联合政府；第二个步骤，将来时期，经过自由的无拘束的选举，召开国民大会，成立正式的联合政府。”①

在中国共产党提出建立“联合政府”的主张后，作为与中国共产党争夺“民主”话语权的应对措施，国民党经过一段时间的被动应对后，提出放弃原定在抗战胜利后一年内召开“国大”的议案，提前“行宪”。1945 年 1 月 1 日，蒋介石在元旦文告中公开表示，不必再等战争结束以后，而一俟军事形势稳定，就召开国大，开始行宪。在 1945 年 3 月宪政实施协进会的演讲中，蒋介石更将召开国大的时间确定为 1945 年 11 月 12 日（孙中山的诞辰日）。

国共两党，一方希望经由“还政于党”走向“还政于民”，另一方则直接声称要“还政于民”。无论这当中哪些是理想信仰，哪些是政治权谋，因局势或主动或被动促成的“民主”氛围，一度令知识分子兴奋。他们期盼着借助民主政府发挥如张东荪所言的“check and balance”② 作用实现他们的社会主义理想。1947 年年初，储安平就坦言他所热望的联合政府与他的社会主义理想之间的关系在于：一方面，国民党沦为了维护官僚资本和大地主阶级利益的机构，要寄希望于国民党来改善一般穷苦人民的生活，无异于缘木求鱼，共产党加入政府，其社会主义主张必将造福于民众，而国民党“为了竞争民心，虽非所愿，亦难固拒”；另一方面，共产党既然以“民主”相号召建立联合政府，那么，进入政府后必与国民党竞相提倡民主，“以博民情”③，如此，一个经济平等，政治民主的社会就因为联合政府而产生了。

综上所述，40 年代中后期，社会主义会成为知识分子论坛上的新宠，是由中国国内和国际的特殊条件造成的。抗战胜利，忍辱负重

---

① 《毛泽东选集》第 3 卷，人民出版社 1991 年版，第 1068—1069 页。

② 张东荪：《追述我们努力建立“联合政府”的用意》，《观察》1947 年第 2 卷第 6 期。

③ 储安平：《中国的政局》，《观察》1947 年第 2 卷第 2 期。

多年的知识分子满腔热情地探讨建国方案意图民族复兴，是这一思潮兴起的主观动机。而当时席卷欧洲的社会主义潮流，为这一思潮的形成提供了世界背景。而中国国内一度看似浓厚的“民主化”改革氛围更增添他们的热情。正如伍启元所描述的，整个欧洲，无论是东欧、西欧，甚至欧洲的战败国都不同程度呈现出社会主义的“红色”，尽管他们之间可能有所不同，苏联（深红）—东欧（红色）—西欧（浅红色）。“社会主义已经成为政治的主流，无论愿意与否，是无法加以阻止的。”[①] 当然，知识分子倾心于社会主义，更重要的原因还在于社会主义理想足以化解中国自己内部面临的诸如和平、民主等问题。学者陶孟和在这一问题上的认识就显然要比其他学者更加深入，他认为第二次世界大战后世界性的“反抗的、革命的精神，一般被称为左派的或共产的，几乎是到处可见的”，将这种状况归因于苏联，是“只看表现而不察内情，只见现象而不明实际的错误看法”。实际上，它是“一百年以来接连不断的各处人民在要求解放，要求民权，要求经济平等，要求社会安全”的表现。[②]

第三节　战后知识界社会主义思潮生成的表现

抗战胜利后，在知识分子中形成了谈论或追求社会主义的热潮，这主要表现为社会主义成为知识分子舆论阵地中的经常性话题，并且形成了若干集中探讨社会主义的典型舆论阵地。

一　“社会主义”成为知识界舆论阵地中的经常性话题

以下以《大公报》《观察》《世纪评论》《新路》《时与文》《主流》等刊物为研究阵地，将其中具有代表性的谈论或追求社会主义理想的学者及其代表性文章梳理如下（见表 1 –1）。

---

① 伍启元：《从世界潮流论中国出路》，《观察》1947 年第 2 卷第 7 期。

② 陶孟和：《今日的世界》，《大公报》1947 年 5 月 17 日。

表 1－1 社会主义相关文章

	作者	文章	刊物	卷（期）号
1	戴世光	《中国经济往何处去》	《观察》	1946 年第 1 卷第 10 期
2	严仁赓	《国营重工业的前途》	《世纪评论》	1947 年第 1 卷第 3 期
		《“唯物”与“道德”》	《大公报》	1948 年 7 月 14 日
		《社会主义乎？新资本主义乎？》	《观察》	1948 年第 4 卷第 17 期
		《再和施复亮先生谈“新资本主义”》	《观察》	1948 年第 4 卷第 23—24 期
		《一八四八·一九四八——历史的两个转折点》	《观察》	1948 年第 5 卷第 18 期
3	施复亮	《论自由主义者的道路》	《观察》	1948 年第 3 卷第 22 期
		《废除剥削与增加生产》	《观察》	1948 年第 4 卷第 4 期
		《新中国的经济和政治——答严仁赓先生》	《观察》	1948 年第 4 卷第 21 期
4	樊弘	《经济政治进化的归趋》	《大公报》	1947 年 1 月 24、25 日
		《孙中山与马克思》（上）	《大公报》	1948 年 4 月 7 日
		《两条路》	《时与文》	1947 年第 2 卷第 3 期
		《孙中山与马克思》	《时与文》	1948 年第 3 卷第 3 期
		《评萧公权先生的“二十世纪历史任务”——怎样实现自由社会主义》	《时与文》	1948 年第 3 卷第 7 期
		《我对于中国政治问题的根本看法》	《观察》	1947 年第 3 卷第 18 期
		《只有两条路》	《观察》	1948 年第 4 卷第 7 期
		《传统的经济学何以竟成了阻扰中国进步的绊脚石?》	《观察》	1948 年第 5 卷第 5 期
5	张东荪	《政治上的自由主义与文化上的自由主义》	《观察》	1948 年第 4 卷第 1 期
		《经济平等与废除剥削》	《观察》	1948 年第 4 卷第 2 期
		《增产与革命》	《观察》	1948 年第 4 卷第 23－24 期
		《民主主义与社会主义》补义（上）	《观察》	1948 年第 5 卷第 1 期
6	萧乾	《工党的阵容和作风》	《大公报》	1945 年 7 月 28 日
		《拉斯基讲工党政策》	《大公报》	1945 年 8 月 4 日

续表

	作者	文章	刊物	卷（期）号
7	罗忠恕	《什么是真正的民主》	《大公报》	1945 年 11 月 29 日
		《中国的前途》	《大公报》	1947 年 3 月 5 日
8	费孝通	《美国工潮与工运前途》	《大公报》	1946 年 2 月 22 日
		《言论・自由・诚实》	《大公报》	1946 年 4 月 1 日
		《人民・政党・民主》	《大公报》	1946 年 4 月 5 日
		《悼锡德兰・韦伯先生》	《大公报》	1947 年 11 月 10、12 日
9	王之相	《由我的回忆说到胜利和教训》	《大公报》	1945 年 12 月 31 日
		《苏联战后的农工业》	《大公报》	1946 年 1 月 11、12 日
10	丹枫	《欧洲之冬》	《大公报》	1946 年 1 月 9、14 日
11	吴景超	《英美经济制度中的安全自由与平等》	《大公报》	1945 年 12 月 30 日
		《私有财产与公有财产》	《新路》	1948 年第 1 卷第 15 期
		《论经济自由》	《新路》	1948 年第 1 卷第 21 期
		《社会主义与计划经济是可以分开的》	《新路》	第 2 卷第 5 期
12	贺昌群	《现代中国政治社会的大矛盾》	《大公报》	1946 年 4 月 21、22 日
13	马大猷	《工业化的重要性和促进办法》	《大公报》	1946 年 6 月 4 日
14	马廷栋	《何谓民主?》	《大公报》	1946 年 6 月 16、17 日
15	李烛尘	《什么是中国建设之路?》	《大公报》	1946 年 9 月 3 日
		《论中纺让给民营的方法》	《观察》	1947 年第 3 卷第 1 期
16	方显廷	《自由主义的计划经济》	《大公报》	1946 年 10 月 13 日
17	王芸生	《与裴斐教授一席谈》	《大公报》	1946 年 11 月 10 日
18	任鸿隽	《今后国家的出路》	《大公报》	1947 年 4 月 21 日
19	石裕泰	《外缘政治与中国经济改革》	《大公报》	1947 年 5 月 3 日

续表

	作者	文章	刊物	卷（期）号
20	黎秀石	《英国往左看》	《大公报》	1947 年 5 月 26 日
		《苏联侧影》	《大公报》	1947 年 6 月 20 日
		《一个欧洲两个世界》	《大公报》	1947 年 10 月 25、27 日
		《一个爱国的共产主义者——狄托被贬记》	《大公报》	1948 年 7 月 29 日
		《暴力能遏止赤化吗？——英国保守党年会旁听观感》	《大公报》	1948 年 11 月 7 日
21	陶孟和	《今日的世界》	《大公报》	1947 年 5 月 17 日
22	朱启平	《一个遥远的梦——论述美国可能的动向》	《大公报》	1947 年 6 月 11、12 日
23	顾毓琇	《民主理想与和平建设》	《大公报》	1947 年 6 月 18 日
24	吴恩裕	《由现代政治思想看“两个世界”的对立》	《大公报》	1947 年 6 月 25 日
		《家庭关系·政治关系·民主政治》	《观察》	1946 年第 1 卷第 4 期
		《自由乎？平等乎?》	《观察》	1947 年第 3 卷第 12 期
		《财产与国家——近代政治思想一种特征》	《新路》	1948 年第 1 卷第 4 期
		《由人性上证明计划社会的必要》	《新路》	1948 年第 1 卷第 9 期
25	萧公权	《低调谈选举》	《大公报》	1947 年 11 月 1 日
		《二十世纪的历史任务》	《世纪评论》	1947 年第 2 卷第 5 期
		《说民主》	《观察》	1946 年第 1 卷第 7 期
26	陈振汉	《为何失去彻底解决地权问题的时机?》	《大公报》	1947 年 12 月 25 日
		《苏联的工业建设与计划制度》	《新路》	1948 年第 2 卷第 4 期
		《混合制度与计划制度中间的选择》	《新路》	第 2 卷第 5 期
27	姚曾荫	《世界经济在转变中》	《大公报》	1948 年 2 月 2、3 日
28	泉清	《主义战与帝国战》	《世纪评论》	1947 年第 1 卷第 5 期
		《美国人对于中国的了解与误会》	《世纪评论》	1947 年第 1 卷第 9 期

续表

	作者	文章	刊物	卷（期）号
29	沙学浚	《与泉清先生论“中国的出路”》	《世纪评论》	1947 年第 1 卷第 16 期
30	志徐	《英国工党的产业国营计划》	《世纪评论》	1947 年第 1 卷第 10 期
31	商治	《政治民主与经济民主——谈伍启元“一张票与一碗饭”》	《世纪评论》	1947 年第 1 卷第 11 期
32	周绶章	《政治自由与经济平等——新社会主义路线的提出》	《世纪评论》	1947 年第 1 卷第 20 期
		《“挖根”与“填土”》	《世纪评论》	1948 年第 4 卷第 13 期
		《当前世界的根本危机究竟在那里?》	《世纪评论》	1948 年第 4 卷第 20 期
		《面包与自由的抉择——为中国政治前途进一解》	《时与文》	1948 年第 3 卷第 18 期
33	徐毓枏	《目前中国之政治与经济》	《世纪评论》	1947 年第 2 卷第 10 期
34	李时友	《认清世界，把握时代》	《世纪评论》	1947 年第 2 卷第 10 期
		《新共产国际的历史意义》	《世纪评论》	1947 年第 2 卷第 16 期
		《中国政党政治的前途》	《世纪评论》	1948 年第 3 卷第 18 期
		《英国工党是怎样长成的》（一、二、三）	《世纪评论》	1948 年第 4 卷 第 5、6、7 期
		《为真正的自由主义份子打气》	《世纪评论》	1948 年第 4 卷第 10 期
		《英国工党与共产党》	《世纪评论》	1948 年第 4 卷第 12 期
35	万光	《亚洲联盟与世界前途》	《世纪评论》	1948 年第 3 卷第 13 期
36	徐秉让	《东南欧国家的新政权》	《世纪评论》	1948 年第 3 卷第 21 期
37	夏炎德	《英国为什么要冻结工资》	《世纪评论》	1948 年第 3 卷第 13 期
		《到社会安全民族健康之路——论英国“国民保险法”与“国民保健法”之实施》	《世纪评论》	1948 年第 4 卷第 4 期
		《读了张东荪先生新著〈民主主义与社会主义〉之后》	《世纪评论》	1948 年第 4 卷第 5 期

续表

	作者	文章	刊物	卷（期）号
38	卓仁（笔名）	《我厌恶美国的经济制度》	《新路》	1948 年第 1 卷第 1 期
		《答慕真》	《新路》	1948 年第 1 卷第 1 期
39	蜀人（笔名）	《苏联是真正民主的国家》	《新路》	1948 年第 1 卷第 3 期
		《答惠君》	《新路》	1948 年第 1 卷第 3 期
40	惠君（笔名）	《苏联不是民主的国家》	《新路》	1948 年第 1 卷第 3 期
		《答蜀人》	《新路》	1948 年第 1 卷第 3 期
41	炳章（笔名）	《用和平的方法能实现社会主义》	《新路》	1948 年第 1 卷第 6 期
		《答负生》	《新路》	1948 年第 1 卷第 6 期
42	负生（笔名）	《用和平的方法不能实现社会主义》	《新路》	1948 年第 1 卷第 6 期
		《答炳章》	《新路》	1948 年第 1 卷第 6 期
		《社会主义经济需要计划》	《新路》	1948 年第 1 卷第 16 期
		《答春生》	《新路》	1948 年第 1 卷第 16 期
43	春生（笔名）	《社会主义的经济不需计划》	《新路》	1948 年第 1 卷第 16 期
		《答负生》	《新路》	1948 年第 1 卷第 16 期
44	蒋硕杰	《经济制度之选择》	《新路》	1948 年第 1 卷第 3 期
		《社会主义与价格机构》	《新路》	1948 年第 2 卷第 5 期
45	刘大中	《社会主义下的生产政策》	《新路》	1948 年第 1 卷第 4 期
		《政治民主与经济民主》	《新路》	1948 年第 1 卷第 13 期
		《中国交通农民三行的商股是否应该收归国有?》	《新路》	1948 年第 1 卷第 19 期
		《经济自由，社会主义，和新投资的计划》	《新路》	1948 年第 1 卷第 21 期
		《社会主义生产政策的执行和监督》	《新路》	1948 年第 2 卷第 5 期
46	丁忱	《繁荣的悲哀》	《新路》	1948 年第 1 卷第 8 期
47	吕克难	《申论自由主义》	《新路》	1948 年第 1 卷第 21 期
48	汤德明	《中国的出路》	《时与文》	1948 年第 3 卷第 2 期

续表

	作者	文章	刊物	卷（期）号
49	陈志让	《资本主义经济与社会主义经济》	《观察》	1947 年第 1 卷第 22 期
50	储安平	《中国的政局》	《观察》	1947 年第 2 卷第 2 期
51	刘迺诚	《现代中国政治改革的几种原则》	《观察》	1947 年第 2 卷第 5 期
52	罗梦册	《民主主义的政治与社会主义的经济》	《主流》	1947 年第 2 号
		《以民主自由社会主义的革命救中国》	《主流》	1947 年第 7 号
		《马克思主义时代之过去费边主义时代之到来》	《主流》	1947 年第 8 号
		《二十世纪五十年代的政治思潮》	《主流》	1948 年第 21 号
53	张文	《论费边社》	《主流》	1947 年第 2 号
54	李继耳	《资本主义与社会主义》	《主流》	1947 年第 3 号
		《论社会主义的经济》	《主流》	1947 年第 5 号
55	张文	《劳文与社会主义》	《主流》	1947 年第 3 号
56	司马怀冰	《为民主自由社会主义而战》	《主流》	1947 年第 6 号
		《世界需要一个民主自由社会主义国际》	《主流》	1947 年第 12 号
57	王任重	《社会主义在世界的抬头》	《主流》	1947 年第 2 号
		《反国营事业出售论》	《主流》	1947 年第 6 号
		《中国民主自由社会主义革命之路》	《主流》	1948 年第 17 号
58	欧阳澄	《我们抗议国营事业之出卖》	《主流》	1947 年第 7 号
59	刘不同	《未来世界与未来中国》	《主流》	1947 年第 7 号
60	王若望	《论经济平等与政治民主之不容偏废》	《主流》	1947 年第 8 号

续表

	作者	文章	刊物	卷（期）号
61	杨戎	《费边主义研究》	《主流》	1947年第10号
		《我们需要一个民主自由社会主义的报纸》	《主流》	1947年第12号
		《粗描近百余年来社会主义思潮细波巨浪与流向》	《主流》	1948年第23号
62	马元青	《来一次生活观念上的革命》	《主流》	1947年第11号
63	王迅雷	《到政治民主经济平等的新社会之路》	《主流》	1947年第11号
64	白坚石	《中国需要一个民主自由社会主义的政党》	《主流》	1947年第12号
65	杨震羽	《时代需要一个民主自由社会主义的文化运动》	《主流》	1947年第12号
66	丁洪范	《当前中国的经济问题》	《大公报》	1947年12月24日
		《论民主自由与社会主义》	《主流》	1948年第18号
		《从今日中国诸不同政治势力政治路线看中国的前途》	《主流》	1948年第22号
67	彭定颐	《费边社与费边社会主义》	《主流》	1948年第22、23、24号

二 产生了一些集中讨论“社会主义”的舆论阵地

40年代中后期，关于社会主义的讨论除了散见于一些知识分子的舆论阵地中，还产生了一些以中国的费边社自居的团体，如中国民主自由社会主义学会和中国社会经济研究会。他们以及他们主办的刊物成为当时集中讨论社会主义的舆论阵地。

1.《主流》与“中国民主自由社会主义学会”

《主流》创刊于1947年1月5日。根据杂志发文的频数统计分析，罗梦册、丁洪范、李维林、杨戎、司马怀冰、杨震羽、王任重、白坚石等为其主要作者群。

《主流》杂志在其代发刊词中，明确表示其建立中国的费边社的愿望。它指出，《主流》社“更坦诚而审慎地希望着，在最近的最近，大学教授们，新闻记者们，作家们，以及其他前进而苦痛的公教人员们，能起而促成一个前进温和而有力的权威学社，如像英国费边社一类的学社，之能在中国出现”①。

1948 年 5 月 4 日，“中国民主自由社会主义学会”在《主流》社内成立，由罗梦册、西门宗华等人发起。该组织的成立被认为是《主流》的主张由思想理论转入实践的标志。时人对这一组织的评价是“以‘中国的费边社’自任”，该会“本着政治民主、经济平等、社会正义与个人尊严之认识，对政治、经济、教育、文化各方提出具体主张，并号召劳文劳工劳农之团结，汇为和平革命之主流，结束黑暗与混乱，另开一代之新局”。②

《主流》杂志在大陆刊行至 1948 年 12 月终刊，在其存续的两年时间里，围绕“民主自由社会主义”刊发了许多文章，其中主要的文章在上文已有梳理，此处不再赘述。在此，着重阐述读者对《主流》及“中国民主自由社会主义学会”的反响，这在一定程度上可以反映社会主义思潮在当时的社会影响力。

1946 年 10 月 26 日，上海《大公报》刊发《让我们来促成一个新的革命运动》一文。该文可以看作《主流》杂志诞生的先声，它号召新型知识分子的自我觉醒自我创造，并进而团结人民的主体之“三劳”——劳工、劳农、劳文，以稳健但彻底的方式领导中国走上一个崭新的历史阶段。该文发表后引起读者和舆论界的较大关注。

北平杨时雨先生把《让我们促成一个新的革命运动》一文翻印了五百份广赠亲友，河南《前锋》报于转载全文之后并印成小册子两千份分赠读者，西安《西京平报》于十一月三日将全文转载，《大公报》天津版于十月二十九日亦将全文转载，十一月十三日昆明《民

① 编者：《一代的意志与行动（代发刊词）》，《主流》1947 年第 1 号。

② 志徐：《一周间——国大闭幕·政团纷起》，《世纪评论》1948 年第 3 卷第 19 期。

意日报》亦将全文连载，十一月二十三日出版的上海《密勒氏评论》报在《新革命运动在中国普遍展开》一文中将新革命运动及其纲领译介给世界读者并得到响应。①

1948 年 12 月《主流》终刊时，对两年来的发行量以及读者对《主流》和“中国民主自由社会主义学会”所发号召的响应函件作了一个统计，《主流》社称之为“光荣记录”。客观而言，从其统计数据来看，《主流》的号召在全国各地的知识分子以及劳动阶层中所拥有的响应者和支持者的确为数不少。应该说，社会主义本身的吸引力对此贡献良多。主要统计数据见表 1－2、表 1－3、表 1－4。

表 1－2 《主流》杂志的发行量

卷号	发行量	卷号	发行量	卷号	发行量	卷号	发行量
第 1 号	3000 份	第 7 号	5800 份	第 13 号	9000 份	第 20 号	16000 份
第 2 号	3000 份	第 8 号	6000 份	第 14—15 号	10000 份	第 21 号	18000 份
第 3 号	3500 份	第 9 号	7000 份	第 16 号	12000 份	第 22 号	10000 份
第 4 号	4000 份	第 10 号	7500 份	第 17 号	15000 份	第 23 号	25000 份
第 5 号	5000 份	第 11 号	7500 份	第 18 号	15000 份		
第 6 号	5000 份	第 12 号	9000 份	第 19 号	15000 份		

据《主流》社统计，总计“五千封以上的响应函件以及逾万的同情者和支持者”。以下择其显著者摘录如下。

表 1－3 响应《主流》社号召的函件及人数

地点	函件数	响应人数	地点	函件数	响应人数	地点	函件数	响应人数
南京	812 件	1407 人	北平	603 件	1406 人	上海	476 件	694 人
武汉	395 件	587 人	天津	381 件	462 人	青岛	283 件	296 人
台湾	250 件	301 人	长沙	207 件	295 人	开封	185 件	207 人
广州	109 件	133 人	南昌	95 件	158 人	杭州	65 件	102 人
沈阳	64 件	591 人	迪化	17 件	1120 人	福州	35 件	41 人

① 李维林：《时代的进程》，《主流》1947 年第 1 号。

响应者的职业，绝大多数为《主流》所主张的赖以实现其民主自由社会主义前途的“三劳”阶层，即劳文、劳工、劳农阶层。其中，大中小院校的教师及学生占46.4%，工农阶层占19.4%。具体分布如下。

表1－4　　响应者的职业分布情况

职业	占比	职业	占比	职业	占比	职业	占比
大学教授讲师助教	1.5%	大学生	25.1%	中学教员	9.5%	中学生	5.6%
小学教员	4.4%	小学生	0.3%	公务员	11%	劳工	14.1%
农民子弟	5.3%	军中将校	9.6%	自由职业者	7.1%	华侨	1.3%
商人	0.4%	不明身份者	4.8%				

2.“中国社会经济研究会”与《新路》

“中国社会经济研究会”于1948年3月1日正式成立，由钱昌照发起，是一个以研究经济问题为中心，也涉及政治、外交、社会等问题的民间研究性组织。对于中国社会经济研究会的性质，其发起人钱昌照自承为“类似英国的费边社”①，而时人也视其“有如中国的费边社”②。1948年5月15日，由中国社会经济研究会创办的《新路》杂志创刊。从实际内容来看，“中国社会经济研究会”的主张的确与费边社会主义颇为接近，而《新路》也的确是一个集中讨论社会主义问题的舆论阵地。

首先，“中国社会经济研究会”的三十二条主张颇多与费边社会主义不谋而合。比如，经济方面费边社会主义主张由国家掌握煤气、电力等公共事业的所有权。“中国社会经济研究会”在经济方面的第十八条主张是“全国土地，以全部收归国有为最终目标”；第二十条主张是“凡独占性即关键性之工矿交通事业，原则上应由国家经营”；第二十一条主张是“金融事业，应由国家经营”。再比如，在

① 钱昌照：《钱昌照回忆录》，东方出版社2011年版，第98页。

② 颜钦善：《读“三十二条”》，《时与文》1948年第2卷第23期。

社会方面，费边社会主义特别强调社会安全与福利问题。“中国社会经济研究会”在社会方面的第三十条主张是“推行社会安全各种制度，使人民在疾病，失业，老年，残废等状况下，不受贫困的威胁”①。

其次，从《新路》特色栏目的主题设定来看，社会主义是当之无愧的重点话题。比如，《新路》初设“经济学浅谈”这一栏目时，其出发点是旨在为未来的社会建设服务的。因为《新路》编者认为“经济问题在现代社会中的重要性，无论对世界对国家对个人，都有凌驾一切其他而上的趋势”，“假如有一天我国真能走上民主的大道，人民对于经济问题认识的深浅和正确与否，将是我们民主政体能够成功的一个大关键。”为此，编者“想借《新路》作一个试验，把近代经济学的主要部门，做一个深入浅出的有系统的介绍”。②“经济学浅谈”一栏因此而开设。值得注意的是，编者把这一为未来服务的栏目的第一篇文章用来介绍社会主义经济问题——《社会主义下的生产政策》。由此可见，社会主义经济问题在编者心目中的首要地位。再比如，《新路》极具特色的“辩论”栏目，社会主义话题几乎占据了半壁江山。在《新路》存续的短短七个月时间里，该栏目共设计了 9 个辩论主题，其中 4 个是与社会主义话题直接相关的：“苏联是否民主国家?”（第 1 卷第 3 期）；“用和平的方法能否实现社会主义?”（第 1 卷第 6 期）；“社会主义是否需要计划?”（第 1 卷第 16 期）；“中国交通农民三行的商股是否应收归国有?”（第 1 卷第 19 期）。

最后，《新路》的作者群中有相当一些人曾经有留学英国的教育背景，一些人甚至直接受教于费边社会主义理论家、工党领袖拉斯基。因此，《新路》的费边社会主义色彩也就更容易理解了。与此相关的内容将在本书第五章详细介绍，在此暂不展开。

总之，在 40 年代中后期的确存在着一群知识分子，他们热衷于

---

① 编者：《中国社会经济研究会的初步主张》，《新路》1948 年第 1 卷第 1 期。

② 编者：《“经济学识浅谈”》，《新路》1948 年第 1 卷第 4 期。

谈论社会主义，或干脆以社会主义者自居。他们中的一些人还以某种社会主义理想为宗旨创办杂志，组织学会。他们关于社会主义、关于马克思主义的思想与立场，构成了40年代中后期知识界社会主义思潮的主要内容。

第二章　战后知识界关于社会主义的探讨

继20世纪20年代初和30年代初两次社会主义探讨热潮之后，在抗战胜利后，知识界再次掀起了探讨社会主义的热潮。受战后特殊国际国内形势以及40年代中后期一些知识分子特殊教育背景的影响，40年代中后期，知识分子主要就社会主义的经济特征、政治特征、实现手段等问题展开了比较充分的讨论。

第一节　关于社会主义经济制度问题的探讨

如前文所述，受20年代末30年代初资本主义经济危机和苏联“一五”计划的影响，40年代中后期的知识分子对“社会主义”的总体认识是，社会主义是一种在公正平等的价值目标的指引下，以国有化和计划经济为手段来解决社会不公问题的学说和理想。在此基础上，40年代中后期的知识分子对社会主义应该有怎样的经济制度安排问题进行了更加深入的讨论。

一　关于社会主义的所有制问题的探讨

所有制问题是社会主义的核心范畴。在近代中国，从无政府主义者，到基尔特社会主义者、国家社会主义者、费边社会主义者以至马克思主义者都主张社会主义应该实行社会所有制或公有制。但对社会所有的具体形式及其实现的程度，各家各派的社会主义者实际上是一直存在争议的。40 年代中后期的知识分子在这一问题上同样存在不同的见解。

1. 关于公有制的具体形式问题的探讨

关于公有制的具体形式，在 40 年代中后期的知识分子中大概存在两种观点。

（1）以生产资料的公有制来保障经济平等

以生产资料的公有来保障经济平等，这是 40 年代中后期大多数知识分子对于社会主义优越性的认识。

对于社会主义的公有制，相当多的 40 年代中后期的知识分子已经摆脱了社会主义就是一切财产公有的早期认识，而将需要公有的“私产”指向那些能够产生“利润”的财产，尤其是生产资料。如有学者就指出“什么是‘私有财产’？一个人如有一样东西能经常的产生子金，那个人有这子金的经常收入便可‘不劳而食’，这样东西便是那个人的‘私有财产’。照这个定义来说，一个人的衣服、家具、甚至自己住的房屋都不算是私有财产，然他的土地、工厂、铺子、股票及租给别人住的房屋，都是私有财产，因为后者能使物主坐收子金，‘不劳而食’”①。

从 40 年代中后期知识分子关于何谓“社会主义”的概念的阐述中，我们也可以看出主张生产资料公有，是当时知识分子对社会主义公有形式的具有一定普遍性的认识。比如，有学者就指出尽管“社会主义的涵义究竟为何，论者亦颇不一致”，但是普遍的定义中，其中一个重要的指标“系指一切生产工具尽归国有”。② 应该说，知识分子不一定都认同“一切生产工具”都应该实现公有制，但的确多数都赞成生产资料应该公有。一位署名春生的作者也认为：“社会主义的定义很多，其中有一点是很多的人可以承认的，就是社会主义之下，生产工具，必须公有。这一点，是资本主义，或其他主义，与社

① 何永佶：《关于国家招牌上加花草》，《大公报》1946 年 5 月 19 日。

② 蒋硕杰：《经济制度之选择》，《新路》1948 年第 1 卷第 3 期。

会主义不相同的地方。”[1] 另一位署名陈志让的作者认为：“资本主义经济与社会主义经济，这两种复杂的制度，很难有一双确切的定义。大体说来……社会主义经济的特征则是财产的公有（特别是生产工具的公有），经济幸福的追求，相当的经济平等与全面的经济计划。”[2]

知识分子之所以主张生产资料应该公有，其最主要的理由就在于它有利于实现经济平等。有的学者还认为这是实现社会主义其他优越性的基础条件。如一位署名负生的学者即认为：“因为取消了私产，所以：不再有贫富不均的现象，因而就实现了社会经济上的平等；有了这种平等，才又会实现真正的自由。”[3] 学者认为生产资料的公有有利于实现经济平等，主要基于以下理由。

第一，有利于生产力的进一步解放，从而有利于提高人民的生活水准。姚曾荫认为：“现代科学与技术进步的程度已在人类的面前展开前所未闻的可能的物质幸福的灿烂颜面，但是在私营的托拉斯（Trust），加跌尔（Cartel）及母公司（Holding Co.）等独占经济组织及其他人为的限制之下，现在的物质生产力不能充分发挥，已发明的新技术不能充分利用，虽有阿拉丁宝窟的存在，而人类却只能在洞口之前徘徊而不能越雷池一步。”所以，他认为社会主义经济制度的基本课题应该是：“以公营的独占经济组织代替私营的独占经济组织，取消其他人为的限制，打破生产力与生产关系的矛盾，以改进物质的生产力，普遍提高各国人民的水准。”[4]

第二，有利于进行以人民的生活为目的，而非以利润为目的的生产。如一位坚决反对国民党政府出售国营企业的学者就是这样表述政府应当掌握一部分消费品的生产企业的理由的：“私人经营的事业完全受营利动机的支配，他们所生产的东西往往不是人民需要的东西，而人民需要的东西，如利润微薄他们往往不愿生产，这是资本主义经

① 春生：《社会主义的经济不需计划》，《新路》1948 年第 1 卷第 16 期。
② 陈志让：《资本主义经济与社会主义经济》，《观察》1947 年第 1 卷第 22 期。
③ 负生：《用和平方法不能实现社会主义》，《新路》1948 年第 1 卷第 6 期。
④ 姚曾荫：《世界经济在转变中》，《大公报》1948 年 2 月 2 日。

济制度下之普遍而严重的失调现象，如果政府掌握一部分消费品的生产事业，就可以国营事业的生产品来矫正或减轻这种生产的失调。”[①]与此观点颇为一致的还有《新路》学人。尽管存在具体主张的差异，但《新路》学人在其发表的32条代表着“我们一批朋友对几个重要问题的基本看法”的主张中，就明确主张：“国营事业，应以资源之充分与合理运用及谋全民之最大福利，为其经营方针。”[②]

第三，有利于缓解由于不完全竞争而产生的阶级矛盾。蒋硕杰认为完全竞争条件下的自由经济本是非常有利于经济平等的，但是完全竞争的条件在现实情况下越来越难以满足。“完全竞争需要每一产业中都有相互竞争的生产单位。但是在有些产业中，现代的生产技术，每需要大规模的生产。生产规模既日益增大，则每一工业中互相竞争之企业单位自然不多，每一单位于是可能有操纵价格之能力，形成寡占 oligopoly 的局势。”这种寡占的局势会使完全自由竞争条件下的种种优势，如“使社会中之生产因素都能被充分利用，而各配置于其生产能力最大之处，并且使社会各份子各尽其自愿之最大努力从事于生产”“使社会总生产之分配尽可能趋于平均”“使生产之商品之种类及数量，能符合一般消费者之需求及爱好”等均无法成立。不仅如此，由于“竞争者既少，自然容易联合成为‘卡太尔’或‘托拉斯’之类的组织，造成独占的地位，限制生产，提高价格，以获取独占的利润”。其进一步的后果是“使社会分裂为固着的阶级，造成阶级间的斗争”。而以生产资料的公有制为特征的社会主义恰恰可以规避以上问题，这也是造成社会主义取代资本主义的现实原因。[③]

第四，有利于借助财税政策实现经济平等。蒋硕杰认为，社会上的贫富不均问题，“一定范围以内，财产以及所得的不平均，也可以运用赋税政策及社会保险制度加以匡正的”[④]。国有企业在其中就可

① 王任重：《反国营事业出售论》，《主流》1947 年第 6 号。
② 编者：《中国社会经济研究会的初步主张》，《新路》1948 年第 1 卷第 1 期。
③ 蒋硕杰：《经济制度之选择》，《新路》1948 年第 1 卷第 3 期。
④ 蒋硕杰：《经济制度之选择》，《新路》1948 年第 1 卷第 3 期。

以起到作用。比如，“劳作收入之不均程度，可以利用国有生产工具之收入，国营事业的赢利，以及赋税收入等，设法消减。譬如社会主义政府可以利用前述的种种国家收入，给劳作收入过低的人一种生活津贴，或免费提供给种种的社会福利设施，俾使人人至少享受一最低的合乎人类尊严的生活水准”①。

（2）以资本或利润的社会所有来保障经济平等

相对于大多数人赞成社会主义应该实行生产资料的社会所有，还有一小部分知识分子认为实现中国的经济平等，由资本主义达到社会主义应该有新观念。他们认为通过资本或利润的社会化，而不是生产资料的社会化，同样可以避免私人资本，尤其是大规模的私人资本对于利润的独占，进而实现资本收入的普遍化，这同样可以达到经济平等的目的。

李烛尘就提出以“普化资本增加全民福利”。李烛尘所谓的“普化资本”即指劳动资本化、土地资本化，然后与工业资本家一起分享收益。

就农村问题而言，李烛尘提出以“耕者有其劳”来取代“耕者有其田”的建设思路。他认为，通常而言，人们都以耕者有其田作为解决农村问题的最终目标。但这一目标的实现，实际上有许多困难，各方也有各种顾虑。所以“今试改一个方法，就是说与其着重耕者有其田，不如着重耕者有其劳。田是地主的，劳是耕者的，他的劳，也是花了本钱养出来的，故耕者与普通工厂之劳动者，应由国家用法律规定承认其劳本，即将劳动资本化。同时土地即另行规定价格，亦实行资本化。如此则地主厂家劳动者三方面，同时以资本家之态度出现，站在同一立场”。李烛尘认为，各方都以自己的资本收益，“则一切问题不是可以迎刃而解吗?”

就工业问题而言，李烛尘同样坚持用他的“普化资本”的思路来解决工业企业应该国营或私营的争论。就国民党政府准备将中国纺织

---

① 蒋硕杰:《经济制度之选择》,《新路》1948 年第 1 卷第 3 期。

建设公司出售民营一事，舆论界展开了讨论，支持者有之，反对者有之。对此，李烛尘认为就纺织业而言，似乎可以模仿日本采取集体经营的方式，实际上中国原来也是这么做的。但由于中国国营事业“之官场化，机构庞大，行政实感不灵，决难达成集体机能，同时又难收简捷之效”，因此还不如私营。但他也担心私营可能会使私有资本过于发达，认为：“不能徒使生产事业由资本之发达而日趋发扬，而反使整个社会利益因资本之发达而日行偏枯。”对于这一矛盾，李烛尘认为最好的解决办法还是“普化资本”，尤其是“劳力资本化”。他指出：“今中纺由政府让给民营，如政府有决心使资本普遍化，则从资本主义走上社会主义之坦途，实可由此劳力资本化，作一个良好的开端。因既承认劳力为资本之一部分，则让给民营之后，各厂中之从业人员（包括劳心劳力两部分员工），均应为各该厂所有权之一员。”按李烛尘的设计，这一所有权将最终以劳动者持有企业股权的形式体现。如此，“则将来某厂即由劳资双方，均以资本家之资格，共同利害，经营事业，则一切无谓之纠纷，应可迎刃而解”。①

与李烛尘所持观点基本类似的还有顾毓琇，只不过他的提法是“人民公有的工业建设”。顾毓琇也认为“除了国营民营的方式之外，我们还可以有‘公营’的方式”。何谓“公营”？实际上也就是以人民持股的方式来经营企业。比如，“铁路、矿产，在原则上应归国营的，不妨采‘公营’的方式，由政府发股票，由人民选董事”。而“公营”事业的利润“有限制，亦有保障，专营权即售价均须经民意机关的核定”。②

若以今天的眼光视之，无论是“普化资本”或“企业公营”，都忽视了一个最重要的问题，即资本家与劳动者在生产关系中所处的不平等的地位。因此，在生产关系未能彻底更新之前，这只能是一种比较理想化的实现社会主义经济平等的想法。大概多少看到了这一问

① 李烛尘：《论中纺让给民营的方法》，《观察》1947年第3卷第1期。

② 顾毓琇：《企业公营论》，《大公报》1947年5月28日。

题，所以李烛尘对自己的这一想法虽然颇为满意，但对其能否实现并不自信，他说："其原理固简单，其办法亦不相当复杂。尚须配合以种种法令，及各种税则如所得税及遗产税等，始能达于完善的境地。"[①] 应该说，李烛尘看到了问题，但离问题的实质还有相当大的距离。因为在剥削制度下，生产关系由不平等走向平等，是不可能通过几项法令即可完成的。

2. 关于生产资料公有制的实现程度的问题的探讨

尽管40年代中后期大多数对社会主义持认可态度的知识分子认同社会主义应该实行生产资料公有制，但对于具体的公有化程度问题，是存在不同见解的。其主要观点如下。

（1）一切生产资料收归国有

从40年代中后期知识分子关于"社会主义"一般概念的描述中，我们可以看出，社会主义应将"一切生产资料收归国有"这一认知是有一定的普遍性的。比如，上文中曾经提到蒋硕杰就指出尽管"社会主义的涵义究竟为何，论者亦颇不一致"，但是普遍的定义中，其中一个重要的指标"系指一切生产工具尽归国有"。[②] 学者"负生"也有类似的观感。他指出，"社会主义这个名词有许多不同的定义。但我们现在用这个名词，大体是指：一种根本取消私有财产，彻底施行计划经济的社会"[③]。

之所以会形成"一切生产工具尽归国有""根本取消私有财产"这样的一般性的认知，应与中国的经济发展所处的特殊环境以及苏联的榜样效应有关。而这一认识的形成，可以回溯到30年代初知识分子的社会主义思潮。30年代初知识分子的社会主义思潮形成之际，知识界也正进行着关于中国社会性质的大论战。查阅当时资料可见，相当多主张中国应走社会主义道路的学者都认同中国至少并非典型的资本主义的国家。如学者孙静生即认为"说中国已进入资本主义的人

---

① 李烛尘：《什么是中国建设之路》，《大公报》1946年9月3日。

② 蒋硕杰：《经济制度之选择》，《新路》1948年第1卷第3期。

③ 负生：《用和平方法不能实现社会主义》，《新路》1948年第1卷第6期。

们，固然是有理由的；但说中国还停留于封建制度中的人们，他们也有事实证据”。因此，“纵令承认中国已进入资本主义，这资本主义也是中国特殊的资本主义，与各国产业革命后所形成的资本主义，多少是不同的”。[①] 面对中国这种特殊的国情，学者也基本认同封建主义和帝国主义是中国走向社会主义现代化的两大障碍，尤其是帝国主义的侵略。如学者罗吟圃即认为：“中国现代化的困难和障碍第一是资本帝国主义者对中国的侵略和剥削，第二是国内军阀混战的频仍和农村经济的破产。但是我国政治的所以会脱轨，军阀的时常要混战，农村经济的破产，却是资本帝国主义者，政治上、军事上，经济上侵略中国的必然底结果。”[②] 既然如此，那么中国该如何解决实现社会主义现代化的资本问题呢？对此，30 年代的学者有不同的看法，或主张拒绝国外资本，或主张利用国外资本。但无论哪种观点，都有人认为必须实现对所有的资本进行“国家统制”。比如，有学者就认为不能利用国际资本，而应当走苏联式将国内一切生产资料收归国有的道路实现社会主义。学者陈彬龢即主张：“我们处在世界经济恐慌的狂潮中，处在国际资本主义的四面楚歌中，只有学苏联实现五年计划的孤军奋斗，应当用国民资本来促进。”[③] 有的学者则认为：“民族资本和外国资本都可利用以作经济的改建，但这二者在基础上都必须加以切实的统制。因为惟有切实的统制，才能使这些资本失却其剥削的侵略的作用，而不致影响于国民的生计和国家的权利。”[④]

正是因为延续了 30 年代的思考模式，所以在 40 年代中后期的知识分子中有相当一批人将社会主义就是主张一切生产资料均收归国有作为一种不证自明的条件而加以接受。但也有一些人并不受这一既定思维定式的影响，他们对社会主义的经济特征有独特的思考。但在经过深入的思考之后，他们仍然认为社会主义可以将一切生产资料收归

---

① 孙静生：《产业革命与中国》，《申报月刊》1933 年第 2 卷第 7 号。
② 罗吟圃：《对于中国现代化问题的我见》，《申报月刊》1933 年第 2 卷第 7 号。
③ 陈彬龢：《现代化方式与先决条件》，《申报月刊》1933 年第 2 卷第 7 号。
④ 金仲华：《现代化的关键在普及教育》，《申报月刊》1933 年第 2 卷第 7 号。

国有，并且认为这对经济的调节有一定的好处。吴景超就是其中的典型代表。

从吴景超的整个经济思想来看，他支持走社会主义道路，但并不完全认可苏联的经济模式。不过对苏联所实行的一切生产资料收归国有，吴景超并没有提出太多的反对意见，相反的，他认为这有利于经济的稳定，防止失业现象的发生。吴景超认为，在生产资料私有制的情况下，生产资本的形成往往依靠的是私人储蓄。但由于生产资料私有制而导致的贫富分化现象的存在，生产资本的形成大多数依靠的是富人的储蓄。以40年代的美国为例，年收入在一千元以下的，储蓄百分之三，纳税百分之三，而消费的支出，则达到百分之九十四。而年收入在一百万元以上的，储蓄百分之七十七，纳税百分之十七，消费的支出，只占百分之六。这样，纳税的一部分，可能成为政府的新投资，而新投资的绝大部分依靠的是富人的储蓄转变而来的私人投资。但如果富人储蓄的款项，不用于投资，或借给别人用于投资与消费，其结果必然产生整个社会的收入与支出的不平衡，失业现象也会因此而产生。而在生产资料公有制的情况下，私人收入比较平均，私人的收入除了一小部分用于购买公债和储蓄银行之外，大部分都用在消费上，并且私人投资于生产事业也是不被允许的。所以，生产投资实际上依靠的不是私人的储蓄，而是国家的储蓄。吴景超认为，正是由于实行了生产资料的公有制，苏联才能将一切的储蓄都集中在国家的手中，而生产的投资也由国家来完成，所以不会出现收入与支出失衡的状况，大规模的失业也不容易发生。①

（2）若干重要产业和资源收归国营

除了主张社会主义应该一切生产资料都收归国有外，还有一部分知识分子虽然赞成生产资料实行公有制，但认为只要部分重要产业或资源收归国有即可。

① 吴景超：《私有财产与公有财产——美苏经济制度述评之一》，《新路》1948年第1卷第15期。

前述的《新路》学人认可生产资料应该公有，但从他们的共同主张中可以看出他们主张的是部分生产资料国有，比如他们认为“全国土地，以全部收归国有为最终目标”，“凡独占性及关键性之工矿交通事业，原则上应由国家经营”，“金融事业，应由国家经营”。①

学者欧阳澄也认同部分产业应该国营，并且他反对简单地认为重工业应该国营，而为了避免“与民争利”，轻工业应该私营的观点。他认为该不该国营的标准“应该看工业对于整个经济与人民生计的影响如何而定”。他进一步指出，一些基本的关键工业，如动力工业、钢铁工业、煤业及主要化学工业应该国营，这是为了避免垄断生产，操纵经济。但一些关系国计民生的产业，哪怕是轻工业或加工行业也应该国营。比如纺织业，因为与人民的生计关系密切，为防止私人垄断剥削，应该国营；比如蚕丝、茶叶，其生产过程中的某些部分应该国营，以谋发展生产，改良品质，促进外销。②

如果说欧阳澄对产业或资源该不该国有的划分标准更多关注的是“民生标准”问题，那么署名“泉清”的学者的划分标准则要务实很多。他认为中国的兵工业、水利（包括防灾、航道、灌溉、水力发电及水土保持）、铁路、电信、钢业、电力等行业应该国营。原因是：（1）私人不愿意投资，如兵工业；（2）有利于统筹协调，“如把防灾、航运、灌溉、发电，及水土的保存，通盘筹划，可收事半功倍之效，如枝节为之，不是全部失败，就是顾此失彼”；（3）私人无力经营。如钢业、电力等，“虽有民营者，不过规模太小，设备太旧，无济于事”③。而从长远来看，泉清认为“国营与民营的界限势必随潮流而左右”，但他认为“极左的时候必与苏联的经济制度保留相当的距离，极右的时候亦不能与美国过于接近。中国的经济制度必在美苏之间采取中庸路线”。④

---

① 编者：《中国社会经济研究会的初步主张》，《新路》1948 年第 1 卷第 1 期。

② 欧阳澄：《我们抗议国营事业之出卖》，《主流》1947 年第 7 号。

③ 泉清：《美国人对于中国的了解与误会》，《世纪评论》1947 年第 1 卷第 9 期。

④ 泉清：《美国人对于中国的了解与误会》，《世纪评论》1947 年第 1 卷第 9 期。

与上述学者的观点相比，学者蒋硕杰反对将一切生产资料都收归国有的理由及其区分国营、私营的标准都比较特别。主要表现为，(1）将是否有利于形成完全竞争作为区分国营与民营的标准。蒋硕杰区分国营私营的标准与其支持公有制的理由是一脉相承的。他认为“本来我们主张将私人企业社会化的主要理由，是大规模的生产技术使完全竞争在有些工业中无法成立，因此我们社会化的目标，应该限于市场环境及生产技术必然造成独占或寡占的形势的工业。至于生产规模较小互相竞争的生产单位甚多的工业，我们应该尽可能维护完全竞争的环境，而继续使之由私人经营”①。（2）为保障民主而反对将一切生产资料都收归国有。前文已经提及，蒋硕杰是支持生产资料公有制的，并且阐述了它的诸多优点。但与此同时，蒋硕杰强烈反对将所有的生产资料都收归国有，其理由是认为这将对中国的民主政治造成负面影响。蒋硕杰指出：“我们如果采取社会主义之后，将更需要有个可靠的民主政治。因为在社会主义经济制度（尤其集体计划式的）之下，政府对人民之统制权力深入人民生活之各方面。这样庞大的统治权力倘使落在不民主的统治者的手中，岂不较采取自由放任态度的专制政府更为可怕。”蒋硕杰之所以反对一切生产资料都收归国有，因为他认为在这样的社会主义制度之下，即便采用多党制亦无法保障民主。“因为问题的核心是在全面的社会主义之下，政府至少可以控制全国的就业机会。在朝党难免不利用其黜陟之权排斥异己，使反对者在本国内无容身之地。在这种人事控制之下反对党自然难以立足。”因此，他主张应该保留一定的私有产业，因为“健全的反对党的存在，亦即民主政治的存在，需要人民在政府所控制的机关之外，另有谋生及发展之途径。”②

总之，在社会主义所有制问题上，40年代中后期的知识分子多数支持借助生产资料的公有制来实现社会主义的经济平等。而在生产

① 蒋硕杰:《经济制度之选择》,《新路》1948年第1卷第3期。

② 蒋硕杰:《经济制度之选择》,《新路》1948年第1卷第3期。

资料公有制的实现程度问题上，认为应该“一切生产资料收归国有”的观点，具有一定的普遍性。但受40年代中后期国际环境的影响（如吴恩裕、欧阳澄等对英国工党的改革颇多关注），或受个人学识的影响（如蒋硕杰对自由主义经济颇有研究），他们对苏联式的一切生产资料收归国有的经济模式提出了不同的思考，主张以“若干重要产业或资源收归国有”来保障经济的平等和社会的民主。这些构成了40年代中后期知识分子对社会主义所有制问题的主流认识。此外，有小部分的知识分子虽然也向往社会主义的平等经济，但认为受中国现实条件的限制，如认为“耕者有其田”实现起来有诸多障碍，主张借助“普化资本”的道路来排除障碍，实现利润共享。

二　关于社会主义经济运行方式问题的探讨

社会主义经济平等的实现还与经济运行方式息息相关。40年代中后期的知识分子为了实现社会主义的经济平等，围绕计划与市场的关系问题展开了设计与讨论，大致形成了两种主张。

1. 计划应在资源配置方面起主导作用

第二次世界大战之后，“计划时代”是当时世界的一种流行思潮，即便在以自由相标榜的美国也不例外。美国学者班理士就认为：“社会计划是当代一个基本概念了。其特征是：人类生活各方面的配合有功能的联系，事权的完整，计政的重视，冲突的统合，浪费的减少，组织上的庞大与细密。谁有高度的组织力与合作精神，谁就配生活在这时代。”[①] 就中国国内的情况而论，大多数企盼着中国的社会主义前途的知识分子对“经济计划”“计划经济”或“统制经济”等也颇为青睐。张东荪即指出“中国今后必须采用计划经济，恐怕已为大家所公认”[②]。知识分子主张社会主义条件下必须采用计划经济的制度，大概包括以下几种理由。

---

① 陈友松：《时代的分析》，《观察》1946年第1卷第3期。

② 张东荪：《政治上的自由主义与文化上的自由主义》，《观察》1948年第4卷第1期。

（1）人的社会性决定了计划社会的必要性

针对有些人认为“计划社会，是违反人性的”“人性是需要自由的，而计划社会大概是不太自由的”的观点，吴恩裕认为计划社会是必要的，是符合人性的。因为，第一，人是有个性的，同时人也是有社会性的。吴恩裕认为“人是有个性的：因为假如没有个性，他就不能自别于旁人”。不仅是个人主义者，而且有历史以来的人类在各个时代的表现也可以证明，人类不但有个性，而且随时随地地乞求发挥、表现、维护他的特性，甚至为维护“自己的”而侵害到“他人的”。但同时吴恩裕主张“人也是有社会性的”，为了维持和改进生存，人们都必须发挥自己的社会性。极力发挥“自我”，丝毫不顾他人的利害，不但是不应该的，也是不可能的。因为“即使是维持最低限度的生存，绝对孤居独处的个人，也不能做到。这是所有个人的自由主义者，所应该认清的限际”。“为了‘改进’人的生存，人们更需要高度的‘社会的’生活”。①

第二，计划社会是实现“有效的社会生活”的需要。既然保持和改进人们的生存，都需要有效的社会生活。那么怎样能使一个社会的合作和分工有效呢？吴恩裕认为，“自有历史以来，人类社会的分工合作，便缺乏效率”，其所以如此，实在是因为过去人类社会的分工合作都在“不自觉”地进行着。以资本主义社会为例，“在这种社会的分工合作，完全是不自觉的按着市场上的商品售购增减情况而决定的；完全是由于市场上自然的无管制的作用”来决定商品生产的多少。一个社会中需要多少商品，是由人与人的关系决定的，但“在资本主义社会中，把这种本来应该是人和人之间的关系，却给变成为物和物之间的关系了。……制造者既互不相谋，他们当然就无法控制这种生产无政府的状态。于是供求失调乃是必然的现象；因为供求失调又必然地产生了‘浪费’；又因为资本集中的规律，使贫者愈贫，富者更富。结果造成社会中之大富极贫的事实，也是必然的现象”。正

① 吴恩裕：《由人性上证明计划社会的必要》，《新路》1948 年第 1 卷第 9 期。

因为以上原因，吴恩裕认为，欲求高度的社会生活，欲求有效的合作和分工，便非令人们“自觉地”管制这个制造及分配人们生活必需品的过程不可，也就是非有计划的社会不可。因此，“‘计划的’社会乃是人性的要求”。①

（2）中国的现实条件决定了计划经济的必要性

不同于吴恩裕关注的是形而上的“人性”，陈振汉更关注的是形而下的现实。他对社会主义的期盼是“我们希望在社会主义的旗帜下面，仍可容许一种派分资源的方式，根据这种方式，人民在收入的公平分配以外的经济福利仍能有效的促进”②。简言之，陈振汉希望社会主义的中国既不患“不均”，也不患“寡”。但在中国的现实条件下，该如何实现呢？

为了增进人民的福利，“我们一方面得尽量集中全国的人力物力，另一方面得求最高的效率使用这人力物力”。而中国现实的人力物力情况如何呢？“在连年战争消耗之余，如尚有过剩的人力物力，为量已经甚微，建设一经开始，即将罄竭无余”。在这种情况下，建设所需资本该如何取得呢？陈振汉分析了两种非计划路径。其一，是增发货币。但他认为增发通货必须配合其他政策，才能收回人民的货币收入。比如公债政策。但对于投资时间长、收益低的公债，如果不是政府摊派，本来就已经几乎没有净储蓄的人民是很难主动购买的。其二，是增收直接税。但随着税率的提高，如果使人民的生活程度降低到了极限，则工资必然随税率上升，而物价的上升程度，甚至可能超过税率，其结果是政府的货币税收虽仍可能增加，但人力物力的收入反而可能减少，建设的速度反将停滞。在这种情况下，陈振汉认为“似乎只有控制一切生产活动，由政府集中派分生产资源，利用苏联的货物税制或直接配给消费物品”，也就是走上了“十足的计划经济的道路了”。③

---

① 吴恩裕：《由人性上证明计划社会的必要》，《新路》1948年第1卷第9期。

② 陈振汉：《混合制度与计划制度中间的选择》，《新路》1948年第2卷第5期。

③ 陈振汉：《混合制度与计划制度中间的选择》，《新路》1948年第2卷第5期。

(3) 只有计划，才能实现社会主义的目标

有学者认为社会主义的典型特征是“公有公营”，这应该包含着几层含义：第一，是“取消私产”；第二，是“取消贫富不均现象”；第三，“生产方法是以提高全民族生活水准为目标”。而为了实现这些目标，“若说社会主义的经济不需计划，是不可想象的”。[①]

首先，生产的有计划，才能避免社会生产的无政府状态，真正实现“取消私产”的意义。

在严仁赓看来，“取消私产”的意义之一是避免生产的无政府状态。以重工业为例，他认为重工业若私营，则“各业各厂矿之间，不容易获得联系，取得合作，而且有时甚至于产生无谓的和无益的同业竞争。生产量既然隔断为去自由选择自由增减，便不容易对准全体人民以及整个产业界的需要。私有企业者又往往只顾到自身和眼前的利润盈亏，很少能有远大的和全国性的打算。他们在承平年代，不能与一般产业联结上紧密的关系，互相配合，设法收到最大的社会利益，设法获得最大的经济报酬；到了战时，他们又无法负起那非常时期的一付重担子来”[②]。但他接着强调：“不是说单靠把所有重工业收归国营，便算尽了本份，便可坐收所期的效果。要想摆脱私营重工业的流弊，国营之外，必须还要对于整个工业的建设和经营，有一番通盘全部的计划。这个计划，是要从粗枝大叶的纲领计划，降而至于细目细节一枝一叶的缜密计划，都不可少。”而重工业国营，必须做到这一个地步，“方才可说是没有负人民的重托”。[③] 因此，严仁赓强调：“许多人说，经济恐慌，商业循环，有资本主义私营企业的经济制度里面先天带来的一种病患，医也医不好的。但是企业改为国营，我们便可以完全躲避开经济恐慌，永享经济的进步与繁荣。这是迷信社会主义者未经深究学理的一种宣传口号，竟也有很多人们不加审辨的随声附和。如要躲避资本主义制度的灾害，仅只产业国营，不会产生奇

① 负生：《社会主义的经济需要计划》，《新路》1948 年第 1 卷第 16 期。

② 严仁赓：《国营重工业的前途》，《世纪评论》1947 年第 1 卷第 3 期。

③ 严仁赓：《国营重工业的前途》，《世纪评论》1947 年第 1 卷第 3 期。

迹的。要有奇迹，必须有全盘的缜密的计划与它紧紧相伴。”①

严仁赓的这一观点应该说是颇有赞成者的。姚曾荫也认为未来社会主义经济制度的新课题“应该是在有计划的生产与建设的原则下，使主要的经济活动不受盲目的市场价格的变动所左右，使主要生产的目的不是为利润，而是为人民的福利”②。学者负生也认同“惟其有‘计划’，所以才能调查需要的种类、数量，而相应地生产。惟其无‘计划’，所以才发生：生产和需要不调协，以致有需要的东西没有生产，生产的东西没有需要的现象”③。

不仅如此，严仁赓还认为国营而无计划，将会产生比资本主义社会更为严重的经济恐慌。因为“在资本主义社会里面，发生经济恐慌降而至为经济界全部的不景气，可说是内部发现破绽需要歇下来调整的一个信号，正可借着这个警号之发，由自然的调节机构和力量来调整内部的矛盾，使过度的发展和膨胀，自然收缩。但在产业国营的制度下，经济界的感觉迟钝，行动缓慢，失掉了以前那种敏性。生产消费虽有失调，不易感觉。没有即时调整，于是便日益深刻化，集成了养痈为患，毒疮生了脓包没有去揭开来清涤消毒，任其继续腐烂。终归有一天会弄到病入膏肓而不能救治。这可说是国营工业一个最大的危机。”④

其次，生产的有计划，才能确保分配的公道与大众利益的实现。

在学者负生看来，无论是“避免私有财产制度下的贫富不均现象”，或实现以“大众用途”为目的生产，都与生产的计划性息息相关。一方面，社会主义取消贫富不均现象，就需要非常公道的平均的分配不可。但分配的公道是与生产息息相关的。“如果生产毫无计划，欲求有效的公道平均的分配，如何可能？”另一方面，离开计划的生产，如资本主义的生产，“生产项目及数量是以利润多寡或市场的销

① 严仁赓：《国营重工业的前途》，《世纪评论》1947 年第 1 卷第 3 期。

② 姚曾荫：《世界经济在转变中》，《大公报》1948 年 2 月 2 日。

③ 负生：《答春生》，《新路》1948 年第 1 卷第 16 期。

④ 严仁赓：《国营重工业的前途》，《世纪评论》1947 年第 1 卷第 3 期。

路来决定的”。那么其生产的目的，必然“是受少数有能力购买的人们的‘用途’所决定”。所以，只有计划的生产，才能以“大众的用途，而不是少数特权阶级的用途”为目的。①

（4）计划经济并不影响经济效率与经济自由

首先，关于计划经济的效率的问题。40 年代中后期的知识分子认为：“在理论上计划当局仍能够根据所谓价格的变数作用把生产资源派分到各种生产事业里去，而且也能达到与理想的价格制度媲美的效率，已为多数学者所公认；许多人所怀疑的是事实上计划当局要圆满有效的完成任务，恐怕需要超人的睿智与品德。”但陈振汉认为：“苏联的经验以及比较英美等国在战时与平时的生产效率，似乎可以相信：为达到与现实的价格制度（并非理论上的完全竞争的价值制度）相等的效率，似乎并不一定需有超人或圣人来担任计划与生产。计划与生产当局只要不贪污不愚蠢，有相当确实的统计资料与经济常识，则要使几种必需消费品与其他主要资本财货的供求平衡，应当并非难事，特别在一个生活水准本来甚低，需要更行节约消费的国家里面。”②

其次，关于计划经济与经济自由的问题。针对有学者质疑计划经济将损害人们的经济自由的观点，学者负生以极为现实的态度否认了这一观点。他认为社会主义经济应有先求温饱，后求享受的价值取向，即“第一便是为了使人们的生活必需品有普遍性的分配，其次才是为了所谓选择，或较好的享受问题”。如果以这种务实的标准的来评判的话，那么社会主义的计划绝不妨碍经济自由。而以此反观资本主义所谓的“经济自由”，其实都是缺乏普遍性的少数人的“自由”。基于这一立场，负生尖锐地质问，资本主义社会中有几个人能享受“选择的自由”？他认为：“假定全社会有一百个人，也许在资本主义社会中，‘真正’在实际上能享受此种自由的，只有二十个人。其余

① 负生：《社会主义的经济需要计划》，《新路》1948 年第 1 卷第 16 期。

② 陈振汉：《混合制度与计划制度中间的选择》，《新路》1948 年第 2 卷第 5 期。

的恐怕都是‘力’（购买力）不从心，所以他们实质上等于没有这种自由。”而在社会主义计划经济条件下，“也许在计划经济的初期，为了‘先’普遍地满足大众的基本需要，使各得温饱；可能有不能生产奢侈品或可供‘选择’的物品的现象。但这正是社会主义的精髓所在”。同样的，为了保障充分的就业，在社会主义的初期可能不能按照自己的兴趣进行自由的职业流动，但在就业无法保障的资本主义社会，“恐怕因生活问题的逼迫，大家还不都是有事就做，管什么‘兴趣’不兴趣，谈什么选择自由！”① 对于这一问题，陈振汉同样以务实的态度批评对资本主义“经济自由”过于推崇的学者。一方面，他认为“在资本主义价格制度下，由于财产与收入的不均，这种消费者主权等于一种空盒子”。另一方面，他认为虽然传统经济学都把消费与需求看作影响生产决定生产的力量，但实际上在不抹煞人类生存的生理需求这一底线的前提下，更多的是“生产者制造需求”。因此，即便在自由经济的条件下，其实也很难“恢复十足的消费者主权”。②

2. 市场应在资源配置方面起主导作用

在40年代浓重的计划经济气息中，知识分子中基本没有人会完全否定计划经济的作用，但有些学者认为计划与市场应该相互配合，并且应该“以自由价格机构为主而以集体计划为辅”③。蒋硕杰、吴景超、刘大中等是这一观点的典型代表。他们主张即使在社会主义制度下，仍然应该坚持以自由价格机构作为资源配置的主导方式，其基本理由如下。

第一，计划经济与社会主义之间并无必然的联系

蒋硕杰认为，“集体计划经济并非社会主义必须的附随条件。生产工具的国有并不需要所有的生产机构都由一中央计划当局统一经营管理；亦不需要各种商品之产量，各种生产因素（劳工、原料、工具

---

① 负生：《答春生》，《新路》1948 年第 1 卷第 16 期。

② 陈振汉：《总答复》，《新路》1948 年第 2 卷第 5 期。

③ 蒋硕杰：《社会主义与价格机构》，《新路》1948 年第 2 卷第 5 期。

及机械）在各生产机构之配置，甚至消费品之如何分配于全体人民，都一一由一通盘之生产计划来规定”①。吴景超认为：“社会主义与经济自由，根本上是不冲突的。假如社会主义放弃了计划经济，经济自由便可恢复，正如资本主义或任何主义，一旦采用了计划，经济自由必然丧失。”② 刘大中则表示：“在生产工具公有的社会主义下，全面的计划经济仍不是一个必然的特征，这一点我们与景超先生同意。”③

至于为什么计划经济并非社会主义的必需的附随条件，署名“春生”的学者大致给出了这样两种理由。（1）从理论上看，计划经济并非马克思的明确观点。“科学的社会主义，至少有一百年的历史，而计划经济的提倡，及其理论的阐扬，乃是苏联立国以后的事。传统的社会主义理论家，对于取消私有财产制度一点，可以说是大体同意的，但对于计划经济，则很少有人谈起。即以马克斯（思）的‘资本论’而说，在那二千余页的巨著里，只有很少几处，谈到生产要素要遵照计划，但言而不详，不知其命意何在。”④ （2）从现实来看，社会主义的平等源自公有制，而不源自计划经济。春生认为：“在财产公有的状况下，社会上便没有不劳而获的人，大家都只有劳务的收入，大家都靠自己的本事吃饭，而不是去剥削别人来吃饭，这是社会主义在道德上超过其他主义的地方，但这是无须计划经济便可达到的，苏联达到这个目标的时候，还没有用计划经济。”⑤

第二，社会主义与价格机制相结合，可以保证经济平等与自由

如前所述，这些学者认为社会主义的平等可以通过公有制来保障，而价格机构则保障了经济的民主与自由。

首先，就经济民主而言，在蒋硕杰看来：“价格机构可说是等于一个决定生产因素之配布及各种商品之产量的全民投票。这是实行经

① 蒋硕杰：《经济制度之选择》，《新路》1948 年第 1 卷第 3 期。

② 吴景超：《论经济自由》，《新路》1948 年第 1 卷第 21 期。

③ 刘大中：《经济自由、社会主义、和新投资的计划》，《新路》1948 年第 1 卷第 21 期。

④ 春生：《答负生》，《新路》1948 年第 1 卷第 16 期。

⑤ 春生：《答负生》，《新路》1948 年第 1 卷第 16 期。

济民主，保障经济自由不可缺少的制度。”[①] 而在计划经济制度下，这样的资源配置是委托一个中央机构来完成的。在学者春生看来：“我们每一个人对于自己生活上的需要，在一年之内，到底是一些什么，我们自己都回答不出。这个需要，时刻在那儿变动，影响这个变动的元素太多了，收入是其一，物价是其二，嗜好是其三，风俗习向是其四，还有其他元素不胜枚举。连消费者本人都没有法子回答出来的问题，计划者如何能回答的出？”因此，计划经济的决定，“必然是武断的”。[②] 当然，对于这些学者而言，民主抑或是武断更深层次的影响是，它决定着资源的配置能否适合客观的需要，或者说是否合理。学者春生之所以强烈反对计划经济，其原因之一就在于他认为“生产因素的合理分配，是任何社会中最重要的问题。一个国家中人民生活程度是否能够提高，就要看生产因素分配是否合理而定”[③]。

当然，这些学者也并不否认价格机制在现实中存在的问题，即受不完全竞争的企业组织的阻碍而不能完全发挥其作用，并且由于收入差距使价格机构所代表的“全民投票”实际上并不公平，购买力高者等于有数倍于购买力低者之投票权。但蒋硕杰认为这些缺陷在社会主义条件下都可以被克服，因为“社会主义政府可以命令所有国营事业不论其规模之大小，一律遵守‘使边际生产成本与其产品价格相等’的原则”，这样资源的配置就不会受垄断势力的影响。此外，“在社会主义之下每一消费者之购买力既大致均等”，则每一公民对生产因素配置之票决权也大致相同。因此，“在社会主义之下，我们只有理由更加拥护价格制度，绝没有理由反而弃而代之以独断的集体计划制度”。[④] 至于如何才能保证每一企业都遵守“使边际生产成本与其产品价格相等”的原则，刘大中建议“由全厂的职员和工人推举，组织一个委员会，这个委员会的责任只是在随时审核边际成本是

① 蒋硕杰：《社会主义与价格机构》，《新路》1948 年第 2 卷第 5 期。

② 春生：《答负生》，《新路》1948 年第 1 卷第 16 期。

③ 春生：《社会主义的经济不需计划》，《新路》1948 年第 1 卷第 16 期。

④ 蒋硕杰：《社会主义与价格机构》，《新路》1948 年第 2 卷第 5 期。

否与价格相等”，假如企业未能遵守这一原则，“这个委员会就应当向中央机构检举”。①

其次，就经济自由而言，学者主要批评了计划机制妨碍了消费者的消费自由和择业自由。学者春生认为，其一，计划经济妨害了消费者选择的自由。“因为现在的社会科学，还没有产生一种方法，可以让人在事先正确的预测消费者对于某项物品需要的数量。所以计划经济，必然是以少数人的判断，来代替全民的判断。”而对消费者而言，他可能只有两种选择，“其一为计划配给制，即是由设计机关生产某一些物资，而将这些物资，根据某种标准，分配给消费者”；“另一结果，就是由设计机关生产若干物品，而消费者在这些物品之中，可以有某项程度的选择”。但这些选择，都限制了消费者的主观意愿。其二，计划经济妨害了人民就业的自由。因为“计划经济，既然要规定每项物资生产的数量，因此同时也就要规定生产某项物资的人数”。比如，为完成采煤一亿吨的生产任务，可能必须强制 40 万人参与煤矿的工作，“这就妨害了人民就业的自由，因为这四十万人中，也许有很多的人，是不愿意当矿工的”。②

正因为如上原因，吴景超强调：“我一向的看法，深信社会主义可以使我们经济平等，而计划经济则剥夺了消费者的自由。只有社会主义与价格机构一同运用，我们才可以兼平等与自由而有之。”③

第三，计划经济只是在某些特殊时期和特殊行业不可或缺的手段

吴景超认为，“计划经济是达到某种目标的最好手段”。吴景超所谓的“某种目标”包括：一国国家准备作战或正在作战，为使生产事业与战事的需要配合，才能早日取得胜利，这时最好采用计划经济；一个国家在建设的过程中，得不到外资的帮助，又想在短时间内完成别国在更长时间内完成的工作，这时也需要计划经济。但吴景超认为“这些目标，并非就是社会主义的目标”。因此，这些手段也并

① 刘大中：《社会主义生产政策的执行和监督》，《新路》1948 年第 2 卷第 5 期。

② 春生：《社会主义的经济不需计划》，《新路》1948 年第 1 卷第 16 期。

③ 吴景超：《社会主义与计划经济是可以分开的》，《新路》1948 年第 2 卷第 5 期。

非经常性手段。①

蒋硕杰则认为："有些时候价格机构的确需要用中央计划来补充的。"比如，维持全民就业及国防，建设个别消费者之选择所不能顾到的社会福利设施，计划大规模而不可分的投资，如建造铁路、开辟荒地、兴建水利等都需要要中央计划的统筹办理。但蒋硕杰认为，更大量的平常的日用消费品领域不应该也采用中央统筹的形式。就整个经济而言，应该"以自由价格机构为主而以集体计划为辅"。②

综上所述，在社会主义经济的运行机制问题上，40 年代中后期的知识分子中有着浓重的计划经济气息，这是思想的主流。但也有一小部分知识分子倡导在社会主义的公有制下兼容价格机制的作用。总体而言，主张实行计划经济的学者，要更加务实，更加看重中国进行社会主义建设的现实根基。而主张以价格调控为主的学者，要更加理想化，更加看重经济民主、经济自由的价值。但二者各有牵强之处。比如，计划经济对于经济民主自由的阻碍作用，从长远来看，是不可否定的。实际上主张计划经济的学者也只能以"社会主义初期"为条件来回应反对者的质疑之声。而在社会主义公有制，尤其是 40 年代学者所共同认可的社会主义公有制应该取消"利润"的前提下，价格机构又该如何发挥其作用呢？陈振汉就曾经这样质疑蒋硕杰的观点："如果我正确了解硕杰先生所叙述的社会主义价格制度，他似乎过份信任国营事业单位的竞争热忱，似乎忘记了这是一个社会主义社会，不能有牟利动机，或只有名义上的利润。……惟其为计划利润，是一种无'利润'意义的名义利润，如果没有计划制度，虽可靠它来做指标，指示生产应行扩充或是应行收缩，却不能仗它起自动调节作用。"③ 对此，主张在取消利润的公有制下兼容价格机制的学者始终未能予以正面有效的回应。

① 吴景超：《社会主义与计划经济是可以分开的》，《新路》1948 年第 2 卷第 5 期。

② 蒋硕杰：《社会主义与价格机构》，《新路》1948 年第 2 卷第 5 期。

③ 陈振汉：《总答复》，《新路》1948 年第 2 卷第 5 期。

三　关于社会主义的分配问题的探讨

作为支持社会主义道路的知识分子，在社会主义的分配问题上，毫无疑问他们都反对资本主义的不平等的财富分配状态。因此，学者讨论的焦点不在于是否应该进行平均的分配，而在于当“不均”与“寡”同时存在的时候，或者说当分配问题与生产问题同时存在的时候，是否有解决的先后顺序问题？围绕这一问题，知识分子大概形成了如下几种观点。

1. 生产问题优先于分配问题

张东荪、施复亮是这一观点的支持者和倡导者。他们的主张主要基于以下三方面的考虑。

第一，生产力的发展是社会进步的标志。施复亮认为：“古今中外，一切具有进步意义的经济改革，其基本内容就是生产力的提高；一切具有进步意义的政治改革，其最后目的也在于促进生产力的发展。换句话说，任何进步的政治改革，都要以增加生产为主要内容。当前中国的改革运动，当然也不会成为例外。”① 张东荪还进一步引申，认为社会主义的优势应该是能够创造出比资本主义更高的生产力，并认为这是马克思主义对于社会主义的认识的独特之处。他指出：“社会主义对于人类生产过程有一种看法：就是以为患不均与患寡乃是同一病症。”“所以去不均是手段，而变寡为多是目的。换言之，即以为只有用社会主义方能增加生产。可见生产原是社会主义本身的含义。以前各种社会主义者不注眼于此点，迄止马克斯（思）出，此义乃大明。”②

第二，生产优先是世界社会主义运动经验教训的总结。张东荪认为“无论如何讲自由、讲平等，若与生产发生冲突，换言之，即使生产反而降低，则绝不能成功”。“欧洲近百余年以来社会主义试验不

① 施复亮：《废除剥削与增加生产》，《观察》1948 年第 4 卷第 4 期。

② 张东荪：《经济平等与废除剥削》，《观察》1948 年第 4 卷第 2 期。

止一次，或用革命方法，或用立法的方式，凡读历史者当可知之。我们可以说百余年来欧洲社会主义的排演是一部悲惨的历史。这个悲惨所给人们的教训是：凡社会改革（或革命）而能使生产增长的就能站得住；反之，使生产降低则必会被反革命所推翻。苏联的经过尤为显明：革命之初的战时共产制就因为不能满足增产的要求以致维持不下去了，乃不得不改为新经济政策。如新经济政策永久下去，则革命虽成而社会主义却失败了。幸而有计划经济。……用计划经济以增加生产遂使社会主义站得住，这乃是苏联对于人类的一个无上之贡献。……以往社会主义种种试验都没有成功，就是因为只注重于平等而忘了生产的重要。"①

第三，为了促进生产，应该在适当范围内容许资本主义剥削的存在。张东荪认为"倘若把经济平等当作遥远的理想与抽象的原则，这是觉悟问题的。倘使当作目前实践的指导方针，我敢说现在全世界中，即实行社会主义的国家，亦没有达到这样的高度。主要的关键在于当事的主体是产业落后的国家"。"一班落后国家的问题并不是如孔子所说，不患寡而患不均，实在同时亦患寡。所以这样的国家要走上社会主义必须把寡与不均同时解决。在不违背社会主义公道的限度内，有些国家还得要保留若干资本主义的形式，用以奖励生产"。因此，张东荪主张，为了发展生产，社会"翻身"应该在一定限度之内。"所谓社会革命即翻身之谓也。"社会翻身应到某种限度为止。"在限度内生产反可以增加；反之，过了限度必致生产受影响，弄成降低。"②

张东荪这里提出的用以奖励生产而保留的"若干资本主义的形式""有限的翻身"，在施复亮那里，称之为"新资本主义"。施复亮指出："我所说的新资本主义经济，也可以说是一种带有混合性的过渡形态。这种形态，只有在劳动人民掌握或领导政权的时候才能实

① 张东荪：《政治上的自由主义与文化上的自由主义》，《观察》1948 年第 4 卷第 1 期。

② 张东荪：《经济平等与废除剥削》，《观察》1948 年第 4 卷第 2 期。

现，因而也可以说是一种保证走向社会主义的过渡形态。”施复亮明确指出，“新资本主义”有两个明显的经济特点：首先，“在最近的将来，为着促进生产力的发展，我们还要尽量利用资本主义生产方式的种种优点，在一定范围内的追求利润和合理的竞争，讲求效率和计算成本，以及由此而生的技术进步和管理改善，都是我们所要保存的优点”；其次，“在生产过程里特别在流通过程里，今后中国的经济还要受资本主义的运动法则的支配（至少在基本上），我们只能从认识这种法则中去指导或调解资本主义经济的发展，使它有利地走向社会主义”。之所以如此，主要是由于“中国的经济本来已经落后，再加上八年抗战和多年内战的破坏，早已实行缩小再生产，连单纯再生产也已不能维持了。在这种经济基础上，实在无法实行社会主义”。因此，“在目前，我们坚决反对帝国主义、官僚资本（及其附属的买办资本）和封建地主的剥削而不根本反对民族资本主义的剥削，也就是为此。只要资本主义的剥削关系还有促进生产力发展的作用，我们就应加以利用，不可无条件地反对。一切自由、平等的理想，都只有在生产力高度发展的基础上才有实现的可能。废除剥削，必须以增加生产为前提”。①

2. 分配问题优先于生产问题

周绶章和汤德明是这一立场的支持者。

周绶章认为中国在“面包”的问题上，是既患“寡”又患“不均”，但相对而言，“不均”的问题应该优先解决。他认为：“中国‘面包’问题之患‘不均’，远因是由于土地问题没有得到一个根本解决，近因则是由于买办阶级的兴起。至于中国‘面包’问题之患‘寡’一点，很多人都把它忽略了。就人口发展的趋势上看，总是愈往后走，人口数量愈增多。人口数量既增多，要能够解决大家的‘面包’问题，就需要土地增多，或是土地虽未增多而生产速率及生产数量大为增加。但中国则不但土地有日渐减少之势，生产速率及生产数

① 施复亮：《废除剥削与增加生产》，《观察》1948 年第 4 卷第 4 期。

量均无显著进步，因而患‘寡’的严重性愈来愈增加。”但周绶章认为：“中国的‘面包’问题虽然既患‘不均’又患其‘寡’，然而，最易刺激人心，引起骚动的，还是‘不均’，而不是‘寡’，因为纵然不够吃，大家一样的不够吃，也还没有话说，惟有有些人吃不完，有些人没得吃，才最易引起不平之鸣，发生强烈的反应。”①

汤德明也主张应优先解决“寡”的问题，但不仅仅因为“寡”容易激起人们的不平之鸣，而是认为“中国之寡，乃是由于不均。均了以后，生产一定可以增加”②。他主张的以分配促生产，主要包括以下三个方面。第一，以平均的分配来增加资本的积累，并以消费刺激生产。汤德明认为，通常情况下，收入平均了之后，大家的消费增加了，储蓄可能减少，因而影响投资的数量。但在社会主义条件下，这种问题是可以解决的。因为“既然能够均，则一定有‘均’的政权存在，可由其实行计划储蓄”。如此，或许有人会担心这会压低人民的生活水准。但实际上，由于原来过于悬殊的贫富差距，即便平均分配又实行强制储蓄后，降低的也只是极小一部分人的生活水准。对大多数人而言，生活水准是提高了，且由于消费的增加，还可以刺激生产。第二，以平均的分配来普及教育，培养建设人才。汤德明认为，平均分配以后，“教育已不成为一种特权，大家都有受适当教育的机会，尽量发掘天才，大批造就人才。不像现在这样受教育的只限于富家子弟，而且这些子弟多半是庸才，所学又多非所用”。第三，以平均的分配来激发生产的热忱。汤德明认为，“一个均的社会，社会利益和个人利益是一致的”，因此，“劳动英雄”会层出不穷。“生产的热忱对于增加生产也是很关重要的”。③

3. 生产与分配问题并不矛盾

严仁赓不同意以上观点，他认为在公有制和计划经济经济并存的社会主义条件下，生产和分配之间并不存在矛盾，而且，“从提高人

① 周绶章：《面包与自由的抉择》，《时与文》1948 年第 3 卷第 18 期。
② 汤德明：《中国的出路》，《时与文》1948 年第 3 卷第 2 期。
③ 汤德明：《中国的出路》，《时与文》1948 年第 3 卷第 2 期。

民生活水准言，分配与生产同等重要，未容轩轾”[①]。

第一，生产与分配兼顾乃是社会发展的大趋势，是社会主义的优越性所在。“一个经济制度，应该不仅一方面能维持高度的生产，但仅凭高度生产，并不就能保障全民享受舒适的生活，所以另一方面它必须照顾到社会分配的公平。这也就是现代社会主义之由来，亦即是世界经济政策演变的大趋势”。“旧日的封建社会，既不重生产，亦不重分配；近代的资本主义社会，只重生产，不重分配；惟有社会主义社会，才能够兼顾生产与分配。”[②]

第二，苏联以及东欧国家的实践已经证明了生产提高与分配均等并非矛盾。严仁赓认为，苏联在进行社会主义建设之初，“‘寡’与‘不均’，兼容并蓄，比今日我国亦绝无愧色”。“她的农奴制度直到一八六五年方才废除”，“直至二十世纪开始，工业还没有发达，在她的人口里面，还是有百分之九十的农民。阶级的区别判然，压力的使用成为惯常。直到革命的前夕，其封建色彩之浓厚，较今日我国尤有过之”。但革命之后，“她在实施均等之外，且又继续不断的增加生产，不曾因猎取均等而阻碍了生产的扩张。甚且她在扩张生产上所表现的反而最为人所称羡。资本主义制度耗费了一二百年所得的成就，她在短短二十年间便已赶过半程”。“东欧的几个小国过去也是一直留滞在封建的阶段，今日的新经济政策也复以改良分配于增加生产双管齐下。多少年仿效资本主义的老路子总走不通，如今短短时程成绩已大有可观了。”尽管严仁赓也强调，各国“民情、环境、政治制度种种差别可以影响各自的成就，不过最低限度我们已获有充分证明，并不是在实行社会主义推进均等工作之际，就必然阻碍了生产扩张。这是完全靠不住的”。[③]

第三，影响中国生产的并不是分配，而是人事、组织、管理上的政策缺陷。以国营事业为例。有人留恋资本主义的自由竞争，“乃是

① 严仁赓：《社会主义乎？“新资本主义”乎？》，《观察》1948 年第 4 卷第 17 期。

② 严仁赓：《社会主义乎？“新资本主义”乎？》，《观察》1948 年第 4 卷第 17 期。

③ 严仁赓：《社会主义乎？“新资本主义”乎？》，《观察》1948 年第 4 卷第 17 期。

因对当今国营事业感到失望”。严仁赓认为，国营事业的失败，不在因分配而影响效率，更重要的是“主持国营事业的人以为工业只要国营，则药到病除，资本主义制度下面产生的一切灾难全都可以避免”。因此，“在若干工业国营之后，没有紧跟着实施计划经济，全部事业失去重心”。再加上官商勾结、贪污投机这些人事、组织上的混乱，不要说是国营企业，其实“无论国营私营，一样的糊涂，并无轩轾”。①

总之，在解决社会主义分配的“寡”与“不均”的矛盾问题上，或者说在“效率”与“公平”的问题上，有学者主张“效率优先兼顾公平”，有学者主张“公平优先”，有学者主张“效率与公平可以同时兼顾”。但应该说主张“效率与公平可以同时兼顾”的学者，实际上是不反对以公平促效率的观点的。因此，应该说，40 年代中后期的知识分子多数还是把实现“公平分配”问题置于优先地位的，这是当时思想界的主流。

综上对 40 年代中后期知识分子关于社会主义的所有制问题、运行机制问题、分配制度问题的分析可知，学者关于“社会主义”的经济制度的规定性的主流观点是：实行生产资料的公有制，实行高度集中的计划经济，实现平均分配。明晰于此，将有助于我们深化对新中国在改革开放之前所实行的高度集中的计划经济体制所拥有的广泛的思想基础的认识。这样一种思想基础的形成，并非源于政治权力或意识形态的灌输，纯粹是自发自觉，是由当时的国际环境和中国的现实国情决定的。与此同时，置身于改革开放后的中国，我们又会发现当年知识分子的一些非主流观点，如“计划经济与社会主义之间并无必然的联系”“生产问题优先于分配问题”等所具有的超越历史的眼界。但“超越历史”是其历史闪光点，却也正是其历史局限性。

---

① 严仁赓：《社会主义乎？“新资本主义”乎？》，《观察》1948 年第 4 卷第 17 期。

第二节　关于社会主义与政治民主问题的探讨

如前所述，40 年代中后期知识界对“社会主义”的基本共识是它首先或主要是一种经济制度安排。之所以如此，主要是由于知识分子对“社会主义”在政治领域的特征一直无法达成共识。有的认为社会主义就是一种经济制度，可以适用于任何一种政治制度，是从自由主义到法西斯主义都可以采用的经济制度；有的认为社会主义必须与特定的政治制度相联系。应该说，到了 20 世纪 40 年代的中后期，还是有一部分的知识分子仅仅将社会主义视作一种经济制度来看待。但越来越多的知识分子不再局限于经济领域，而是进入了政治领域，探讨与经济上的公正平等相适应的政治制度的特点。北京大学教授樊弘当年不经意的一句“恰好民主的政治成为今日社会主义者的理想之一”①，让我们窥见了当年知识分子在社会主义进入政治领域后的探讨重点，即经济平等与政治民主的并行及其实现的问题。以下我们将围绕这一主题，梳理他们的相关认识。

一　关于经济平等与政治民主并行问题的探讨

社会主义能否在保障经济平等的同时实现政治上的民主呢？这是知识分子曾经着意探讨的问题。在知识分子中，这一问题虽有不同的观点，但或者出于良好的愿望或者出于理论上的肯定，他们中的多数人认为经济上的平等与政治上的民主是可以同时实现的。知识分子关于这一问题的见解大概可分为以下几种类型。

1. 理想型

这一类的学者没有具体论证社会主义与民主政治为什么可以兼容，但他们认为社会主义与民主政治的兼容是一种时代的趋势，是一种美好的社会理想。或者说，他们论述的重心在于说明二者为什么应

① 樊弘：《经济与政治进化的归趋》（续），《大公报》1947 年 1 月 25 日。

该兼容。

对社会主义颇有好感的《大公报》驻伦敦特派记者黎秀石将这种理想描述为“左手有自由，右手有面包”。他认为，“狭隘的个人自由主义只管自己吃自己享。极端的集体主义却过分看重全体，蔑视个人自由，束缚个性。两者都不是到人类乐园的正道”。那么，人类的正道应该是什么呢？他认为“个人自由与社会约束必须相辅而行才能领我们到自由大同的社会”。①

学者泉清也认为社会主义与政治民主的兼容是一种发展的趋势，并且认为中国有实现这一趋势的良好基础。他认为：“我们相信我们应该在十八世纪的政治革命以上，加添十九世纪的科学和工业，再加添二十世纪的社会主义的改革。我们不相信为达到社会主义的目的，我们应该回转去取消十八世纪的人权运动。”并且中国的人本主义传统是建立民主政治的良好基础。他认为：“我们讲究平等，反对贵族及任何封建习惯。我们尊重各个人的人格与自由。我们好讲理，好商量，好为别人留余地，不愿有过激的举动。这种传统的思想与习惯，在中国，是根深蒂固的。这些东西是民主的好基础。”②

萧公权也期盼这一理想的实现，其目的是为了规避资本主义、独裁政治以及官僚资本的弊病。萧公权认为：“人类除了求生欲之外还有求权欲。”求生欲的极端发展成为贪得无厌的经济活动，“这是资本社会病态的心理来源”。求权欲的极端发展将会强人就己，督责专横，“这是独裁政治病态的心理来源”。当求生欲与求权欲的极端发展相结合时，将利用政治上的特权以攫取经济上的特权，“这就是所谓‘官僚资本’的来源”。那么，规避这些病态发展的路径何在呢？萧公权认为，“要想解除竞争经济的危险，我们要建立社会经济的管制。要想防止独裁政治的政治，我们要保持人民的政治自由。经济管

---

① 黎秀石：《自由主义宣言——记“自由国际”的诞生》，《大公报》1947 年 5 月 9 日。

② 泉清：《美国人对于中国的了解与误会》，《世纪评论》1947 年第 1 卷第 9 期。

制，政治自由——这是一架车子的两轮，缺了一个就不能行驶”。[①]

顾毓琇也将二者的兼容视为一种理想，但他考虑更多的是中国的现实情况。他认为，在中国，没有经济民主，也谈不上政治民主。因为中国已“民穷财尽”。没有经济的民主，政治的民主也是不可能实现的。“中国百分之八十是农民，半数的人民没有受过适当的教育，倘若经济不能民主，多数人在饥饿线上，政治的民主，很容易有名无实，流于虚空。”[②]

2. 肯定型

这类学者占人数的大多数。他们毫不怀疑社会主义与民主政治的兼容性，只是他们各自都有自己不同的论证思路。

（1）有学者从民主的整体性视角，论证社会主义与民主政治的可兼容性

翁独健认为“‘民主’是‘整个的’，不可分割的”。翁独健以资本主义的民主来加以说明。他认为，所谓资本主义的民主制度，实际上指的是在经济方面，建立了资本主义的经济制度；在政治方面，形成了议会政党的政治机构；在思想方面，种下了所谓“自由”的根苗。这种资本主义的民主，是“整个的”。同样的，“社会主义的民主运动，目的是打倒资本主义的经济制度，从资产阶级手里争取政权，使全民得到合理的生活。社会主义之所以可以说是进步的民主主义，它也是‘整个的’，还是包括‘经济’和‘政治’两方面的”。[③]

夏炎德与翁独健有类似的观点，但他进一步从大历史的视角出发，认为社会主义运动是十八世纪民主主义运动的深入与扩大。夏炎德认为：“把法国革命当作民主革命，把俄国革命当作社会革命，截然分出界限，是割裂了历史的整个性与民主革命的继续性。”他指出，被认为是民主革命运动的18世纪的法国大革命，实际上参加者除了工商业者，还有工人、农民、知识分子；运动的旗帜是争自由、争平

① 萧公权：《二十世纪的历史任务》，《世纪评论》1947年第2卷第5期。

② 顾毓琇：《民主理想与和平建设》，《大公报》1947年6月18日。

③ 翁独健：《讨论》，《新路》1948年第1卷第13期。

等、争人权，不但要求民主，实际还要求生活。只是这场运动只获得了初步成功，享受者仅限于拥有生产工具所有权的资产阶级。同样的，20 世纪的社会主义运动要求“不限于经济方面，正如民主主义不限于政治方面”。夏炎德认为：“欧文（Owen）、勃朗（Blane）、马克思与韦伯（Webb）的努力并不与卢骚、服尔德（Voltaire）、孟德斯鸠与哲斐逊（Jefferson）相反，倒是在进一步做前人未做到的工作，他们是同一民主长流中的前浪与后浪。”①

（2）有学者从经济制度的视角论证社会主义与民主政治的可兼容性

经济学者刘大中认同“政治民主”和“经济民主”是必须并存缺一不可的。他认为：“‘经济民主’是‘政治民主’的必要条件；同时，‘政治民主’也是‘经济民主’的必要条件。没有‘经济民主’，‘政治民主’必然不会持久，缺了‘政治民主’，‘经济民主’也一定不能永存。”为了说明自己的论点，他举例说明：如果说“政治民主”的含义之一是“任何一个应行选举的职位，至少要有两个以上的、不相隶属的、不受共同指挥的、确乎独立的候选人，供人民的选择”。那么实现这一目标，在“经济民主”上的必要要求，如“任何国有或私有企业，不能成为有某种技能的人民惟一可能就业的处所”，否则“这个私有企业的所有人或是管理这个国有企业的在朝党，可能不愿意他所雇用的人员，组织或参加他所反对的政党，或是为他所反对的政党宣传”。同样的，如果说“经济民主”的含义之一是“任何人不能不劳而获”，那么就必须做到“遗产制度完全取消”。而“欲废止遗产制度，政治上必须先作到确实代表大多数人民的利益之境界”。再比如，如果希望“任何人的收入，不能超过一个最高的限度”，就必须“要有极高度的累进所得税”，而这种制度的制定同样需要以“政治民主”作为必要的条件。② 作为经济学者，刘大中认

① 夏炎德：《读了张东荪先生新著〈民主主义与社会主义〉之后》，《世纪评论》1948 年第 4 卷第 5 期。

② 刘大中：《政治民主与经济民主》，《新路》1948 年第 1 卷第 13 期。

为社会主义与民主政治不仅应该兼容，而且是存在可行性的，他认为应该要在经济制度的设计上为政治民主提供保障。作为同行兼好朋友，蒋硕杰与刘大中持有几乎一致的立场。

（3）有学者从对“自由”的合理理解的角度论证社会主义与民主政治的可兼容性

吴恩裕同样认为自由与平等不可分。他认为：“就近代社会经济背景而言，争取自由的是反对特权贵族的地主，是反对政府干涉的资本家。并且他们在他们各个的历史阶段中，也都得到了自由。何以他们能得到所争取的自由呢？因为争取自由，和自由的实现，都是有其经济条件的，而他们就正是具备条件的人。近代历史的发展，直到目前为止，自由的实现始终没有扩展普及于全民，其原因就是：在全民中之贫困的农工阶级在现代国家中，虽然表面上享受自由的法律权利，但是他们自身的经济情况，却阻碍了他们实际上享受这种权利。”①

吴恩裕没有停留在对社会主义与民主政治应该兼容的理想性描述中，他认为社会主义与民主政治本来就是兼容的，但要正确理解这个问题，需要排除对所谓妨碍自由的误解，是要“把自由的问题，放在具体的社会经济背景中研究”。他认为实现全民自由，必须以经济平等为基础。但实现经济平等，必然需要取消少数人的经济特权，或者说会侵犯少数人所谓的保障财产及累积财产的自由权利。但吴恩裕认为剥夺少数人的经济特权并非是对“自由”的妨碍。因为，“在经济不平等社会中，占优势的阶级是少数人，取消他们经济优势是取消一种社会的特权”。而“人类历史所以被认为是进步的原因，就在于它是一个不断地取消种种特权的过程”。所以，“不要认为如要平等即必须损失一些自由，因为那些自由既已成为少数人的特权，则取消它便是应该，而非不应该的了”。②

---

① 吴恩裕：《自由乎？平等乎?》，《观察》1947 年第 3 卷第 12 期。

② 吴恩裕：《自由乎？平等乎?》，《观察》1947 年第 3 卷第 12 期。

丁洪范也认为社会主义与民主政治之间绝非鱼与熊掌不可兼得，他也认为应该从对“自由”的正确理解的角度来认识二者的兼容性，但其论证思路又不同于吴恩裕。丁洪范认为，“所谓自由不过是选择的自由”。例如，他认为政治自由，不过是选择政体、政策，以及执行者的自由。而在择定之后，在某种条件之下也是不自由的。但这里的不自由并不是否定政治自由的存在。因此，他认为，纵然在社会主义的计划经济之下，“一切的生产分配等等经济互动都不能听各人的意志，自由主张，都必须纳入一定的人为计划之中，权力是推动的力量”。但“假如大多数的人赞成社会主义的计划经济，由一个负责的政党来执行”，那么，这里便有了自由的社会主义，不能认为是不自由不民主的。[①] 学者商治与丁洪范有相同的立场，他认为：“如果认为非实行严格的经济统制不可，在民主的国家中，也得先经大多数民众的同意，统制的大权也得由民众选出的人执行，个人在企业方面的自由固然大受限制，但每一个人民（包括反对政府的人）依然享有身体言论及新闻的自由。”[②]

（4）有学者以事实为例证，论证社会主义与民主政治的可兼容性

有学者认为苏联是实现了社会主义与民主政治兼容的榜样。一位署名惠君的学者认为：“假若我们以现在英美式的民主制度，以资本主义经济为基础，资产阶级为中心的民主制度，作为衡量民主的绝对标准，那么今日的苏联便不能算是一个民主的国家。”但是，如果我们不拘泥于民主的方式形态的争辩，而注重它的真正内容，“把全面的合理社会经济生活作为民主精神具体表现的对象”，那么“苏联不只可以算是民主的，而且可以说是真正民主或是最民主的”。[③]

与蜀人不同，学者商治也坚信社会主义与民主政治是可以兼容的，但他完全否认苏联是二者兼容的榜样，认为英国工党才是其榜

① 丁洪范：《论民主自由与社会主义》，《主流》1948 年第 18 号。
② 商治：《政治民主与经济民主》，《世纪评论》1947 年第 1 卷第 11 期。
③ 蜀人：《苏联是真正民主的国家》，《新路》1948 年第 1 卷第 3 期。

样。因为"英国工党是得到大多数民众的拥护的政党，他取得政权，是在各党自由竞争的环境下，由人民选举出来的"。此外，英国"因为有失业保险，失业者可以领津贴，生活有了保障，每人都可以说有一碗饭"。因此，"自由和安全不一定是绝对不相容，我们可以保持某种程度的生活安全，同时也可以保持某种程度的自由"。[①]

3. 务实型

这一类型的学者，人数不多。他们并非对经济平等与政治民主的并行没有理想与期望，只是在现实面前，他们不想去作太多的理论的解说或辩护，在"面包"与"自由"之间，他们务实地为大多数人的利益选择"面包"优先。

学者周绶章曾提出他的"新社会主义路线"，旨在兼顾自由与平等。但随后他纠正了自己看法，认为"凡事都可以从'理'和'势'两方面去看。就'理'的方面讲，'面包'与'自由'两者同为人类的基本需要，一样也不可或缺。今日中国一切问题的症结，还是在于这两个问题没有得到解决。从理性上讲，自然应该同时设法解决这两个问题，满足老百姓的基本需要，从而造成长治久安的局面。但如专就'势'的方面说，则'自由'究竟是生活的上层建筑，'面包'才是生活的基石，人类生存的第一个条件。'面包'的需求自然更为迫切"。因此，"从'势'的方面说，如果能够同时解决大家的'面包'与'自由'两大问题，固然可以得到一切阶级的拥护。否则即应以能够首先解决'面包'问题，把握劳苦大众，为能否操最后胜算的权衡"。[②] 同样，学者萧乾在面对中国的现实时，也认同"在二者不可兼得的今日，一碗饭比一张选票实惠得太多了。"[③]

总之，在社会主义经济平等与政治民主并行的问题上，如果单纯从理想的层面来看，实际上无论上述理想型、肯定型或务实型的学者，都是期望经济平等与政治民主并行的。只不过在现实面前，有人

---

① 商治：《政治民主与经济民主》，《世纪评论》1947 年第 1 卷第 11 期。

② 周绶章：《面包与自由的抉择》，《时与文》1948 年第 3 卷第 18 期。

③ 萧乾：《讨论》，《新路》1948 年第 1 卷第 13 期。

陷入了两难，干脆选择“一碗饭”优先。但其中的大多数人还是坚定地相信社会主义与民主政治不仅应该而且可能兼容。

二　关于社会主义政治民主实现形式问题的探讨

如前所述，在知识分子中大多数人是期盼而且肯定经济平等与政治民主并行的。那么，社会主义到底应该以什么样的政治制度安排来实现它的民主呢？鉴于战后国民党为所谓兑现承诺，不断地推动各种类型的选举，如立法委选举、国大代表选举以及总统选举等的社会现实，知识分子在这个问题上主要形成如下两种类型的观点。

1. 反对沿用西方政治模式

梁漱溟、张东荪、樊弘等是这一立场的支持者。

1947 年 9 月，梁漱溟率先发难，对当时在社会各界正如火如荼进行的国民代表大会代表的选举活动加以抨击。他以十年前吴稚晖讽刺 1936 年国民代表大会普选时所使用的“选灾”一词为中心，在《观察》周刊上发表了《预告选灾·追论宪政》一文，对沿用西方模式的“民主”“选举”等提出反对批评意见。此文后来引起张东荪、樊弘等人的呼应。1948 年，国民党开始行宪，3 月到 5 月上演了中华民国总统选举闹剧。由此，更多的人开始反思西方的政治模式。综合来看，学者主要从社会现实、文化渊源、经济基础、阶级利益等角度论述西方以多党竞争为核心的政治模式不适用于中国。

第一，从执行实况来看，选举对中国并非好事，而是“选灾”。梁漱溟认为中国自清末维新变法感受西洋近代政治潮流以来，对“民主”“选举”这一类的仙符神咒，“人们已经失去了怀疑和反抗的知能”。因此，尽管自 1936 年全国举办国民大会代表普选时起，人们即已感到“选灾”的危害，“举国骚然，鸡犬不宁，公私耗材之钜，社会风纪秩序破坏之烈，乡里友好结怨成仇，伤亡而继之以诉讼，精神物质一切损失之无法计算”，但“明知其为灾为祸，亦只有将就忍受”。[①]

第二，从文化的角度来看，选举之所以为灾，主要由于“于固有文化无据，于当前事实不合”。这是梁漱溟的观点。他认为，“欧洲人从来过着集团而斗争，斗争而集团底生活”。以选举竞争为例，“在我必有选灾，在西洋却不一定如此严重”。因为西方的竞选实际上源于其源远流长的“决斗”思想。“一议未决，考于旧章；旧章不足，乃为调停。调停不能，唯有战耳。胜者得之，负者噤若。”选举实际上是由此文化发展而来。因此，“外国竞选虽有其弊，大致总过得去；彼固有其数百年所养者（法治之效，习惯之成，条件之备，一般道德水准，知识水准）在也”。而中国自古讲求“和合统一”。中国讲究“理性与谦让，得和合；唯和合，得统一。其统一之道在此；其卒以开拓如此之大，绵续如此之久者，胥在此”。中国人往往讲究谦让，“谦”实际上是一种向上之心。谦让之人能够自省，能够发现自己的不足，因而也总是服善推贤的。“谦则精神浑然收聚于内而向上，斯则中国人之道也。”而参与竞选之人，则往往是逞欲之人。“逞欲之人，就是中国所最不许可的，以其向上之心，不可见也。中国并没有禁欲的宗教，而自来鄙视欲望者，正为其与向上之心不相容耳。逞欲而亡耻，则其无所不至，自在意中。”总之，梁漱溟认为：“选举竞争在西洋，本从其古人粗朴行动之渐渐理性化理智化而来，为数百年精神向上之结果，其事当然可行。当然可资之以建立民主政治。但中国的历史文化完全两样，今要学他，便与固有美德相悖，却是精神向下去了。匪独民主政治不能资以建立，其后果之恶，将不可言。”[②]

第三，从中国传统社会治理结构来看，选举在中国之所以为灾，因为一方面它无法获得基层社会的认同，另一方面又摧毁了基层社会的自治权利。这是张东荪的观点。在梁漱溟撰文后不久，张东荪发文

① 梁漱溟：《预告选灾·追论宪政》（上），《观察》1947 年第 3 卷第 4 期。
② 梁漱溟：《预告选灾·追论宪政》（上），《观察》1947 年第 3 卷第 4 期。

表示对梁漱溟观点的认同。他认为："外来的东西，如选举制度，警察制度，统制经济的办法，以及飞机铁路等，本来是中性的，无所谓好坏，而毛病还在中国本身。这诚如梁先生所说，是患的严重文化失调症"。但张东荪实际上主要是从社会治理结构来论述西方的政治模式何以在中国水土不服。他认为，中国不同于西方，不是一个统一的民族国家，其统治秩序是分为两部分的，一部分"是皇帝的政权与官僚的政治"，另一部分"是乡民为了地方公益而自己实行的互助。这种互助并不是完全政治性的，乃同时包含宗教、家族、慈善，等方面"。西方选举制度的引入，实际上只是官僚政治的需要，与崇尚自治互助的基层社会无关，引不起老百姓的兴趣。"即以选举制度而言，假如一班老百姓不感到其需要，敢说永远不会变为真正的东西"。不仅如此，"自民国成立以来所有的选举都是为特殊势力所利用的"，利用它来挤压摧毁自治社会，加强其政治统治，以至反抗更为不易。"即以今天的国民党政权而论，有人说是中国自有历史以来最坏的政府，则论理应该容易被推翻，然而不然。这便是由于有外来种种关系足以使其维持"。①

第四，从经济基础的视角来看，西方的政治模式不适用于中国，主要在于中国尚停留于小农生产的阶段。这是樊弘的观点。继梁漱溟、张东荪之后，樊弘也发表文章，反对照搬西方的政治模式，但其论争逻辑不同于梁、孙二氏，主要是从经济的视角论证何以西方政治模式在中国引不起一般老百姓的兴趣。樊弘提出："我对于梁张两先生对于中国固有文化的认识是赞成的。但我还想更进一步，专去说明中国这种无为政治产生的经济背景。"樊弘认为："在生产手段的性质上，在中国停滞在农业阶段的时候，土地实是中国全部社会的生活的依据。中国整个文化都是建筑在这个土地生产地租的关系上。"在农业生产模式下，"一来呢，是因为佃农和小工商业阶级，安于低级贫困的标准，且日夜辛忙不休，把所有时间都占据了，简直没有机会

① 张东荪：《我亦追论宪政兼及文化的诊断》，《观察》1947 年第 3 卷第 7 期。

来问政。二来呢，因为他们在生产和分配的过程上，亦无问政之必要。……三来呢，地主和官吏们，因为把这简单的农民生活，知道的非常透彻，逐渐认定它的必然性，除非外侮入侵，亦不欲多变迁”。因此，才形成了如梁先生所说的上层的无为而治，梁、张先生共同认可的下层的自治互助的文化。正是基于这样的认识，樊弘虽然赞同西方的政治模式并不适用于中国的现在，但也不赞同梁、张所主张的“通儒政治”或“少数政治”。他认为，“今后国民生活最主要的依据，我以为既非土地，亦非资本，而是有计划的集体的劳动”。因此，不仅土地万能时代的儒家的政治哲学不可用，而且资本万能时代保护营业自由的民主政治也不可用，“中国的民主政治亦需要这个伟大有计划的集体劳动来领导。如同苏联的计划经济是由共产党来领导和今日英国的建设是由英国的工党来领导是一样的”。①

第五，从中国当前面临的问题来看，西方的政治模式不适用于中国。梁漱溟认为，从目标来看，中国诉求政治平等、经济平等、教育平等，这并非从个人本位出发，以竞争可以达到的。从效率来看，欧洲国家用两三百年走过的路，日本用了六七十年，苏联用了二三十年。这固然是由于后来居上，坐收前人研究发明之功，但也与日本有目标预期，苏联有计划的缘故有关。中国要有把握地达到我们的目标，方针不得忽此忽彼，计划不得改来改去，要一力贯彻到底。这也并非政党竞争，此起彼伏，变动无常所能达到。②

第六，从中国参政党的现状来看，西方的政治模式亦已失去了它的本真意义。1948 年的总统选举之后，越来越多的人对所谓的西方民主模式提出了质疑。由于这次参选的国民党、民社党、青年党实际上是“联合竞选”，因此有学者如此讽刺这次竞选：“正好像比赛网球的时候，选手们都站在场地的一边，想借此观摩球艺当然是不可能

---

① 樊弘：《与梁漱溟张东荪两先生论中国的文化与政治》，《观察》1947 年第 3 卷第 14 期。

② 梁漱溟：《预告选灾・追论宪政》（下），《观察》1947 年第 3 卷第 5 期。

的了。”[①] 学者杜明认为“须知假使没有真正代表人民利益的党，则虽多亦无益”，政党与民众的关系至多“从诸葛亮与刘阿斗的关系变成了招标合同的关系”，但其结果是“出钱的‘标主’食不饱，衣不暖，日子越过越苦，而包工头却个个脑满肠肥，丰衣足食”。[②] 樊弘的观点与杜明的观点类似。他认为中国自民国二年以来，每实行一次“民主政治”，其结果是更增加特权阶级的利益。其原因在于中国的“民主政治”中没有一个真正代表人民意义的政党。因此，他认为，科学的民主政治需要真正代表人民利益的政党，否则只能是虚伪的民主政治。[③]

2. 主张沿用西方政治模式

查阅当年知识分子的舆论空间可见，在知识分子中还是有相当一部分人对西方的政治模式颇有好感的，萧公权、商治、泉清、顾毓琇、丁洪范、李时友等是比较明显的代表。这些学者主张采用西方政治模式，其原因是多样的。

比如，有些知识分子欲借西方政治模式以治理各种社会乱象。《世纪评论》社曾以《大公报》的一则关于“摊派”的报道为引子发表社评。据《大公报》报道，国民党行政院曾要求除绥靖区及匪区以外的地方查报抗战损失。但各省县政府在办理此事时，“竟有不问各乡有无受灾，按户勒令造报，并另行规定造报用纸，责令人民购买，尚有藉此苛索敛财者，每户所出造报费甚巨”。《世纪评论》社因此感叹，“赔偿渺无踪影，人民却反而先遭了一笔‘报费甚巨’的苛敛”。但更严重的问题是其实诸如这类的事，在《世纪评论》社看来，“早已失去了新闻价值，只要我们到乡间走走，和农民谈谈，事之荒诞有甚于此而不为行政院据报者，当还无虑万千”。对于摊派这样的地方行政中的病象，《世纪评论》社认为“其最后结果，必至同归于尽，到那时，任何政权都将无由维持”。那么，病因何在呢？

① 罗典荣：《政党的作用》，《世纪评论》1948 年第 3 卷第 5 期。

② 杜明：《评大公报对于自由主义的看法》，《时与文》1948 年第 2 卷第 17 期。

③ 樊弘：《阶级·政党与民主政治》，《时与文》1948 年第 3 卷第 4 期。

《世纪评论》社将其归因于民主的不健全："地方行政的病，是制度问题，或者说是政体问题。这是说，因为人民根本失去了过问自己事情的权利和自由，所以地方各级行政人员才得为所欲为，公意民意不能表现，私意官意才敢胡作非为。如果人民有权监督政府监督乡保各级行政，这些弊病当然不易发生，或者至少不致这样严重。归根结底，还是一个民主问题。"因此，《世纪评论》社建议政府真有诚意收拾人心，根本的在于改革地方行政，健全民主制度，给人民一条生路。①

再比如，有些学者认为办选举是"两害相权取其轻"。1947 年立法委和国大代表选举之前，全国各地都出现了不惜重金的请客、送礼等贿选现象。如某先生竞选参议员，卖掉十包棉纱作活动经费，价值是一亿六七千万元。某先生同样竞选参议员，凭门牌论值，每张门牌换取皇后毛巾一条，力士香皂一块，等等。这样的选举有悖道义、法律，而且劳民伤财，因此有人称之为如同水灾、蝗灾一样的"选灾"。但萧公权持不同的看法。他一方面承认所谓"选灾"的存在，认为"人民缺乏行宪经验，社会缺乏守法风尚，财富集中，民生凋敝的恶劣环境当中，我们难于实现平等、清洁和守法的民主选举"。而且他还指出，"我们不要误会，以为只有中国人才不长进，才会在选举场中巧取豪夺，以博胜利"，就算欧美先进的国家当中也难以完全避免。但另一方面，他认为选举"纵然成灾，也只可认做一个无所逃于天地间的'必需的祸害'"，因为"民主政治不是最好的政体而只是比较安全的政体。选举不一定能够宣扬民意，拔举优贤，但至少可以作为多数预政、遏暴防专的一个有用方法。选举纵然有时负灾，总比受害于世袭的君主专制或永久的独裁政治要较可忍受一些，苛政诚然猛于虎，选灾却不一定虐如蝗。两害相权当然取其轻者"。因此，萧公权认为我们的问题不是是否有其他的民主政治方式，"而是怎样

① 社论：《由摊派说到地方政治》，《世纪评论》1947 年第 2 卷第 22 期。

去减轻选举的弊病”。①

总之，在社会主义政治民主的实现形式问题上，由于受国民党主持下的一系列现实的选举运动的打击，一部分人已经开始发声反对在中国沿用西方政治模式。由于支持这一观点的学者，如梁漱溟、张东荪、樊弘等个人的政治声望以及学术积累，他们的言论颇为宏大系统，其中也的确不乏值得深思的理论和现实关切。比如，梁漱溟和张东荪关于中西文化传统差异问题的思考，后来就长期受到学者的关注与追论。但就当时的总体状况而言，他们还是属于少数派。在 1948 年 3 月国民党的“行宪”国大彻底打击了知识分子的西方政治梦想之前，他们中的大多数人还是选择如萧公权那样，对并不理想的西方式政治实践一忍再忍，宽容再宽容。期盼中国会逐步走向理想的西方式政治实践是当时为数不少的知识分子的诉求。

第三节　关于实现社会主义的领导力量与手段方式问题的探讨

社会主义自清末传入中国以来，因其美好的理想追求吸引着各种不同立场者的追随。但在社会主义的实现主体与路径问题上，始终是各派社会主义者争执不休的问题。19 世纪末 20 年代初的社会主义思潮中，这就是知识分子争论的主题之一。到了 40 年代中后期，知识分子同样面临着这个问题，或者应该说，这个问题更加现实地呈现于他们的案前。

一　关于实现社会主义的领导力量问题的探讨

或者受自身立场的影响，或者受当时言论控制的影响，在知识分子的舆论阵地中比较少见有作者直接声言拥护中国共产党的领导，即便是在如《时与文》这样立场相对激进的刊物中也是如此。在知识

---

① 萧公权：《低调谈选举》，《大公报》1947 年 11 月 1 日。

分子中，关于应该由谁来领导中国的社会主义运动问题，比较常见的大概有两种观点。

1. 改弦更张的国民党

期盼中国能在“十八世纪人权主义之上，加添十九世纪的科学与工业及二十世纪的社会主义”的学者泉清认为，这种社会主义理想实际上是孙中山的路线。但是泉清认为目前的国民党“如果没有离开一步的话，也没有循着这条道路向前走一步”。泉清认为这是因为当前国民党高层中“有近代的知识而又是中山的忠实信徒者实在太少了”。在此背景下，泉清认为中国的社会主义前途可能有下列三种方式，实际也蕴含着可能的三种力量：（一）国民党竭力吸收开明份子，改弦更张；（二）开明分子团结起来，另组社会主义的政党；（三）苏联式的共产革命。①

泉清的观点得到了学者康庸人的支持，他认为中国的前途可能有三个。（一）“国民党能即彻底反省，痛下决心，改革政治，力图振作，收回已失的人心”。“以国民党所凭借的条件，又为任何党所不及，只要争取人心的工作，不低于其他党派，中国的政权，还是国民党的。”（二）“共产党如能认识人心，力避令人讨厌的作风，并能收效。国民党的所作所为，不愿或不能给人以新的希望，以致丧尽人心。”如果是这样，那结果必然是“国民党的政权，为共产党夺去，中国成为共产党的天下”。（三）如果国共两党都不重视人心，或积重难返，“那中国的政权，是会落于国共两党外的其他党派或新组织的”。② 但就以上三种前提，作者表明自己的立场是：“第二第三两途，就国际局势说，我们实在不应当走，盖以国际局势，不容我们慢慢的自己解决自己的问题。”作者认为，第一，国民党执政多年，虽失人心，但其经济军事等条件，实非共产党所能比，要想拖垮国民党，需时非短；第二，国共之外的其他党派或新组织要成长到足以取

① 泉清：《美国人对于中国的了解与误会》，《世纪评论》1947 年第 1 卷第 9 期。

② 康庸人：《从人心及国际局势看中国前途》，《世纪评论》1947 年第 1 卷第 14 期。

代他们的地步，也并非短时间能完成的。就怕其他党派或组织尚未成熟，国际的参与或干涉已经到来，中国可能被动卷入一场新的战争。因此，作者认为，“第一条路，实在是我们最合适的路，也是大家所馨香以求之的路”。①

此外，应该指出，除了如泉清、康庸人这样的直接表达希望改弦更张的国民党领导中国的社会主义前途的学者之外，还有一股隐性的诉求不可忽视。即在知识分子中存在相当一部分这样的知识分子，他们以自己的社会主义理想为指南尽其所能的为国民党的经济、政治、外交政策等提出各种各样的纾难或改革的建议，如萧公权、商治、徐毓枬、蒋硕杰、刘大中、吴景超、刘迺诚、费孝通等都曾在这方面作出一些努力。不能不说是这些知识分子也希望国民党能采纳他们的专业见解，改弦更张，领导建设一个自立自强的国家。如果他们对国民党政府的改弦更张不抱任何希望，那可能连建议也不存在了。正如对国民党极度失望后的储安平所说的：“我们愿意坦白说一句话，政府虽然怕我们批评，而事实上，我们现在则连批评这个政府的兴趣也没有了。”②

2. 知识分子群体

如果说知识分子在战后的一段时期内，尤其是内战爆发之前，对借重国民党以实现中国的社会主义前途还抱有相当的期望。那么，在内战爆发以后，尤其是在美国特使马歇尔调停失败离华之后，知识分子们不同程度地对国共两党都抱有相当的失望感。受此形势刺激，知识分子中凸显出一股强调应由知识分子自身来领导中国前途的呼声，这一呼声中当然也不乏社会主义的追随者。而这一呼声的掀起，应该说的确与马歇尔那篇著名的离华声明有关。

马歇尔在调停失败后发表的离华声明中对国共两党都加以批评，随后，他认为：“此种问题之解决，自余视之，须使政府中及各小党

① 康庸人：《从人心及国际局势看中国前途》，《世纪评论》1947 年第 1 卷第 14 期。

② 储安平：《政府利刃·指向〈观察〉》，《观察》1948 年第 4 卷第 20 期。

之自由分子获得领导权，此种人物颇为优秀，惟无政治权利以运用其控制力量。”[①]

如果说马歇尔在此还是希望知识分子“在蒋主席领导下顺利工作”，那么，一些知识分子对自身的肯定实际已超出了马歇尔的期望，他们已经将自身视作中国前途的唯一可能的领导者。比如，李时友号召中国知识分子应以英国工党的成长之路为榜样，走以知识分子为核心，而与工人群体的相结合的道路。他认为英国工党成功的关键在于“工党能基于政治同盟联合会员较多而政治能力并不甚强之工会与会员较少而政治天才较高之社会主义团体二者，使工党成为一个有思想有群众之政治力量”[②]。他明确强调：“工党是‘费边主义者与千百万劳工的结合体’。劳工是历史的产物，费边主义是时代的良药，唯有这二者的结合，才能汇成这二十世纪的时代主流。”[③]

而最着力强调知识分子领导作用的当然是非以中国的费边社自居的《主流》社同仁莫属。《主流》的主笔之一罗梦册在其创刊号上为读者推出了一个“不见于经传、不见于词典，其名新，其义新，其所代表的人物更新”的“劳文”群体。何谓“劳文”？罗梦册对这一群体的描述是：“他们是最新型的智识份子，亦是最新型的无产者，或无产者的同情者，他们每每是一代的思想家，而又肩负起一代的革命者与政治家之大责。”他们“除了学识渊博，才能优异外，他们的生活遭遇，以及其未来的命运，可以说是和劳苦的工农完全相同，因而，他们不但愿意忠实地为工农服务，亦将永远离不开工农。”[④] 随后，《主流》社的另一主笔杨戎还以专文来论述何谓“劳文”。但观其文，他对“劳文”的解释不曾突破罗梦册的界定，或许还不及罗梦册的来得简练。但杨戎声明了劳文“是一群拥护民主政治，又愿意

① 编者：《马帅离华声明全文》，《大公报》1947年1月9日。
② 李时友：《英国工党是怎样长成的》，《世纪评论》1948年第4卷第5期。
③ 李时友：《英国工党是怎样长成的》（三），《世纪评论》1948年第4卷第7期。
④ 罗梦册：《新革命运动与新革命者》，《主流》1947年第1号。

效忠社会主义的新型智识份子们”①。那么，这么一群“劳文”在引领中国走向社会主义的前途中，将发挥什么样的作用呢？罗梦册认为中国实现民主自由社会主义应该依靠“劳文劳工与劳农”。但“于兹中国的工业尚未发展，而农业仍甚落后之时，现阶段之新革命推进，中国历史新人之急先锋，亦即劳文之群，自尤须多尽责任，起领导作用”。②

同为《主流》社作者的张文当然不会反对罗梦册的观点，他也强调“社会主义者是以劳动阶级为其骨干的。然而除了劳动阶级以外，其灵魂，其主脑，却需构成于各种专门职业之新型的知识份子，亦即劳文之群”③。但张文对为何社会主义运动必须由“劳文”来领导，提出了自己的理解。首先，“劳文”可以成为社会主义运动理论与政策的草创者。张文认为由于劳文群体一般拥有较高的教育训练和知识素养，具有高度的讲说和写作的技巧，因此，有更强的对社会主义进行条分缕析和传布宣扬的能力。这决定了劳文群体在社会主义运动的一开始必然要承担起理论与政策的草创工作。

其次，社会主义运动的展开、完成，也有赖于“劳文”的广泛参与。张文认为工人阶级应该在良好的理论与行动的领导下才能从资产阶级手中攫取胜利的果实。他以苏联为例，说明即便是苏联的成功，实际上也离不开列宁、斯大林这样的“劳文”的领导。“苏联在这方面的成就，却仍是劳文引导劳工劳农共同致力的结果。例如列宁曾因其高度的智慧，灵活的笔墨，精湛地阐扬了马克斯（思）派社会主义的理论，同时又领导其侪辈促成马克斯（思）派社会主义的实践，列宁本人固不成问题地是劳文，而其侪辈亦正多其人，就是史达林虽以一个十足的军人的姿态出现，而自诩为顽强的劳工战士，但看其过往历史以及执政以后的情形，正亦是百分之百的劳文。”④

---

① 杨戎：《初论劳文》，《主流》1947 年第 1 号。
② 罗梦册：《新革命运动与新革命者》，《主流》1947 年第 1 号。
③ 张文：《劳文与社会主义》，《主流》1947 年第 3 号。
④ 张文：《劳文与社会主义》，《主流》1947 年第 3 号。

最后，中国“劳文”的现实境遇将促使他们更加坚定地从事社会主义运动。中国的“劳文”群体的现实境遇决定了他们并非因好奇心理所驱使而从事社会主义运动。中国“政治经济的现状，不但不能给予任何有才智有理想的人最低的希望，也不能满足他们仰事俯育，甚至一己的起码的生活需求”。因此，中国的“劳文”群必然并且将执着地追寻社会主义的事业，“这一点无疑的是中国社会主义运动的一有利因素”。①

总之，在社会主义运动的领导力量问题上，除了一些隐晦不明或保持观望姿态的知识分子外，比较明确的态度有两种，其一是寄希望于国民党的改弦更张。其二是相当一部分的知识分子受英国费边社的影响，开始高扬由“劳文”来领导中国的社会主义运动大旗。而后者是40年代中后期知识分子社会主义思潮中的一个非常突出的特点。

二 关于实现社会主义的手段方式问题的探讨

关于实现社会主义的手段问题，或者说革命与改良的问题，向来就是各派社会主义者分野之点与争论之点。到了20世纪40年代的中后期，这个经典问题更加凸显。在40年代中后期，革命与改良问题的论争曾经表现为左翼报刊与自由主义报刊之间关于“挖根”与“填土”的论争。学者周绶章认为“今天的问题只是在要用何种方式才能使中国人民渡过这个青黄不接的阶段，由封建时代渡到现代化的道路上去？一切政治主张的分歧之点差不多都是从这里出发的”②。知识分子中的社会主义讨论者对这个问题的认识在总体分歧不大的前提下，还是存在一些不同的意见。

1. 用和平的方法可以实现社会主义

对于主张走社会主义道路的知识分子而言，他们的主张总体上分歧不大，他们都是“填土”者，至少主张“填土”优先。

① 张文：《劳文与社会主义》，《主流》1947年第3号。

② 周绶章：《“挖根”与“填土”》，《世纪评论》1948年第4卷第13期。

1948 年年初《大公报》接连发表两篇社评《自由主义者的信念——辟妥协·骑墙·中间路线》与《政党·和平·填土工作——论自由主义者的时代使命》，表达了知识分子的社会主义理想与理性改造的诉求。这两篇社评即便不能完全代表，至少也可以说是表达了相当一部分知识分子的心声。在这两篇社论中，《大公报》提出知识分子主张走民主社会主义道路，但相信理性，反对意气、霸气与武器。《大公报》认为："理性不易被欢迎，因为不够淋漓痛快。"但革命如不与理性改造并驾齐驱，一定无济于事。纵观中国历史，历代的变动何尝不是场场"革命"？然而没有平行的改造工作，革命由上说是创了天下，由下说是换了主子。主奴关系却无二致。人民的基本权利和生活都没有得到切实的改善。"其根本原因是革命有人热心，改造无人留意。"为此，《大公报》强调："土地资本可以清算，社会传统的化移却是一件艰而慢的功夫。"①

正是从这样的理念出发，《大公报》号召知识分子应该安心为保证未来的建筑有"透空气引阳光的窗户（民权）"和"容量充足的饭厅（民生）"做好"填土打地基"的工作。这份工作无声无息，没有参加争夺战那么激昂爽快，他们或者在内地清苦教育，或者在拉锯战地带从事朝不保夕的生产工作，但《大公报》认为这样的工作"绝不比斗争更浪费"，因为"饮食空气阳光是健康的基础"。②

虽然《大公报》的确无法为所有知识分子代言，但应该承认，确有相当一部分知识分子与《大公报》的观点有不谋而合之处。

比如，主张伦理本位社会主义的梁漱溟即认为政治问题的根本在文化。"若没有对整个文化问题先有其根本见解，则政治问题的主张是无根的。要确定中国政治上一条路，必在对于整个文化问题有全盘

---

① 社评：《自由主义者的信念——辟妥协·骑墙·中间路线》，《大公报》1948 年 1 月 10 日。

② 社评：《政党·和平·填土工作——论自由主义者的时代使命》，《大公报》1948 年 2 月 9 日。

打算之后；否则便谈不到。”① 因此，他退出现实政治，潜心研究中国问题的根本解决之道。

再比如，主张费边社会主义的费孝通和主张自由主义社会主义的吴景超在解决中国的土地问题时，都希望能够用和平的方式来解决。费孝通建议通过重建乡土工业的方法来解决“耕者有其田”问题。他强调思考这一问题的初衷在于他认为：“要能做到土地权重分配，实行耕者有其田，必须有一个条件就是本来靠地租维持生活的地主得另外找到一个经济的基础。有人会说，地主者阶层是寄生在农民身上的剥削者，他们已经侥幸的被供养了几千年，现在该被清算了；把田拿走了，如果他们自己没法找到生存的机会，那是活该。我不愿在道德立场上讨论这问题，只想从事实上说，如果地主阶层找不到新的生产性的经济基础，他们不会轻易放弃土地的；于是，如果要实现耕者有其田，就不免要在同意的方式之外用暴力的手段。再换一句话说，如果不给地主阶层一个经济的出路，土地问题的解决过程中避免不了暴力的因素。我的立场是想在和平方式中去解决这无法拖延的基本问题，所以特别愿意强调和平解决所必需的条件。我承认地主阶层即使找到了新的经济基础，不一定就能和平解决土地问题，这只是一个必要的条件，而并非足够的条件。”② 与费孝通非常相似，吴景超针对中国土地改革协会提出的土地改革方案提出了一些修正意见，其修改的基本宗旨也是希望“在土地改革的过程中，任何一方面都不会因此种改革而在生活上发生威胁”③，从而赢得对土地问题的和平解决。

此外，署名“炳章”的学者在为什么要倡导以和平的方法来实现社会主义的问题中，与《大公报》也持有基本相同的认识。其基本理由在于，第一，理性是政治的基础。炳章认为，反理性的行为，如国内政治中的叛乱或革命，国际政治中的战争，这些都是政治上的不正常行为。“除非理性已全部被抹煞，除非统治关系已废弃了理性而

---

① 梁漱溟：《政治的根本在文化》，《大公报》1947 年 1 月 19 日。

② 费孝通：《地主阶层面临考验——乡土复员论之二》，《大公报》1948 年 2 月 15 日。

③ 吴景超：《评土地改革方案》，《大公报》1948 年 4 月 2 日。

以迫害恐怖为基础，在那种情形之下，革命是唯一的解放途径，否则我们不应该停止对于理性的追求。即使是废止私有财产制度，实现社会主义，所需的实践或许会长些，所遭遇的困难也或许要多些，我们不能因此放弃了基于理性的和平方法。”因为“我们的理想既在建立政治的理性基础，我们当然希望基于理性的策动而实现的社会主义”。①

第二，用理性的方法建立的社会主义比诉诸武力的社会主义要更加持久。炳章认为，武力包括着残杀、恐怖、强制等，这只有激起愤怒与仇恨，结果会演成连续不断“以暴易暴”的悲剧，使社会永无宁日。反之，和平方法既是理性的表现，故包括说服、自由选择、同意等，所以“一部分人，也正因为理智地认为社会主义制度值得维护，他们被说服而忍受……没有仇恨，也不愤怒”，建基于这样基础上的社会主义才能持久。②

第三，世界历史上的事实说明，除了武力，趋势和环境的压力也可以使顽固势力放弃既得利益。比如对君主专制制度的更替，历史上固然有不少用武力革命推翻君主专制制度的例子，法国革命即是一例。但不要忘记有些地方君主专政制度虽然衰落，并不曾经过武力的革命，比如英国即是一例。不仅如此，英国目前还以和平的方式实现部分产业的国营。所以，以和平的方式实现社会主义是有可能性的。③

2. 用和平的方法不可以实现社会主义

虽然在知识分子中多数人希望能用和平的方法实现社会主义，但也有一小部分人明确认为社会主义是不可能用和平的方法实现的。这一部分知识分子相对比较“务实”，他们憧憬“应然”，但他们更愿意面对“实然”。正如一位署名“负生”的学者所言：“是的，是‘应该’用和平方法的！但是其奈‘不能’实现社会主义何？天下有许多是‘应该’做到的，而实际上‘不能’做到。用和平方法取消

---

① 炳章：《用和平的方法能实现社会主义》，《新路》1948年第1卷第6期。

② 炳章：《用和平的方法能实现社会主义》，《新路》1948年第1卷第6期。

③ 炳章：《答负生》，《新路》1948年第1卷第6期。

私产实现社会主义，就是其中之一。”[①] 这些学者认为不能用和平的方法实现社会主义，其基本依据如下。

第一，英国并非和平实现社会主义的范例。首先，英国工党以和平的方法收归私产，是有其特殊的背景的。“因为战后英国的经济极度艰难，一般英国人民都深知：英国能否从这艰难的局面中挣扎出来，系乎未来的国运，所以工党政府有些企业国有国营的措施，才受舆论所支持，才被资本家所隐忍。”其次，英国工党并没有彻底取消私产，不能认为是实现了社会主义。“用征收各种税目（即便是极重的税）的方法，来加重资产阶级的担负，甚至使他们‘几乎’不成其为‘资产阶级’”，都不能认为是彻底地取消私产。[②]

第二，为实现社会主义的增产目的，革命虽有“界限”，但不可避免。以“社会主义的民主主义”来为自己的社会主义思想命名的张东荪一贯将能够“增产”，或曰能否促进生产力的发展视作社会主义优越于资本主义的真正标准。他从这一标准出发，认为“革命”不可避免。因为一个社会的生产情形演变到无法再增的地步，“这一点不能完全从生产技术来说明。生产技术是靠着有新的机器发明，但新机器出现不见得就能普遍被采用，因为其间有一个资本问题夹在当中。资本是劳动所得的堆积，愈积得多则对于再生产愈有办法，所以必须同时注重在生产的社会关系。倘使生产的社会关系上有一部分人们尽管劳动，一部分人们坐享其成，吸取他人的剩余价值专供自己的纯粹消费，则便是把本来可作为再生产之用的一部分资本变作纯粹消耗而浪费去了。以土地的生产为例而言，土地要增加生产必须改用机器耕种，但农民是没有钱来买机器的。这就是由于农民所得除了自己消费以外都纳给地主了，地主拿此做了纯粹的消费。至于向政府纳税，亦是由政府去豢养一批军队或一批官僚，并不为再生产之用。倘使把地主的社会关系废除了，把租税制度改良了，则农业所余即可转

① 负生：《用和平方法不能实现社会主义》，《新路》1948 年第 1 卷第 6 期。

② 负生：《用和平方法不能实现社会主义》，《新路》1948 年第 1 卷第 6 期。

移而作为其自身改为机械化之用。可见土地改革的根本命意从不平等上着眼，这是太浅薄了。所以一个社会或国家倘其演变到生产不能再增的地步，则这个国家非革命不可。改良派的政治家太忽视这一点了；他们虽亦能见到必须增产，然而却没有见到非用革命把这些阻碍生产发展的社会关系破除不可”。不过，张东荪同样从其社会增产的目的出发，认为革命应有一个“天然界限”，即“只是改变其生产的社会关系中之足以阻碍生产再发展的那一部分。千万不要连累，或波及其他本来没有问题的部分”。这个界限“过”或“不及”都是不对的。①

学者“负生”虽然不是从社会“增产”的视角，而是从“取消私产”的视角出发，但与张东荪一样，也认为要改变现有的生产关系，必须借助“革命”的力量。因为欲取消私产，就意味着侵犯资产阶级视如性命一样的财产。而“在现存有私产制度的国家中实现社会主义的社会的工作，不能期望政府来做，因为这种国家中的政府，大都代表资产阶级的利益，受资产阶级的支配，他们根本不会有这种企图。欲实现社会主义取消私产非推翻这种性质的政府不可，但这似乎就非由无产阶级与一部分前进的小资产阶级联合用强力的手段不可了”②。

第三，中国的现有国情基础，决定了实现社会主义，革命不可避免。萧乾用其“充满激情但不失文艺作家”本色的文字，用吃树皮的、吃棒子面的、吃糙米的、吃白米的作比，来形容中国现实的阶级状况，认为从中国的现状来看，要走到经济民主与政治民主的社会主义“新路”上，“走”若是上不去的话，“冲”自然会来，这是一个趋势和潮流的问题，恐怕已非个人的愿望和冷静的考虑所能左右的。萧乾是这么描述在中国“冲”上社会主义“新路”的必然性的：

---

① 张东荪：《增产与革命》，《观察》1948 年第 4 卷第 23—24 期。

② 负生：《用和平方法不能实现社会主义》，《新路》1948 年第 1 卷第 6 期。

> 今日白米、糙米、棒子面、树皮，恰好代表四个阶级。这四个阶级因为处境不同，心境因而也不同。吃白米的，自然希望永世吃下去；吃糙米的，偶尔不免牢骚，然而也还是得过且过；吃棒子面的，心中便不免焦急着“什么时候才走到新路上去”，然而也未必就拔步前进；吃树皮的，反正是苦透了，索性硬冲；冲过去就算了，冲不过去也不会比树皮更难吃。因此，使我想到由旧路到新路之间，人们不是“走”过去的，而是因逼而“冲”过去的。要想做到“走”过去，就得先把吃树皮的至少提高到吃棒子面的地步，就算他是初步的经济民主吧！然而就这一步做来便不容易了。因为棒子面只那么多，如把已吃棒子面的提高成糙米阶级，吃糙米的势必威胁到吃白米人的存在。这么上下一挤，结果还等于“冲”，而且事实上无法这么鱼贯推进的。①

基于中国的这种国情基础，加上中国人的性格、社会传统等因素，萧乾认为“在在不容许我们虚拟做工党的英国”。② 更何况英国在工党改革之前，实际上也经历了自十六世纪以来的血肉纷飞的为谷税、为义务教育、为贵庶平权、为多少实际厉害而“冲”的二三百年。

总之，自认为富于“理性”，且颇有悲天悯人情怀的知识分子，在实现社会主义的手段问题上，绝大多数对“和平”的手段情有独钟。他们希望能够为社会主义建构一个健康的经济、文化和心理基础。其初衷无可厚非，其眼界也不算短浅。只是他们虽然认识到“除非理性已全部被抹煞，除非统治关系已废弃了理性而以迫害恐怖为基础，在那种情形之下，革命是唯一的解放途径”③，却没有在严酷的社会现实中及时醒悟。因此，在革命的高潮来临之际，他们成为这一潮流中并不“理性”的一群人。

---

① 萧乾：《讨论》，《新路》1948 年第 1 卷第 13 期。

② 萧乾：《讨论》，《新路》1948 年第 1 卷第 13 期。

③ 炳章：《用和平的方法能实现社会主义》，《新路》1948 年第 1 卷第 6 期。

第三章　战后知识界对马克思主义的认识

马克思主义是社会主义的一个重要流派，这是一个不争的事实。对于马克思主义的影响力，20 世纪 30 年代的一位学者是这样描述的：“自从马克斯（思）的思想扫空而来，这约略半世纪以来的时代更加上一层浓厚的马克思主义印志了”①。40 年代中后期的知识分子是如何看待这个作为时代标志的马克思主义的呢？这理当成为他们的社会主义观的一个重要组成部分。检视知识分子的舆论空间，会发现这一批知识分子对马克思主义存在着非常复杂的感情。他们中的相当一部分人一方面对马克思主义在理论上表示观望、怀疑甚至否定；另一方面却对马克思主义的一些重要原则保持着实际上的认可的姿态。由此可见，也许他们没有公开的欢迎马克思主义的姿态，但当他们不自觉地运用马克思主义的观点方法分析中国问题时，马克思主义在中国的最终胜利实际上已经隐然其间。

第一节　战后知识界对马克思主义的认识偏差

40 年代中后期的中国处于“两种前途，两种命运”的现实抉择的关键时期。或者出于对社会主义理想的关注，或者出于对国家前途

① 董人骥：《社会主义的实际问题之一隅》，《鞭策周刊》1932 年第 2 卷第 15 期。

未来的忧心，在知识分子的舆论空间中，关于如何看待马克思主义的讨论并不少见。在这些讨论中，知识分子对马克思主义确实不乏质疑之声。这些质疑一定程度上与身处国统区的他们难以形成对马克思主义的“伟大的接受”相关。

一　知识界对马克思主义认识偏差的主要表现

在40年代中后期的知识分子中，基本可以认可“马氏学说之要点可分为三部分：一为唯物史观，一为剩余价值，一为阶级斗争”①。因此，他们对马克思主义基本理论的偏差性认识也主要是围绕这三大部分展开。

1. 对马克思主义唯物史观的偏差认识

有学者认为“关于唯物史观，经验教训我们，我们的精神及其结构，有不可消散的特征和其本身的法则，我们人类有决定的能力，很知道如何处理‘社会生产关系’，人类历史的进化，不单是绝对地单靠经济上的利益，还须其他精神上的财产，马克思不顾到事实和经验，单凭自造逻辑的推理，这种科学的社会主义反倒不科学了”②。在此，唯物史观被简单地理解为了“经济史观”。而对于唯物史观的作用，尽管学者肯定了马克思主义正是因之而优越于空想社会主义。如有学者指出：“马克斯（思）一反他的社会主义前辈们，如欧文，圣西门，傅立叶诸人所倡导之救济性的慈悲主义与小规模的新村政策，而认定仁慈不足”，“同时，从理论方面去预测工业制度之必然的辩证发展，因而从实际方面去担保无产阶级之终必取得权力，亦唯有无产阶级的利益观念，会使资本主义过渡到社会主义。这亦有相当的道理”。③ 但学者立论的重心却在于指出马克思主义在这一点上走向了另一个极端，实际上矫枉过正，过犹不及。因此，有学者继续指出：马克思主义“于驳斥其前辈先生们之消极性地慈悲主义与怜悯主

① 李继耳：《论资本主义与社会主义》，《主流》1947年第3号。

② 李继耳：《论资本主义与社会主义》，《主流》1947年第3号。

③ 罗梦册：《马克思主义时代之过去费边主义时代之到来》，《主流》1947年第8号。

义之外，竟根本抹杀‘仁’与‘爱’等等之属于人性最积极地部分，反而把整个世界之发展，人类之进步，安置于阶级仇恨与阶级斗争之上”①。

2. 对剩余价值理论的偏差认识

对于剩余价值理论，学者的质疑主要集中于剩余价值的来源方面，他们对马克思主义的剩余价值源于劳动者的剩余劳动的理论发出质疑。质疑之声主要出于两种视角。

其一，是对商品价值的来源的质疑。持这种观点的学者，认为“商品的价值和效用是由劳动所产生”，而企业家的管理、资本和土地实际上都是劳动的化身。因此，商品的价值实际是由生产四要素，即企业家、资本、土地、劳动者共同创造的。企业家、资本、土地在其中的作用与劳动者是相同的，只是他们劳动的形式有差别，兑现的时间有先后。企业家实行经济管理是必要的，且实行经济管理有利于通盘生产的收益。因此，所谓“利润”其实并非剥削所得，而是因为“企业家以精神或智力劳动作经济管理”，“吾人自应给予报酬”。并且“因经济管理而增加之收获远较一劳工参加普通工作而增加之收获为多，故企业家之利润当亦较工资为多”。而资本实际上是“过去劳动的化身”，也就是是“劳动之储存”。因此，资本在生产过程中的作用，“可视为资本家以储存之劳动参与生产，亦为劳工；所异者，为出卖劳力之先后而已”。既然如此，“利息”也并非剥削，因为资本“既为劳工，当亦有工资”。至于土地，它在生产过程中的作用，与资本是相仿的。因为地主在购买土地的时候，实际上已经偿还了地价。而“地价所须为资本之一部分，亦属劳动之储存，故土地亦为有用之劳工，应有工资（即地租）”。因此，作者对马克思的剩余价值理论“不尽谓然”。②

其二，是对“劳动者”的外延的质疑。持这种观点的学者，并不

① 罗梦册：《马克思主义时代之过去费边主义时代之到来》，《主流》1947 年第 8 号。
② 翁咏庆：《生产要素之四分法合理乎》，《观察》1948 年第 5 卷第 7 期。

为资本家的剥削行为辩解，但认为“资本家的利润，固然来自剩余价值，但是剩余价值并不完全由劳动者的剩余劳动时间所构成”。在此，作为知识分子，他们想要强调的是，资本家的剥削实际上不止于直接意义上的“体力劳动者”，还应包括“精神劳动者”。因此，他们认为“资本家的剩余劳动价值除了一部分来自剩余劳动时间外，也来自原料与生产工具，制造原料的工人、农人，制造生产工具的工人、科学家、发明家，运输原料的工人，制造运输工具的发明家等等，他们都是剩余价值部分的主人”。而马克思主义的“错误”在于，“将社会之中间阶级，自由职业者，知识份子，尤其是庞大的新型的工农前驱之劳文群，置之不顾”。①

3. 对阶级斗争理论的偏差认识

40 年代中后期，马克思主义阶级斗争的理论是最受知识分子质疑的理论。有学者认为“当时代之实际的政治形势与趋向，尤为显然，只要一个前进温和而坚定之社会主义的政党的出现，殊不难以正常的民主方式去取得政权，一旦政权取得了，更不难以立法的程序，国营国有的手段，化一切的私有为社会的公产，已大可不必取道于阶级斗争，定从暴力与流血中求其实现”②。

知识分子认为马克思主义阶级斗争理论的“错误”主要源于以下两个原因。

其一，是受错误理论源头的影响。批评者主要指向的是达尔文的进化论和黑格尔的逻辑学。批评者认为马克思“从达尔文的天演论中，演绎出一套优胜劣败之阶级斗争的宇宙观与历史观”，于是“迷信”“只有暴力乃是实现社会主义之唯一的可能手段”。与此同时，批评者还认为马克思深受“玄学论辩时代环境所蔽”。一方面，“马克斯（思）根据了黑格尔的玄学理论，想从现实世界里抽绎出逻辑的范畴”，“马克斯（思）的世界，虽号称唯物的世界，而实仍黑格

① 李继耳：《论资本主义与社会主义》，《主流》1947 年第 3 号。
② 李继耳：《论资本主义与社会主义》，《主流》1947 年第 3 号。

尔式之玄学的世界。因为追到究极，马克斯（思）世界的开拓者与统治者，正同黑格尔世界的开拓者与统治者一样，不是一些各有各人格的人群，而乃两大无人格的矛盾实力，不，而乃是一个辩证的逻辑概念”。另一方面，马克思又用这些概念来规范这个世界，从而产生简单化的阶级观念。马克思“想从现实世界里抽绎出逻辑的范畴，以为各种事实能够像教科书中所说的属于甲类或非甲类的东西一样具有显著的界限”①。

其二，受马克思所处的时代条件的影响。批评者认为马克思之所以主张激烈的阶级斗争的理论，是受他所处的时代条件的限制的。因为他“有见于当时英国工业社会之残酷与黑暗，社会立法之尚无端倪”②，在这样的背景下“马克思激发仇视，本极平常”，“倘若时期稍后一点，他或许会采取比较和缓的方法，获得更多的信徒，亦未可知”。③ 与此同时，批评者还将马克思的激烈的主张与其个人性格相联系。认为“马克斯（思）原本不是一位完全可爱的人物，嫉妒、恶意、骄傲与自卑，弥漫在辞里行间”④。

批评者还认为马克思主义的阶级斗争理论将会产生严重的后果。其一，造成了自由与平等不可兼得的人类前途。批评者认为由于马克思主义将其社会主义革命哲学“置基于阶级斗争与暴力专政之上”，这样，“共产主义于反对资本主义之后，也就没法不反对民主与自由了”。照此逻辑，人类的前途将面临一个大缺陷，即“人类如果要民主与自由，他就不能消除贫富之对立，而享受经济的平等。反而求之，如果人类要想享受经济的平等，则势必首先放弃民主与自由”。

其二，使资本主义得以苟延残喘。评批者认为尽管马克思主义以其“紧严的逻辑”和富于“煽动性”的语言，也赢得不少的信徒不

① 罗梦册：《马克思主义时代之过去费边主义时代之到来》，《主流》1947 年第 8 号。
② 罗梦册：《二十世纪五十年代的政治思潮》，《主流》1948 年第 21 号。
③ 罗梦册：《马克思主义时代之过去费边主义时代之到来》，《主流》1947 年第 8 号。
④ 罗梦册：《马克思主义时代之过去费边主义时代之到来》，《主流》1947 年第 8 号。

惜为之舍命，但其实际上却绵延了资本主义的命运。“因为共产主义之强烈地反民主，反自由，硬把社会主义和民主与自由断缘之故，近一百年以来，他不但使得不少和平善良而苦难的人们对着社会主义望风却步，因而已直接地延迟了资本主义之没落。今日并世之上，仍有不少的人们，早已不满了资本主义的制度与社会，然而他们对于资本主义却仍然怀着若干的缱绻，因为他们深恐着，一旦资本主义时代过去了，即是民主自由之告终。”

第三，直接启发了法西斯专政的生成。批评者认为由于布尔什维克曾以暴力作手段，于大流血之中，在俄国建立起一个少数专政的新政权。这固然是增强了世界各国的共产主义者可以以暴力建立新政权之自信，但也给世界各国另一些的野心家以巨大的启示和鼓励，使他们相信，以同样的暴力作手段，可以建立另一类型的专政。评批者相信“法西斯逆流之泛滥，与德意日法西斯轴心国国家之兴起，可以说受了共产主义与俄国布尔什维克专政之反影响与反作用者至大且钜”①。

二 知识界对马克思主义产生认识偏差的主要原因

知识分子对马克思主义认识的偏差已如上述。根据马克思主义的基本原理，不难发现以上知识分子关于马克思主义的唯物史观、剩余价值理论和阶级斗争理论的批评与质疑中是存在着重大的误解和曲解的。身处国统区的知识分子对马克思主义的认知程度既受主观理解的限制，也与时代条件密切相关。

1. 就马克思主义的唯物史观而言

一些知识分子的最根本的错误在于将马克思主义的唯物史观等同于见物不见人的“经济决定论”。如前所述，一些知识分子批评马克思主义的唯物史观主张人类历史的进化“绝对地单靠经济上的利益”，而不顾“其他精神上的财产”。这种对马克思主义唯物史观的

---

① 罗梦册：《二十世纪五十年代的政治思潮》，《主流》1948 年第 21 号。

曲解在马克思主义唯物史观的传播史上并不新鲜，类似于第二国际的考茨基、拉法格等提出的“经济决定论”，也就是“从强调经济因素在社会历史发展过程中所起的决定性作用出发，走向一个极端，即把经济因素看成是推动社会发展的唯一因素，忽视甚至否认政治上层建筑、意识形态、个人意志等其他因素的重要作用”[①]。其主要错误在于，第一，简单化地理解马克思主义历史观的“唯物”性。唯物史观的创立是一个经历了诸多现实困惑和“理论驿站”的过程。在这一过程中，物资利益问题的确曾经是马克思思考的起点。1859 年，马克思在回顾唯物史观制定的最初情况时，就指出“1842—1843 年间，我作为《莱茵报》的主编，第一次遇到要对所谓物质利益发表意见的难事。”[②] 马克思在此所指的“难事”即是指为莱茵省的贫苦农民的利益进行的关于林木盗窃法的辩论和为摩塞尔地区酿酒农民的利益进行的辩护。此时的马克思还是一个唯心主义者，信奉理性、正义和法的力量。但现实生活却表明，物质利益实际上决定着人们的政治态度和思想观点。正是这些“苦恼的疑问”推动着马克思在辞去《莱茵报》的职务后进行深入的理论探究工作，也就由此开始了唯物史观的制定工作。此后，经过克罗茨纳赫时期、巴黎时期和布鲁塞尔时期，马克思主义的唯物史观逐步得以科学的制定和完整的表述。在唯物史观的科学内涵中，马克思、恩格斯对于人类社会发展的基本动力的理解已经永远超越了一般意义上的“经济因素”或“物质利益”。他们不仅实现了在黑格尔法哲学批判中所倡导的国家、法和市民社会关系的唯物主义颠倒，而且使“人”真正地成为“不是抽象的蛰居于世界之外的存在物”，[③] 在社会发展的基本动力中给“人”以科学的安放。“人”是马克思主义唯物史观考察人类历史的前提。马克思恩格斯认为：“这种考察方法不是没有前提的。它从现实的前提出发，它一刻也不离开这种前提。它的前提是人，但不是处在某种

① 蒋大椿、陈启能：《史学理论大辞典》，安徽教育出版社 2000 年版，第 871—872 页。
② 《马克思恩格斯选集》第 2 卷，人民出版社 2012 年版，第 1 页。
③ 《马克思恩格斯选集》第 1 卷，人民出版社 2012 年版，第 1 页。

虚幻的离群索居和固定不变状态中的人，而是处在现实的、可以通过经验观察到的、在一定的条件下进行的发展过程中的人。”[①] 正是从这些“从事实际活动的人”出发，马克思恩格斯认为“不是意识决定生活，而是生活决定意识”[②]。而决定社会意识的人的“生活方式”或“社会存在”，也不仅仅包括生活资料的生产，还包括“人自身的生产，即种的繁衍”[③]。以这种唯物的历史观为基础，马克思恩格斯进一步揭示了这种唯物的历史观的辩证性质，即社会发展的根本动力——生产力与生产关系、经济基础与上层建筑的矛盾运动。在“生产力”“生产关系”“经济基础”这些物质性的力量中，马克思恩格斯同样揭示了“现实的人”的无处不在的作用。他们认为“生产力表现为一种完全不依赖于各个人并与他们分离的东西，表现为与各个人同时存在的特殊世界，其原因是，各个人——他们的力量就是生产力——是分散的和彼此对立的，而另一方面，这些力量只有在这些个人的交往和相互联系中才是真正的力量”[④]。因此，那种认为马克思主义的唯物史观是见物不见人的“经济决定论”的观点完全是因对马克思主义唯物史观的肤浅认知而产生的曲解。

第二，将马克思主义的唯物史观提供的关于社会历史发展的终极动因的解释框架，等同于直接动因的解释体系。当然，不可否认，相对于唯心主义哲学，马克思主义的唯物史观的确对经济因素格外关注。但即便如此，马克思的唯物史观提供的也只是对社会历史发展的终极决定因素的解释，并不提供对事物发展的直接解释。对此，恩格斯有非常明确的表述：“根据唯物史观，历史过程中的决定性因素归根到底是现实生活的生产与再生产。无论马克思或我都从来没有肯定过比这更多的东西。如果有人在这里加以歪曲，说经济的因素是唯一决定性的因素，那么他就把这个命题变成毫无内容的、抽象的、荒诞

① 《马克思恩格斯选集》第1卷，人民出版社2012年版，第153页。
② 《马克思恩格斯选集》第1卷，人民出版社2012年版，第152页。
③ 《马克思恩格斯选集》第4卷，人民出版社2012年版，第13页。
④ 《马克思恩格斯选集》第1卷，人民出版社2012年版，第208页。

无稽的空话。经济状况是基础，但是对历史斗争的进程发生影响并且在许多情况下主要是决定着这一斗争形式的，还有上层建筑的各种因素：阶级斗争的各种政治形式及其成果——由胜利了的阶级在获胜以后确立的宪法等等，各种法的形式以及所有这些实际斗争在参加者头脑中的反映，政治的、法律的和哲学的理论，宗教的观点以及它们向教义体系的进一步发展。”① 由此可见，唯物史观提供的只是研究历史的一种宏观视野，任何将马克思主义的唯物史观看成是历史事变的直接原因的观点都是对其科学内涵的曲解。

2. 就马克思主义的剩余价值学说而言

一些知识分子对于马克思主义劳动价值论的批评与质疑主要源于对以下几个问题的曲解或忽视。

第一，混淆了价值创造与财富生产的区别。一些知识分子认为“商品的价值和效用是由劳动所产生”。在这一观点中，知识分子混淆了两组概念，即“价值”和“使用价值”的区别，以及“抽象劳动”和“具体劳动”的区别。关于二者的区别，马克思在《资本论》第一篇第一章中有非常明确的论述。这里所谓的“商品的效用”实际上指的是商品的使用价值，或通常所谓的“财富”。马克思指出，“物的有用性使物成为使用价值”②，“不论财富的社会的形式如何，使用价值总是构成财富的物质的内容”③。无论是价值的创造或财富的生产，的确都与劳动有关，但他们是由同一劳动的不同方面产生的。马克思高度概括地指出：“一切劳动，一方面是人类劳动力在生理学意义上的耗费；就相同的或抽象的人类劳动这个属性来说，它形成商品价值。一切劳动，另一方面是人类劳动力在特殊的有一定目的的形式上的耗费；就具体的有用的劳动这个属性来说，它生产使用价值。”④ 简言之，抽象劳动创造价值，具体劳动创造使用价值。特别

---

① 《马克思恩格斯选集》第4卷，人民出版社2012年版，第604页。
② ［德］马克思：《资本论》第1卷，人民出版社2004年版，第48页。
③ ［德］马克思：《资本论》第1卷，人民出版社2004年版，第49页。
④ ［德］马克思：《资本论》第1卷，人民出版社2004年版，第60页。

应该注意的是，劳动是价值创造的唯一源泉，但“劳动并不是它所生产的使用价值即物质财富的唯一源泉。正像威廉·配第所说，劳动是财富之父，土地是财富之母”①。当知识分子无法很好地在价值创造和财富生产之间作出清晰的区别的时候，他们对马克思主义的误解将不仅仅停留在几个概念的混淆上，进一步的错误将以此为基础而产生。

第二，混淆了活劳动和物化劳动在价值生产中的作用。一些知识分子继而认为商品的价值实际是由生产四要素，即企业家、资本、土地、劳动者共同创造的，其论证的逻辑在于认为他们都是劳动的化身，只是劳动的形式有差别，兑现的时间有先后。不可否认这四要素与“劳动”的确有着某种联系，但其联系并非如一些知识分子所主张的那样同质。资本家的管理活动和劳动者的体力与脑力的耗费是“活劳动”；资本即便如一些知识分子所主张的是“劳动之储存”，且不论这种“劳动之储存”是否是对过去劳动者劳动的占有，它实际上是不能直接作为一种生产要素参与生产过程的，它只能表现为土地或其他生产资料而参与生产过程。在资本主义生产过程中，土地以及其他生产资料是以“物化劳动”的形式存在的，即过去的“劳动不仅被消费，而且同时从活动形式被固定为，被物化为对象形式，静止形式；劳动在改变对象时，也改变自己的形态，从活动变为存在”②。物化劳动和活劳动的确都参与生产过程，但其作用是不一样的，“前者体现在使用价值中，后者作为人的活动处于过程之中，因而还只处于自行对象化的过程中；前者是价值，后者创造价值”③。或者说，作为资本组成部分的土地等生产资料本身是物化劳动，其在生产过程中只是借助有用劳动将其价值转移到新产品中，但并不创造价值。只有活劳动才是新增价值的创造者。因此，可以说企业家、资本、土地、劳动者都是生产过程中的要素，但并不意味着他们都是价值的创

---

① ［德］马克思：《资本论》第1卷，人民出版社2004年版，第56页。
② 《马克思恩格斯全集》第30卷，人民出版社1995年版，第258页。
③ 《马克思恩格斯全集》第32卷，人民出版社1998年版，第39页。

造者。

第三，混淆了价值生产和价值分配的关系。如前所述，活劳动是价值的唯一源泉。那么，在资本主义生产过程中存在的资本家超过其管理活动所创造的价值的那一部分利润收入、资本家的利息收入、土地所有者的地租收入都不是价值生产的问题，而只是因其在所有制结构中的特殊地位而产生的价值分配的问题。也就是说，资本家、土地所有者因其特殊的对生产资料的占有地位而占有了除了劳动力以外一无所有的劳动者创造的价值。因此，从劳动者的立场出发，恐怕很难得出如一些知识分子所认为的“并非剥削”的结论。

第四，忽视了马克思关于“总体工人”的认识。一部分知识分子批评马克思主义置庞大的知识分子，尤其是“劳文”群体于不顾，否认其在价值创造过程中的作用。这种批评也只能证明部分知识分子对马克思主义剩余价值理论理解的肤浅。早在研究简单劳动过程的时候，马克思指出借助劳动资料使劳动对象发生预定的变化的“劳动本身则表现为生产劳动”，但在此时，马克思即以注释的形式说明，“这个从简单劳动过程的观点得出的生产劳动的定义，对于资本主义的生产过程是绝对不够的”①。后来，马克思在分析生产劳动的协作过程的时候，提出了“总体工人”的概念。马克思指出：“为了从事生产劳动，现在不一定要亲自动手；只要成为总体工人的一个器官，完成他所属的某一种职能就够了。”② 被马克思列在“总体工人”的概念下的职能承担者中，“有的人多用手工作，有的人多用脑工作，有的当经理、工程师、工艺师等等，有的人当监工，有的人当直接的体力劳动者或者做简单的辅助工”③。在此，马克思并未如一些知识分子所批评的那样，将精神劳动者排斥在生产剩余价值的生产工人的队伍之外。

---

① ［德］马克思：《资本论》第1卷，人民出版社2004年版，第211页。

② ［德］马克思：《资本论》第1卷，人民出版社2004年版，第582页。

③ 《马克思恩格斯文集》第8卷，人民出版社2009年版，第521—522页。

3. 就马克思主义的阶级斗争理论而言

在40年代中后期，马克思主义的阶级斗争理论备受一些知识分子的批评与质疑。但相对而言，其批评言论中的理性因子是最弱的，少数人甚至流于谩骂与人身攻击。除了一些不值一驳的言论，如阶级斗争理论导致了资本主义的苟延残喘以及启发了法西斯专政等，有一个问题特别值得说明，即马克思主义主张阶级以及阶级斗争并非主观好恶，而是根源于客观的生产力发展水平，其真正的阶级立场是一种客观的立场。

阶级以及阶级斗争的根源在于生产力的一定的发展以及生产力的不充分发展。正是在这样一个发展阶段之上，才有一些人对另一些人劳动产品的占有，产生阶级的划分；也才有一些人为保障自己基本的需求而进行斗争，产生阶级斗争。因此，恩格斯强调："只要生产的规模还没有达到不仅可以满足所有人的需要，而且还有剩余产品去增加社会资本和进一步发展生产力，就总会有支配社会生产力的统治阶级和贫穷的被压迫阶级。"[①] 正是基于对阶级以及阶级斗争历史的客观性的深刻认识，马克思主义的阶级立场并非如一些知识分子所认为的是达尔文的优胜劣汰的机械搬用，或黑格尔的玄学演绎，抑或是个性的专断暴戾的产物。恰恰相反，它是极具客观性的，表现为，其一，正视阶级历史存在的合理性。虽然马克思恩格斯对被统治阶级充满了同情，但在他们的文稿中，却经常可以看到他们对阶级统治历史的盛赞。应该说非客观公正的立场不足以至此。恩格斯在《反杜林论》中就对社会主义之前的阶级社会有过高度的评价："没有奴隶制，就没有希腊国家，就没有希腊的艺术和科学；没有奴隶制，就没有罗马帝国。没有希腊文化和罗马帝国所奠定的基础，也就没有现代的欧洲。我们永远不应该忘记，我们的全部的经济、政治和智力的发展，是以奴隶制既成为必要、又得到公认这种状况为前提的。在这个意义上，我们有理由说：没有古希腊罗马的奴隶制，就没有现代的社

① 《马克思恩格斯选集》第1卷，人民出版社2012年版，第303页。

会主义。”①

其二，正视阶级历史的残酷性及其历史推动作用。认可了阶级历史存在的合理性，也就意味着对阶级统治和扩张所产生的残酷状况的理性接受。恩格斯就曾经针对俄国被资本主义大工业征服所带来的痛苦和动荡发表如下感慨：“历史可以说是所有女神中最残酷的一个，她不仅在战争中，而且在‘和平的’经济发展过程中，都驾着凯旋车在堆积如山的尸体上驰骋。而不幸的是，我们人类却如此愚蠢，如果不是在几乎无法忍受的痛苦逼迫之下，怎么也不能鼓起勇气去实现真正的进步。”②

其三，高度重视消灭剥削制度的生产力基础。马克思主义对于无产阶级反对资产阶级的阶级斗争的倡导并非无条件的，他们所依据的条件正是生产力的发展水平。因此，在《共产主义原理》中，恩格斯明确表示，在资本主义大工业发展之前，废除私有制是不可能的。但现在，由于大工业的发展，“这种强大的、容易增长的生产力，已经发展到私有制和资产者远远不能驾驭的程度，以致经常引起社会制度极其剧烈的震荡。只有这时废除私有制才不仅可能，甚至完全必要”③。

总之，一部分知识分子对马克思主义的批评与质疑，实际上主要源于其对马克思主义理论本身的一知半解而产生的歪曲认识。这种情况极类似于当时燕京大学教授张东荪在一封通信中对当时不良学术风气的批评。他说：“近来的辩论似乎都有一个奇怪的地方：即对于所要驳斥的人的言论并不细心去看，只抓着一二句话便拿自己意见加以引申，其实所要驳斥的并不是那人言论思想的真相，而只是自己的假定。”④ 而北京大学教授樊弘则引用黑格尔的观点将对他人学术思想的虚心的、完整的学习称为“伟大的接受”，认为“只有用这个态度

① 《马克思恩格斯选集》第3卷，人民出版社2012年版，第561页。
② 《马克思恩格斯选集》第4卷，人民出版社2012年版，第640—641页。
③ 《马克思恩格斯选集》第1卷，人民出版社2012年版，第303—304页。
④ 编者：《张东荪先生来函》，《世纪评论》1948年第3卷第2期。

才能使你的评判是客观的”。作为一名经济学者，樊弘还以自己的亲身经历为例证，强调对马克思的经济理论的客观评判必须建立在对《资本论》的“伟大的接受”的前提条件之下。他说，他曾经受杜威、胡适的“多研究些问题少谈些学理”的影响，“劈首便怀疑和反对马克思的剩余价值的学说。可是等到后来把资本论第三卷读完之后，方知我对马克思的剩余价值学说的批评完全是荒谬的”。①

当然，客观来看，部分知识分子对马克思主义理论缺乏“伟大的接受”的状态也与国民党统治下造成的几种客观环境有关。

其一，是国民党当局对马克思主义理论学说的严格管制。1947年11月浙江省高等法院曾判决3名浙江大学的学生7年有期徒刑，其量刑依据之一就是“传阅左派书刊”。判决书中明确列出的“左派书报”，如《怎样研究辩证法唯物论》《哲学之贫困》《雇佣劳动与资本》等。为此，上海同济大学教授钱实甫激愤地指出：“许多人似乎都患着严重的过敏性，只要一看到马克思、唯物论、辩证法、社会主义、共产主义、剩余价值……之类的名词，便立刻联想到‘反动’，而认为是罪大恶极的。及其末流，更查禁到马氏文通、红楼梦，这岂非天下的笑话?”② 作为学者，钱实甫更担心的是这种管制状况对学术研究的影响。他说：“试问哪些与政治经济理论有关的各样学问，又可以完全不牵涉到马克思的理论？为求安全计，便只好取消社会主义史以及政治思想史之类的科目，最痛快办法更不如取消社会、经济各系。”③

其二，是国统区的知识分子对苏联及中国共产党现实实践的认识比较有限。苏联及中国共产党在根据地的实践是马克思主义理论的现实形态，知识分子本可借鉴苏联及中国共产党的现实实践对马克思主义的基本原理及其现实运用产生更深的体认。但是翻阅40年代中后期知识分子的舆论阵地，会发现身处国统区的他们实际上对苏联及中

① 樊弘：《除非教授治校学术难望独立》，《世纪评论》1948年第3卷第2期。

② 钱实甫：《“左派”是罪名吗?》，《世纪评论》1947年第2卷第24期。

③ 钱实甫：《“左派”是罪名吗?》，《世纪评论》1947年第2卷第24期。

共解放区的情形知之甚少。这种状态经常在学者的言论中不经意地流露出来。

就对苏联情况的了解而论，一位署名于鹤华的读者对矛盾所著的《苏联见闻录》的读后感颇能代表国统区知识分子对苏联真实状况的认知程度。1945 年 12 月 5 日茅盾从上海赴俄，其间在苏联逗留四个多月，后来据此写成《苏联见闻录》，并在国统区发行。该书当时极为畅销，可见国统区民众对苏联的确有着强烈的了解愿望。作者这样论述该书的畅销情况："由于美俄的对立，这本带来苏联最新消息的新书，乃大为一般读者所注意。就流通情形来说，行销之快，却不是普通书刊所能赶得上的。从此可见这书正合刻下留心世界大势者的胃口。"尽管这位读者对此书颇多肯定，但也颇有遗憾地认为：该书乃是对苏联报以"同情的"作品，对苏联存在的问题，苏联是否为争取世界和平作了努力等问题论述不多，是本书的遗憾。作者最后的感叹颇能说明问题："中国出版书刊中涉及苏联的虽不少见，然文艺作品占一部分，政治宣传作品又占一部分，真能翔实的解说苏联真像的著作确是不多。"①

就对中国共产党及解放区情况的了解而论。虽然同属中国，但国统区的知识分子对解放区的真实情况实际上知之不多。一位心忧国事的读者在给《观察》的信中，提到"至于共方，在乡间所作所为，未能亲眼看过，也总觉得未能充分了解"②。一位致力于评估国共双方战局的署名颜回的作者，在对中国共产党的解放区的政治经济设施作出评估之前特意声明："共方的动态，我们知道得很少，现在就左翼刊物的零星报导，综合的分析中共政治经济的设施。"③ 即便是以客观和敢言著称的《观察》也只能如一位读者所言"间或有一两篇共军占领区的通讯"④。其实就连《观察》的主编储安平也承认："多

① 于鹤华：《读〈苏联见闻录〉》，《大公报》1948 年 8 月 17 日。

② 读者：《读者投书——一封信》，《观察》1947 年第 3 卷第 11 期。

③ 颜回：《在开展中的搏斗》，《世纪评论》1948 年第 4 卷第 12 期。

④ 张强立：《读者投书——晋南共党的残暴》，《观察》1947 年第 3 卷第 11 期。

年来，我们一直住在国民党统治区域内，对于共产党的内情，我们自承所知不多，我们暂时只能根据常识来说。”① 应该说这种情况的出现还是与国民党的舆论控制有关。有一位署名江沙的《观察》读者就描述了这样一种情况：他本人有机会随同“行总”菏泽办事处赴山东菏泽解放区办理黄河故道移居人民的救济工作，在菏泽解放区居住了三个月，对菏泽解放区颇有好感。但当他回南京后，将其在解放区的所见所闻告知朋友，而“‘明哲’的朋友，都劝我少谈为妙，免得被人怀疑宣传‘赤化’”，而不相熟识的人，则认为“我的思想‘左倾’”。于是作者感叹，“报道解放区内的真实见闻，原为今日一般人士所渴望，但际此时会，说话总觉太不方便”。② 当知者不敢言或不能言的时候，国统区的知识分子对解放区的真实情况必然知之不多。而其造成的结果是，置身国统区的知识分子很难经由现实的观察去更深入地理解和评估马克思主义。

第二节　战后知识界对马克思主义观点方法的运用

20 世纪 40 年代中后期，马克思主义学说一方面因各种原因受到一些知识分子的批评与质疑；另一方面，马克思主义学说的一些概念、观点、方法等却又经常被作为立论的依据出现或运用于他们的言论之中。一位署名为吕克难的学者认为与道家、法家、墨家等相比，儒家能够成为中国的道统，是因为其所谓的“博大精深”具有很强的粉饰与强化的功能。由于作者“只打算就思想一论思想”，因此特别强调“读者幸勿加我以‘唯心论’的头衔也”。③ 可见，作者是多么珍惜他的“唯物”的立场。1948 年曾经在英国伦敦政治经济学院完成其以《马克思的政治思想》为题的博士学位论文的吴恩裕经由

① 储安平：《中国的政局》，《观察》1947 年第 2 卷第 2 期。

② 江沙：《在菏泽解放区所见》，《观察》1948 年第 4 卷第 2 期。

③ 吕克难：《从思想的功用看道统》，《世纪评论》1948 年第 4 卷第 5 期。

观察社出版《唯物史观精义》一书。据观察社透露，该书发行后，“瞬即四版，发行数达九千册”[①]，可见其畅销程度。因此，不揭示这种存在于知识分子中的隐而不察、用而不觉的对马克思主义学说的认可和运用的态势，不足以完整展现知识分子对马克思主义的真实态度。

一 知识界对马克思主义经济学说的局部运用

知识分子对马克思主义部分经济学说的认可和运用集中体现在他们对资本主义经济制度的分析中。

1. 关于资本主义经济制度历史贡献的分析

与马克思一样，一些知识分子虽然对资本主义制度进行了批判，但他们首先都认可“资本主义原有不可磨灭的功绩”。

在资本主义推动生产力的发展方面，姚曾荫认为“在过去的一百数十年间，世界经济是以资本主义经济制度占主导力量的”，它“使物质生产力获得空前的发展，使社会经济完全改变”。过去“生产力的增加与人类生活水准的提高，虽然不能完全归功于资本主义，然而资本主义对于人类社会经济发展的功绩是不可磨灭的”。[②] 对于这种生产力突飞猛进发展的原因，汤德明强调了生产工具改进的意义：“由于机器的使用，资本的技术构成提高了，或者说生产力提高了，人可以从自然，从土地获得解放，由乡村转向城市，由农业转向工业。生产方式的这一改变，伴以生产数量的激烈增加，使人民的生活程度也提高了。”[③]

在资本主义生产方式的对外扩张方面，姚曾荫认为“由于自由贸易及资本的自由输出入，原料生产国家得以获得廉价的制成品，商品输出国外借以获得廉价的原料，经济落后区域因之开发”[④]；汤德明

① 民熹：《评吴恩裕著〈唯物史观精义〉》，《世纪评论》1948 年第 4 卷第 10 期。
② 姚曾荫：《世界经济在转变中》，《大公报》1948 年 2 月 2 日。
③ 汤德明：《民主政治的经济基础》，《时与文》1947 年第 2 卷第 12 期。
④ 姚曾荫：《世界经济在转变中》，《大公报》1948 年 2 月 2 日。

也认同这一观点，强调“商品没有边界的，利之所在，无边勿届，所以狭隘的乡土家族等观念随之消失”，“尤其当生产力发达，生产品增加，需要国外市场的时候，不能不有‘自由贸易’的要求。工业国向农业国求发展，久而久之，农业国也工业化了”。①

此外，学者还强调了资本主义在“法制精神与个人自由”“创意和效率的注重”“社会主义和国际主义的孕育”等方面的作用。施复亮则概括性地指出：“资本主义虽然是一种剥削制度，可是他在历史上却有过很大的功绩：第一，它提高社会的生产力，超过封建社会几十百倍；第二，它推翻封建特权（虽然在有些国家不很彻底），建立民主政治（虽然是资产阶级性的）；第三，它发展科学文化和高度技术，普及并提高一般人民的文化水准；第四，它提高劳动大众的地位和生活，促进他们的觉悟和团结，使他们成为新社会的创造者。任何反对资本主义的人，都不能抹煞资本主义的这些功绩。”②

在这些论述中，“生产力”“生产方式”“资本的技术构成”等马克思主义经济术语被直接引用。而《共产党宣言》中“资产阶级在历史上曾经起过非常革命的作用”“资产阶级挖掉了工业脚下的民族基础”“资产阶级的这种发展的每一个阶段，都伴随着相应的政治上的进展”等观点都隐隐蕴含在他们的字里行间。如果说这还不足以作为他们运用马克思主义经济学说的直接论据，那么以下他们对资本主义经济危机及资本主义发展前途的分析，则坐实了马克思主义经济学说在部分知识分子中的影响力。

2. 关于资本主义经济危机的分析

对于资本主义经济危机的表现形式及其特点，一位署名笪移今的学者认可马克思主义关于资本主义经济危机是一种周期性的过剩危机的论断。他指出：“资本主义国家的经济危机，在于商品过剩，物价下跌，生产萎缩，失业增多，饥饿骚扰。这种混乱情形经过相当时间

① 汤德明：《民主政治的经济基础》，《时与文》1947 年第 2 卷第 12 期。

② 施复亮：《废除剥削与增加生产》，《观察》1948 年第 4 卷第 4 期。

之后，又会逐渐趋于繁荣。繁荣到达顶点，随之而来的又是危机。如此周期替变，是资本主义生产无可逃避的自发现象。”①姚曾荫也认同这种观点，认为“在财富不断集中的事实下，绝大多数消费者购买力的增加率，永远赶不上生产品的增加率，其结果便是生产过剩”。姚曾荫还以1929年的经济危机为例，说明资本主义的经济危机“形成为经济上的最大浪费”。他指出：“从一九二九年至一九四〇年，因失业而损失的工年数达八千八百万以上。因此而损失的财富逮三千五百亿美元以上。这笔巨款如用以建设，可以建设三百五十个田纳西河流域管理局，如用以破坏，则足以偿付第二次大战的全部战债而有余。”②

对于资本主义国家经济危机产生的原因，一部分知识分子相信这是由于资本主义社会的内在矛盾所决定的。丁忱认为，“经济的盛衰起伏是资本主义社会本性的周律”，“在资本主义社会里，大萧条之不可避免是尽人皆知的事实”。③ 而之所以为“本性的规律”或曰“不可避免”，吴恩裕则进一步地解释，认为“资本主义国家的问题与不安，并不只是因为世界上有一个社会主义的国家存在，才会发生的”，而是因为“他们本来就有其内在的矛盾及缺点”。这种缺点就是“把社会生产事业付诸自然的，‘看不见的巨手’来支配”，“这种社会生产的无政府状态，乃是造成资本主义国家一切内在病症的真正原因”。④ 应该说，吴恩裕的解释已经很接近马克思主义的解释体系，但还不够完整。而另一位署名为“华人”的知识分子的解释则几乎是马克思主义关于经济危机产生原因的解释的再现，他认为：“由于生产的社会性和占有的私有性的基本矛盾，资本主义从一开始就先天地带来了经济恐慌的危机。”⑤

① 笪移今：《评方显廷先生的经济观点——论当前经济危机的根源》，《观察》1947年第2卷第20期。

② 姚曾荫：《世界经济在转变中》，《大公报》1948年2月2日。

③ 丁忱：《繁荣的悲哀》，《新路》1948年第1卷第8期。

④ 吴恩裕：《由现代政治思想看“两个世界”的对立》，《大公报》1947年6月25日。

⑤ 华人：《美国的前途是危险的》，《新路》1948年第2卷第2期。

3. 关于资本主义前途的分析

和马克思主义的观点一致，一部分知识分子认为资本主义的生产方式决定了解决资本主义社会问题的最根本的途径是以社会主义代替资本主义。关于资本主义经济问题的解决办法，知识分子有如下三种富有马克思主义思想印记的认识。

（1）以对外扩张来缓解国内的经济问题。第二次世界大战以后，受战争所赐，美国经济一直在繁荣中。以 1946 年为例，美国生产量约占全世界的五分之三，总值一千九百四十亿美元，国民所得为一千六百五十亿。但由于所得分配不均，财富集中在少数人手中，一般消费者购买力薄弱。1946 年年底美国存货的账面价值达三百五十亿美元，失业人数在三百万以上。由于对刚刚经历过的大萧条记忆犹新，因此，美国朝野对于这种大灾难的“征兆”均不敢掉以轻心。在美国政府看来，解决的唯一办法就是输出，输出商品和输出资本。尽管 1946 年美国的商品输出总值约一百亿美元，较战前增加了三倍，资本输出也达五十亿，较战前增加了四倍，但问题并没有解决，因为美国以外的许多国家都在闹着“美元恐慌”。正是在这样的背景下，以马歇尔计划为代表的一系列对外扩张计划开始实施。“五十三亿的第一年援欧，四亿援华，和二亿七千五百万的第二次援助希土都已开始了。一百十亿的国防预算还在追加，扩充军备计划正大规模地展开，对战时的敌人日本，也不惜功本地扶植。”① 而对这些看似“难能可贵的自我牺牲”的行为，一些知识分子却有自己的解释。汤德明认为：“马歇尔援欧计划，藉经济力量以遂其政治企图，这还只是事物的一面。另一面，则是藉援欧为名以解决美国自己的经济问题。”② 丁忱则认为：“资本主义社会是如此的不稳定，国内的膨胀动力消歇后，大萧条如何得以避免？自己的经济制度既不愿改革，那么，建立国外的经济势力圈，繁荣国内的军工业，毕竟还是一层方便的

① 丁忱：《繁荣的悲哀》，《新路》1948 年第 1 卷第 8 期。

② 汤德明：《欧洲的分裂》，《时与文》1947 年第 1 卷第 19 期。

保障。”①

（2）凯恩斯主义不能根本解决资本主义社会的经济问题。对于资本主义的经济问题，有人认为“如果政府出来领导，增加社会上的投资和消费，失业现象便可以减少”，罗斯福新政就是“由政府来举办一些事业，以及设法提高一般平民的购买力，实际就是应用凯恩斯的理论”②。但另外一些知识分子对此持有异议。如华人就认为：“资本主义某种程度的修正（不论是凯氏的学说或罗氏的实践）当然可以缓和它的危机的到来，但任何修正如不能引起根本的变革则不足以解决资本主义整个问题。”③ 汤德明认同这一观点，并进一步加以解释：“凯恩斯只看到了资本过剩，生产过剩，资方无利，劳方失业；却忽略了生产的无计划性和劳资利害的冲突，而建议货币扩张，低利放款，公共工程，以提高资本的边际效率（利润率），刺激投资，而增加所得与就业。这些建议，只能阻碍利润率的下降，并不能终止它，因为利润制度还是照旧存在，而依存于利润制度的许多弊害即难祛除。”正因如此，汤德明也认为凯恩斯主义“并不是资本主义制度的回春妙药”。④

（3）走社会主义道路以根本变革资本主义经济制度。丁忱认为：“只要把资本主义的经济制度从根本上改革，走上社会主义的大路，对内平均分配提高消费水准，调节投资数量，对外和世界上经济落后的国家携手开发，又何尝不可以维持永久的平稳的经济繁荣呢?”⑤ 吴恩裕将对资本主义根本变革的希望寄托于“有远见的政治家”，希望“有远见的政治家当政，俾能接受这种理论的指导，速谋在政治上断然的改革以解决内部矛盾来求得安定”⑥。而施复亮则将希望寄托于“劳动阶级”的身上。他认为：“资本主义最大的毛病（也是它的

---

① 丁忱：《繁荣的悲哀》，《新路》1948年第1卷第8期。

② 谔士：《美国的前途是光明的》，《新路》1948年第2卷第2期。

③ 华人：《答谔士》，《新路》1948年第2卷第2期。

④ 汤德明：《民主政治的经济基础》，《时与文》1947年第2卷第12期。

⑤ 丁忱：《繁荣的悲哀》，《新路》1948年第1卷第8期。

⑥ 吴恩裕：《由现代政治思想看“两个世界”的对立》，《大公报》1947年6月25日。

基本矛盾），第一是生产力与生产关系的矛盾，它的狭隘的生产关系早已阻碍其无限伟大的生产力的发展，因而造成失业，酿成恐慌，对外侵略，发动战争，以空前浪费人力物力的手段来维持其不合理的生产关系；第二是由分配不均而起的劳资关系的不断尖锐化，促进前一矛盾达到绝对无法调和的程度。这是社会主义革命发生的根本原因。只要资本主义的生产关系存在一天，这种矛盾是无法根本解决的。只有代表新生产力的劳动阶级起来推翻代表着生产关系的资本阶级，才能最后解决这种矛盾。”①

总之，尽管知识分子并非都对马克思主义持认同的态度，但马克思主义对资本主义经济制度的分析，得到相当一部分知识分子的认可，即便是一些对马克思主义基本理论颇有微词的人士。比如上文提及的对马克思主义的唯物史观、剩余价值、阶级斗争理论都保有一定否定态度的李继耳也认为：“所谓科学的社会主义亦即共产主义，在证明资本主义之必然崩溃，确有极大的建树。”②

二　知识界对马克思主义阶级分析学说的局部运用

马克思主义的阶级分析方法主张通过对一定社会经济关系的分析来把握特定阶级的立场、观点和态度；通过对特定阶级利益的分析来深入认识特定的观点与主张。尽管一些知识分子对马克思主义的阶级斗争理论提出了批评与质疑，对马克思主义的革命主张尤其不满，但马克思主义的阶级分析方法却经常以各种形式渗透于他们对历史现象的分析之中。主要表现在以下几方面。

1. 关于中国社会各阶级的分析

一些知识分子以马克思主义的阶级分析方法分析资本家、地主以及农民和知识分子等各阶级、阶层的特点。

关于资本家和地主阶级的分析。北大教授樊弘以马克思主义唯物

① 施复亮：《废除剥削与增加生产》，《观察》1948 年第 4 卷第 4 期。

② 李继耳：《论资本主义与社会主义》，《主流》1947 年第 3 号。

主义的观点和方法分析了资本家和地主阶级的历史地位问题。（1）他认为“地主和资本家阶级的存在，只是人类劳动的生产剩余的力量进步的结果”。樊弘认为，地主与资本家阶级的存在都不是偶然的，都可以从人类的生产能力中找到其存在的客观条件。“地主阶级的存在，是由人在土地上耕种而所生产的粮食与原料，透过人类的分工与交易的关系，除了足以养活佃农的阶级而外，尚有剩余的产物，足以养活土地所有者阶级，安度优游岁月的生活。”与此类似，樊弘认为资本家阶级的存在同样是由于工业品的生产除了足以养活工人阶级的生活以外，还有剩余足够资本所有者阶级日度奢侈豪华的生活。颇有特色的是，樊弘还按照这一逻辑，分析了在中国缘何北方少地主，农村少资本家？樊弘认为最主要的原因在于“北方的土地贫瘠。在土地上所生产的些微的农产品，除足以维持农人习惯上必不可少的最低生存水准外，简直没有什么剩余的农产品足以维持一个游手好闲的地主的阶级，因此北方的地主自然少了”。而“在农村的角落里，工具的生产力太小了，例如木匠的斧头，铁匠的钳与锤，农妇所用的纺车，在这些简单的工具之上，所生产的货物和役务，除了养活工具使用者本人外，连妻子都不足以温饱，还有什么来给资本家呢?”（2）他认为“在人类历史上，不但地主，甚至资本家们，都曾受过社会无上的敬崇”，“是因为当时的地主或资本家有助于土地或资本生产力的发达”。樊弘认为，在最初的阶段，无论是地主或资本家，都曾经与他们的同伴无异，只是由于他们的生活更勤苦或智慧更高，在社会的分工和交易关系中积累了更多的土地或资本，获得了更多的利益。因为地主或资本家曾经有利于经济的发展，并且他们的所有财产中的确包含着财产所有者的血汗在内，因此人们曾经在经济上“宁愿分配不均，而不愿生产不丰”，在伦理上高扬“私有财产神圣不可侵犯”的旗帜。（3）随着生产力的发达，地主与资本家“实且成了经济进步的障碍物了”。樊弘认为，随着劳动生产力的发达，所有权与管理权逐渐分离了。这样，资本家与地主阶级成为独立于生产过程之外的一阶级，他们与生产力的进步无关，他们的存在已非促进人类生产力进步的必要条件。从经济的观念上来说，他们实已成为经济进步的赘扰了。而且不只是赘扰，他们实且成了经济进步的障碍物了。对此，樊弘认为最明显的例子是垄断资本家在经济发展中的作用，因为“今日的独占的资本家，往往不惜减少供给提高物价，以图实现所谓最大的货币的利润”。因此，“今日的独占的资本家阶级，即从纯经济的观点上说，亦已失其存在的价值了”。①

关于农民和知识分子的分析。谢东平同样以马克思主义的阶级分析方法分析了这两个群体的特点及其产生的原因。（1）农民阶级是“最缺乏组织也是最不容易组织的一个阶级”，因为“农业社会的特征，是自给自足的”。谢东平认为中国的农民只有“血缘”与“地缘”这样的“封建性的组织”，而没有“政治性的组织”。正因为农民“还没有政治性的组织，所以农民的意见与力量，没有发表与发挥的机会”。谢东平从农民的“生活上的特点”中来说明农民的这种涣散性和无组织性的根源。他指出农民“自己播种谷物，获得食料，自己种植棉麻植物，自己纺、自己织以获得衣著，用自己的木料，用自己的人工以建造屋宇……因此，他们这一个村与那一个村，可以老死不相往来”。“试问在这样的经济体制下，在这样的生活状况下，他们怎么不保守，怎么不愚昧，怎么不自然而然地产生一种近乎出世的人道思想?”（2）中国的知识分子是除掌权者外，“对政治最感兴趣的”一个阶层，但由于缺乏独立的生存能力，因此最终常常站到统治者的一边。谢东平认为知识分子之所以对政治最感兴趣，同样可以从他们的生活状态中获得解释。知识分子在“出仕”之先的生活是“十年窗下无人问”。在这漫长的积累期中，他们致力于“读圣贤书，写八股文，揣摩权术（如苏秦之流），甚至现在的‘办党’”，因为只有这样，才有可能“出仕”，而也只有“出仕”，才能“一举成名天下知”。中国的知识分子一旦“出仕”即成为统治阶级中的一员。而那些出仕不遇的知识分子“不是生产者，他们既不能凿井，亦不能耕

① 樊弘：《经济与政治进化的归趋》，《大公报》1947 年 1 月 24 日。

田”，“一方面他们既不能独立的生存于现社会，可是另一方面，他们又想比旁的阶级过得更好一点的生活”，于是常常沦为某些政治野心家的食客，“也确实常常站在统治者的一面”。[①]

2. 关于国家、政党的阶级性的分析

在马克思主义看来，国家并非超阶级的，而是阶级统治的工具。正如恩格斯所说：“国家无非是有产阶级即土地所有者和资本家用来反对被剥削阶级即农民和工人的有组织的总权力”[②]。对于马克思主义的这些论断，北京大学教授吴恩裕曾表达这样一个认识和认可的过程：“我们初看到马克斯（思）认为国家是阶级斗争的武器，是经济上占优势的阶级压迫另一阶级的工具，是保护私有财产的机构等等意见，很难立即置信。”“可是，当我们熟悉一些历史事实之后，便可知国家的阶级性似乎是显然的。我们再仔细研究近代史，便可知：近代国家，特别是工业革命后的国家，确是一个保护私有财产的阶级斗争的工具。”[③] 不仅如此，吴恩裕还旁征博引以证明不仅马克思，而且包括马基雅维利、布丹、霍布斯、洛克、卢梭等在内的近代思想家实际上都是认可“国家的存在是为了私有财产”的，只不过，“有的是明白地讲出来，有的则只是隐隐约约地有这种意思而已”。[④] 最难能可贵的是，吴恩裕并非简单地从学理上论证马克思关于国家的阶级性问题的论述是否可以成立，更重要的是希望时人能够以马克思主义的国家观为指导来思考中国现实问题的可能解决路径。正如他自己所说的，“如果人们承认：解决现代实际问题仍然得针对着马克斯（思）所谓‘国家的存在是为了私有财产’这个大前提，那么，本文所述也许不无一点实际的意义”，“我们当今奢谈改进之士，似乎必

① 谢东平：《论人民的组织与团结——关于中国历来纷争之局的根源的探究》，《世纪评论》1947年第2卷第13期。

② 《马克思恩格斯选集》第3卷，人民出版社2012年版，第240页。

③ 吴恩裕：《财产与国家——近代政治思想一种特征》，《新路》1948年第1卷第4期。

④ 吴恩裕：《财产与国家——近代政治思想一种特征》，《新路》1948年第1卷第4期。

须先把近代国家这种特质认识清楚，然后才能计划出、拟议出对症下药的医治时病的药方”。[①]

与马克思主义的国家观类似，马克思主义同样认为政党也不是超阶级和超利益的。马克思主义的这一政党观同样为一些知识分子所认可。如伍启元尽管认可以多党制为特征的民主政治，但明确表示："这并不是说民主国家的政党是应该超阶级或超利益的。相反的，我们认为民主国家的政党都是代表一定的阶级和一定的利益的。"[②] 而一位署名“平情”的作者则以政党的阶级性为立论的依据来批评国民党的庞杂与无能。他指出：“国民党的构成分子，无法分析他的代表性。强而名之，他是代表‘全民’的。所谓‘全民’也者，自然地失掉阶级性、斗争性，极容易地走到妥协之一途。此买办、士劣、官僚之所以来也。”[③] 平情认为正是由于如此复杂的构成，才导致了国民党汇集了保守的、倒退的和僵化的思想，并渐渐地徒有“国民”党之名，实际上只代表着少数的、自私的利益。因此，为国民党的前途计，平情认为国民党的“历史走到了分手的时候了”，也就是要纯粹国民党的阶级性和代表性，“把不同的理论，不同的思想体系，不同的党内派系，让他们出去，自成一党”。[④]

3. 关于思想意识的阶级性问题的分析

吕克难以阶级分析的方法分析儒家之所以能在中国长期占据道统地位的原因。对于儒家得以长期居于道统地位的原因，吕克难以直抒胸臆的方式清晰地表明了自己的观点：“儒家思想所以能独占道统的地位，我的分析乃因其最能发挥思想的功用。这里必先弄明白，所谓‘儒’（包括后来的士），乃是一种以做官为职志的行当。故儒家思想的精髓，离不开保障士阶级的利益的范围，其一切粉饰的功夫全着眼

① 吴恩裕：《财产与国家——近代政治思想一种特征》，《新路》1948 年第 1 卷第 4 期。

② 伍启元：《民主经济和经济民主》，《大公报》1946 年 2 月 17 日。

③ 平情：《历史走到分手的时候》，《世纪评论》1948 年第 4 卷第 6 期。

④ 平情：《历史走到分手的时候》，《世纪评论》1948 年第 4 卷第 6 期。

于此。”①

作为比较，吕克难还以阶级分析的方法分析了道家、墨家、法家等何以无法取代儒家的原因，他认为“儒家以外的学派，其式微是必然的！”吕克难认为道家最大的致命伤是其“无为”的观念，主张“取天下常以无事，及其有事，不足以取天下”。为什么这种观念会成为道家的致命伤了？吕克难认为：“这种思想对‘士’不啻自毁生机。因为否认政府的价值，等于否认‘仕’这门行当，有存在的功用，这绝不是以做官为职志的士人所能接受的。”墨家的骤然中衰，在吕克难看来，其最大的原因在于墨家的“苦行”，因为“孟子所谓‘摩顶放踵利天下’的精神，和脱离了实际生产的士人根本上属于两种生活形态”。因此，“墨子三百门徒中，可传者仅一七人，而孔子七二贤，却个个名传千古”。而法家尊君，其彻底与绝对理应更博皇帝的欢心，为何一样不受士人的青睐呢？吕克难认为“因为法家思想的谨严情绪很难使田园生活中松散惯了的士大夫接受”。因此，“法学一度显赫之后，毕竟只存于帝皇的心目中，难找继替之人了”。②

不可否认，吕克难从士大夫阶层的利益与生活中揭示中国传统的儒、道、墨、法各家思想能否得以传承发扬的原因，其分析有过于简单化之嫌。但他尝试从各种政治思想的背后揭示其阶级利益关系的分析路径却是非常清晰的。更难能可贵的是，吕克难不仅以此分析中国传统的政治思想，对于当时在知识界中非常流行的“自由”“民主”等思想，他也坚持相同的分析视角。在吕克难看来：“这些问题的提出，初与农民所憧憬者无关，多数农民抑且不知其为何物；多数农民所憧憬者乃轻徭薄赋，减低生活的担子，与家园的安稳而已。改革而不配合人民切身的需要，注定是要落空的。”因此，他劝告“今天谈‘变’讲‘改革’的朋友，再不能陶醉于民主自由的想象中了。理想必须有，但一定得从人民的愿望中生根”。③

① 吕克难：《从思想的功用看道统》（下），《世纪评论》1948 年第 4 卷第 6 期。

② 吕克难：《从思想的功用看道统》（下），《世纪评论》1948 年第 4 卷第 6 期。

③ 吕克难：《自由何以生不住根》，《新路》1948 年第 1 卷第 17 期。

三　知识界对马克思主义社会形态发展理论的局部运用

马克思主义认为，社会形态是同生产力发展的一定阶段相适应的经济基础与上层建筑的统一体。一般情况下，人类社会要经历大致相同的几个发展阶段，即原始社会、奴隶社会、封建社会、资本主义社会和共产主义社会五种社会形态。但是，就具体的民族国家而言，其发展的历程又可能是复杂多样的，有些国家或民族有可能跨越一个或几个社会形态实现跳跃式的发展。社会基本矛盾运动是推动社会发展的决定性力量，而阶级矛盾是推动阶级社会发展的直接动力。对于马克思主义的这些基本观点，令人惊讶的是，它几乎成了一种普遍的论调出现于知识分子的舆论阵地中。

1. 关于人类社会发展的基本阶段和方向的问题

张东荪认为："本来照马克斯（思）的说法，严格来讲，是封建之后有资本；资本之后有共产。"正是依据这一逻辑，张东荪主张落后国家在"不违背社会公道的限度内，有些国家还得要保留若干资本主义的形式，用以奖励生产"。因为他认为落后国家"才从封建脱出，即跳入社会主义。这样的跳了一级（即跃等）乃是问题所由发生的根本"。[①] 马克思的社会形态一般演进模式在此被张东荪直接引用。施复亮也支持张东荪的观点，只不过他用"新资本主义"来弥补由于张东荪所谓的"跃等"所带来的问题。[②] 李时友的描述也再现了马克思主义关于人类社会的演进历程："就经济的演化说，人类历史约可分为三过程。第一过程是封建经济。在封建经济以前还有奴隶社会，……结果封建社会归于崩溃，代之而起的为资本主义。……资本主义极度发达的结果，不但形成国内贫富不均的现象，而且形成了侵略压迫的国家政治，进且演为国际间帝国主义争夺殖民地的大屠杀，于是又有十九世纪下半期社会主义革命运动的产生……"[③] 贺昌

① 张东荪：《经济平等与废除剥削》，《观察》1948 年第 4 卷第 2 期。
② 施复亮：《废除剥削与增加生产》，《观察》1948 年第 4 卷第 4 期。
③ 李时友：《认清世界，把握时代》，《世纪评论》1947 年第 2 卷第 10 期。

群则是这样总结资本主义国家的历史，并进而概括人类历史的发展轨迹的："英法美的历史告诉我们，他们的民主政治革命的成功，都是由中等阶级打倒了封建制度，中等阶级又造成了资本主义，资本主义才产生了社会主义革命，似乎人生必经的三阶段，由少年而中年而老年，是世界革命过程的定律。"①

2. 关于人类社会的发展动力问题

在人类社会发展的动力问题上，贺昌群就灵活地运用"生产力""经济制度""上层的机构"这些极类似于马克思主义的生产力、生产关系、上层建筑的概念来描述社会变化的量变与质变问题。他指出："一个社会的转变，如果只是量的转变，而未至质的转变，那么，在那个社会的历史发展阶段之区分上，无论其时间如何长远，经历过程如何缓慢，仍不能称之为一新的社会阶段。什么是量的转变？比如朝代的兴亡，政治的推移，制度的损益，学术思想的起伏，这些对于整个社会的变异，仿佛一潭死水的上层，被风激起一阵波纹，那基层却并未有所变动，除非这些影响渐渐彻底动摇了经济制度和社会的生产力，或经济制度和社会的生产力彻底改变了这些上层的机构，这两者上下交相影响，到了经济制度和社会的生产力改变了整个社会的时候，便是这个社会的质的转变。"正是基于这种认识，贺昌群认为"一部中国史，从周代的封建制度到现在，我认为都是量的转变，未曾达到质的转变"。② 如果说贺昌群把握住了人类历史兴替的根本动力，那么李时友则综合考量了生产力动力与阶级斗争动力的综合作用。在人类由封建社会到资本主义社会的演进动力中，李时友是这样分析的："封建制度产生以后，社会由封建领主与不自由的农奴组成，为农业生产关系，领主为剥削者，农奴为被剥削者，是以帝王贵族为中心的封建社会。殆后由于货币的使用，新大陆的发现，和机器的发明，人类由农业的生产关系，变为商业的生产关系，封建领主贵族，

① 贺昌群：《现代中国政治社会的大矛盾》，《大公报》1946 年 4 月 21 日。
② 贺昌群：《现代中国政治社会的大矛盾》，《大公报》1946 年 4 月 21 日。

变为革命的阻力，结果封建社会归于崩溃，代之而起的为资本主义社会。”①

四　知识界对马克思主义唯物史观的其他运用

1. 运用唯物史观批评孙中山的政治学说

北京大学教授樊弘以唯物史观为指导，认为孙中山的学说在中国难以推广的根本原因即在于其政治哲学中多了空想的因素，少了唯物史观。樊弘开宗明义地指出：“中国政治史上这位空前未有的伟大的政治领袖孙中山先生，无论在道德的修养上，在求知的努力上，和在革命的领导上，均不在马克思之下，或至少亦不在马克思之下。”但“在中山先生的社会哲学里含有空想的成分，或缺少科学根据的成分，或传统的儒家哲学的成分。但在马克思学说里没有。这便是中山先生不如马克思的地方。同时这也就是中国的国民党，在中山逝世而后，越是近来越是露骨的表现着他们不能实现三民主义的原因。同时也就是马克思的主义，自马克思逝世而后，得在共产党手里，逐步付诸实施的原因了”。②

首先，樊弘指出支配人的行为的中心力量不是人的知识，而是人们取得收益的方式，所以孙中山的知难行易学说是错误的。“中山先生的知难行易的学说劈首假定知识是指导人生行为的中心力量。但知识是指导人生行为的中心力量么？……直到现在时起，我敢断言的说，中山先生的知难行易的学说确乎是错误的。……平均说起来，一个人的知识程度，无论它高到什么样的水准，当着他的知识思想与他的取得收益的方法相冲突时，他一定要维持他的取得收益的方法而牺牲他所信仰的主义的。”

其次，樊弘认为“因为中山先生的知难行易的哲学是空想的，结果根据他的知难行易的哲学而来的三民主义也是空想的”。对于这一

① 李时友：《认清世界，把握时代》，《世纪评论》1947 年第 2 卷第 10 期。

② 樊弘：《孙中山与马克思》（上），《大公报》1948 年 4 月 7 日。

推论，樊弘的分析路径同样是唯物主义的，尤其是唯物主义的阶级分析方法。樊弘认为："我们不谈民族主义则已，既谈民族主义则必须排斥和消灭中国的买办阶级。即中国只有非买办的阶级才能负担复兴中国民族的任务，买办是决不能够的，因为买办的阶级的取得收益的方法是与民族主义相冲突的。"① 同样的，樊弘认为中国欲实现民权主义，就必须排除官僚阶级、军阀、帝国主义者的传教士和新士大夫阶级，因为他们的收益方式亦是与民权主义相冲突的。而欲实现民生主义就必须排除地主和资本家，因为他们的收益方式同样是与平均地权和节制资本相冲突的。而孙中山的三民主义最大的问题就是没能"明明白白揭示三民主义的实践者和反抗者阶级，并从他们取得收益的方法的性质，把这敌对的阶级明明白白的划分出来"。否则，"似此在这万恶社会里一群豺狼和虎豹也可以作三民主义的实行者了，这不是一句空话吗？"②

最后，樊弘认为只有马克思主义的唯物史观，才能使三民主义由空想走向科学。樊弘认为，中国如欲真正地实现三民主义，除非整个的中山学说之中，把他的空想的成分抽拔出来，加入科学的成分，中山主义必然无望。那么，这个科学的成分是什么呢？樊弘明确指出："今日中国的三民主义之所以得下贫血病，也就是因为在三民主义之中，缺乏马克思的唯物史观的原因。"因为，"人类行为的取得收益的方法的解释，或唯物史观，才是我们革命的指南针。为了中国，为了完成中山的遗教，和为了实现三民主义，我们均必须要多多的接受马克思的历史唯物解释作指导，并且竭力去发展它的意义，以图适应中国特殊的需要，然后中国的革命运动始能不致专蹈今日的国民党所走错的路"。③

---

① 樊弘：《孙中山与马克思》，《时与文》1948 年第 3 卷第 3 期。
② 樊弘：《孙中山与马克思》，《时与文》1948 年第 3 卷第 3 期。
③ 樊弘：《孙中山与马克思》，《时与文》1948 年第 3 卷第 3 期。

2. 运用唯物史观分析中国社会的现状与进程

第一，从生产力变迁的视角解释历代农民起义的局限性

陈柏心即认为生产力的发展是社会发展变迁的基本动力，但中西有所不同。“在阶级对立的西洋社会，每当生产力发展与原有法律制度相抵触而成为抑制生产力发展的桎梏时，新兴阶级即起而推翻旧制度，以建立适合其生产力发展的新制度，所以欧洲的革命有经济上的积极性，系由于生产力的发展所促成。但中国的政治变迁，则系出于生产力的萎缩，农村因天灾人祸而崩坏，变乱的群众推翻旧政权而建立新政权，社会组织以及法律制度，并没有本质的改变，所以历代皇朝的变换，不能称为革命，仅是人民在无以为生时破坏现状的一种消极行为。”①

第二，从中国农业性的宗法社会的现实出发解释中国民主进程的障碍性因素。

首先，樊弘认为“中国的经济、政治与文化，受中国国民所得的主要生产手段的进化决定，这是无可疑义的一件事”②。樊弘认为，如果一国的国民所得主要的生产手段尚停滞在土地万能的时代，它的经济必然是地主的，政治必然是君主的，文化必然是法天的。在鸦片战争以前的中国，便是极好的例子。可是一国的国民所得主要的生产手段一旦跨入了资本万能的时代，它的经济必然是资本家的，政治必然是民主的，文化必然是崇尚人力的。在工业革命之后的英法各国便是极好的例子。顺着这个趋势再往前进，假令一国的国民所得主要的生产手段踏进了集体劳动万能的领域，它的经济必然是属于集体的劳动的，政治必然能为集体劳动所领导的民主政治，而文化必然是鼓励、推崇和歌颂劳动的创造的伟力的。苏俄即是一个例证。

其次，陈柏心认为正是因为中国社会还停滞于樊弘所说的“土地万能的时代”，工商业还不发达，所以辛亥资产阶级民主革命的失败

① 陈柏心：《中国政治改革失败的症结》，《世纪评论》1948 年第 3 卷第 9 期。

② 樊弘：《中国经济政治与文化的归趋》，《时与文》1948 年第 2 卷第 20 期。

是必然的。“中国社会所以散漫，主要的由于工商业不发达……在这种情形下，无论民主革命和社会革命，都没有积极的社会力量来支持。辛亥革命的成功，是爱国志士不满国家积弱与列强压迫而发生，并没有一个经济意识集团或阶级，发挥强大的力量，来支持革命后的一切新法律与新制度，造成革新运动的主力。”但也正“因为没有新兴的阶级基础，所以辛亥革命虽然靠新军的力量而成功，但不能真正向建设的途径发展，辛亥革命的性质，和历史上的改朝换代，只有形式上的不同，而非实质上相异，顺着历史的老路走去，虽然形势有变化，但毕竟不能使中国跻于现代国家之林。因为新政权没有强大的新势力支持，所以没有力量消灭一切混乱，而终必与旧社会妥协，以求秩序的恢复”。①

最后，贺昌群、蒋聪临等均认为民主在中国无法生根与中国的宗法社会结构密切相关。贺昌群指出，一个纯粹的农业社会，它的生产工具就是人，它的生产力就是人力。一个大家族在农村里，俨然是一个社会的单位，单位与单位之间，只有人事的联系，而不必有对于社会国家意识的联系。所以几千年以来，中国社会只有家的观念，而无国的观念。中国人的心中，民族的观念甚于国家的观念，换句话说，血统的关系，甚于政治的结合，这点仍渊源于宗法意义。而自五四运动直至八年抗战，这个大家族主义的宗法社会，虽然已逐渐崩溃，但未完全解体，这二十几年中，它又从沿海沿江几个局部受外国工业化影响的大城市起，摇身一变，变成了亲戚、同乡、同学、同派、同宗。应该说今日的中国社会，就是大家族主义余孽的变相扩大，还是一个封建社会。这个社会直到现在，依赖政府的地方少，依赖这个封建意义的‘同’字势力的地方多。既然如此，建筑在选举制之上的民主政治落在我们这个封建社会里，所能产生的代议士大概是些什么人呢？必然是宗法余孽的强豪、土霸、大地主、大商人、大政客、就

① 陈柏心：《中国政治改革失败的症结》，《世纪评论》1948 年第 3 卷第 9 期。

是军人的结团。[①] 年轻的金陵大学学生蒋聪临与贺昌群有着相同的分析逻辑，只不过他更忧心忡忡地指出在中国许多人不能从这一唯物的立场出发思考中国的问题，他指出："我们的大学教育以灌输西洋知识为大宗，而我们却生活在一个自己也不甚了然的社会里。我们社会里的大部分的同胞，还生活在封建的农村环境里，而我们却是以少数现代都市为中心，冥心思索着，要最新的制度文物。"蒋聪临甚至直接引用了马克思批评青年黑格尔派的《神圣家族》中的语句来批评这种状态。他引用马克思恩格斯的话说："此等学者，置人与自然之关系，自然科学及产业之关系于不顾，何能知历史之为何物？不知当时之自然与人文的状况，当时产业状况以及其生产方法，何能知当时之情形？"随后蒋聪临还特意强调"马氏所见，确有发人深省之处"。[②]

第三，以唯物的观点解释、解决道德低下的问题。

首先，严仁赓认为道德不能靠演说来提高。1948 年 7 月初，在美国召开了被中国国内报纸积极报道的"世界道德重整会议"。但严仁赓认为："现在的世界，人的道德，国的道德一般的低是事实，重整道德也确是很重要的。不过，仅只由'志同道合'少数国家（包括德日两国）派这几个'代表'，开几天大会，发表几篇演说，从此世界道德便可以重整提高，却也是不可思议之事。"[③]

其次，严仁赓、尹行六、马笙伯等均主张要以唯物的立场来解释道德问题。严仁赓在解释了何谓"唯物史观"的基础上，进而解释了物质生活和精神生活的关系，他认为："一人必须依赖物质的供养，才能够延续个人的生存；社会也必须依赖物质的培育，才能够延续社会的生命。……历史也就是由于物质所培养出来，有了物质生活，一个社会生命才可以延续，才可以因生命的延续而产生艺术、文学，以

---

① 贺昌群：《现代中国政治社会的大矛盾》，《大公报》1946 年 4 月 21 日。

② 蒋聪临：《一封致王芸生先生的公开信——并论"一统与均权"》，《大公报》1947 年 2 月 19 日。

③ 严仁赓：《"唯物"与"道德"》，《大公报》1948 年 7 月 14 日。

及法律道德等等。也等于说，人类的物质生活产生它精神生活，物质生活是精神生活的基础。”正是基于这种唯物的立场，严仁赓认为不道德的劳资冲突与国际战争最终是由资本主义制度造成的。“人类的活动与所造成的一切社会的现象，无一不以物质的或经济的原因为主要的推动力。但因人人竞求物质的获得，社会上的人与人，阶层与阶层，乃至国与国之间，乃发生经济利益的冲突。……劳资冲突与国际战争如果认为是不道德的行为，而劳资冲突、国际战争实即导源于物质欲望的争夺。……物质的争夺之所以发生问题，是因资本主义的经济制度下存在剥削关系。资本主义制度存在一日，剥削关系即一日不能免除，除非改换另一种制度根本医治这个毛病。”① 马笙伯虽然不似严仁赓一样直接表明自己的唯物主义立场，但也认为“乡土中的‘愚穷弱私’是落后的小农经济的反映”②。尹行六则用唯物的立场对陶孟和的道德主张大加讽刺。事情缘起于 1947 年 6 月 1 日陶孟和在《大公报》上发表了一篇题为《道德的危机》的文章，认为“中国现在一切的问题乃是道德崩溃的结果，乃是道德破产的表现”。对此，尹行六讽刺陶孟和是住“在皇宫里的人”，并且认为“中华民族目前所最关心的似乎还是饭盒问题和大家来管饭堂的问题，道德问题倒在其次”。③

最后，马笙伯、严仁赓等都主张通过物质世界的改造来改造人的精神世界。马笙伯认为：“医治‘愚穷弱私’而不医治落后的小农经济，不是根治的办法。所以我不主张由伦理或文化的观点去建设乡土，我也不能以乡土只是复原而不脱离小农经济的状态为满足。我是希望乡土在技术与组织上同时改良，而由乡民现实生活中从新建树他们的文化与伦理观念。”④ 而严仁赓则直接盛赞持唯物史观立场的学者，认为提倡唯物史观的学者是真正的道德家。因为“倡‘唯物史

① 严仁赓：《“唯物”与“道德”》，《大公报》1948 年 7 月 14 日。
② 马笙伯：《重建乡土》（续），《大公报》1948 年 8 月 29 日。
③ 尹行六：《道德与饥饿》，《时与文》1947 年第 1 卷第 19 期。
④ 马笙伯：《重建乡土》（续），《大公报》1948 年 8 月 29 日。

观’的学者，不仅一方面解释历史，另一方面更以分析历史所获的结论，去探求如何救治社会病态，并如何救治阶级斗争国际挣扎的方策。他的出发点，和一个慈善家或一位导学先生并无不同”。但慈善家“仍还只知劝人为善，消极的不为恶不争利而已；不能够积极地摘除为恶的冲突与战争的基本原因——经济的原因。所以说，倡‘唯物史观’的学者，尚较慈善家和提倡道德的人，更前进了一步”。①

3. 运用唯物史观分析“世界永久和平”的问题

对于战后人们普遍关心的世界能否实现永久和平的问题，一些政治学家认为，主权国家是妨碍国际组织，如联合国起作用，继而影响世界永久和平的一个阻力。因为主权国家就是独立自主的国家。既然是独立自主，那么每个国家就有权保有自己最高、最后的权利不予转让。这样，任何国际组织都只能相对有效，而不能绝对有效，因此，世界永久和平也只能是相对的。对于这种观点，吴恩裕用马克思主义唯物主义立场和观点加以批驳。吴恩裕认为“这种由主权上来分析世界永久和平的看法，根本地说只是表面的解释，他只说明了国际间的政治法律形态与世界永久和平的冲突”。但根据马克思主义的观点，吴恩裕认为：“对于世界永久和平的阻碍，表面上是主权国家的冲突问题，骨子里则是以国家为界限的经济利益集团的冲突问题。不取消经济利益集团的界限，根本无法取消主权国家的冲突，而所谓世界永久和平，也根本没有实现的可能。”由于康德是德国学者中首先使用“永久和平”的人，黑格尔在这个问题上的主张与主权论者极为相似，因此，吴恩裕这样盛赞马克思：“在德国学者中，康德只提出了一个目标，但黑格尔则提出达到此目标的困难及其不可能性；马克斯（思）一方面指出了达到此目标的困难所在，另一方面提出了一个排除此种困难的办法。”②

总之，活跃于国统区的一般知识分子并非马克思主义者，甚至有

① 严仁赓：《“唯物”与“道德”》，《大公报》1948 年 7 月 14 日。

② 吴恩裕：《德国学者对于世界永久和平的看法》，《世纪评论》1948 年第 3 卷第 5 期。

些人是明确反对马克思主义的，但在他们的言论中，“生产力”“生产方式”“资本的技术构成”“生产过剩”“生产的社会性”“占有的私有性”“基本矛盾”“独占的资本家”“阶级斗争的武器”“上层的机构”“唯物史观”“阶级”等马克思主义者常用的话语却也是他们广泛使用的概念。在他们解决中国国内的现实问题、中国的发展前途问题、国际间的问题与争端时，马克思主义已经成为一种用而不觉的思维方法和话语体系。当中国的思想界在有意无意之间用着马克思主义来分析问题，用着马克思主义来批评三民主义，甚至用着马克思主义来批评中国共产党的时候，相当多的知识分子最终将在国共两党之间作出何种选择，答案似乎已经在此若隐若现了。事实上，时至1948 年，当知识分子对国民党极度失望之际，反思国民党何以在践行民生社会主义思想时如此言行不一，他们中相当一些人的分析理路恰恰正是马克思主义的阶级分析观点与方法。这一点，本书第四章将有所涉及。

第四章 战后知识界社会主义思潮的分化与再选择

存在于20世纪40年代中后期知识分子中的社会主义思潮，大致从1948年的下半年开始分化、转向，并逐渐归于平息。曾经在知识分子的论坛中如“变色龙”一般的“社会主义”逐渐声消影匿。总体来看，从1949年开始，“社会主义”依然是舆论界的高频词，但已经显现了纯正的“深红色”，科学社会主义是百川归流之所终。其所以如此，自然是与当时国内外形势的变化密不可分的。

第一节 知识界社会主义思潮分化与再选择的表现

从1948年下半年开始，知识分子中的社会主义思潮逐渐归于平息，相当多的知识分子选择转向科学社会主义，直接表现为他们的舆论阵地纷纷停刊或转向，相关知识分子也作出了不同的人生抉择——他们中的许多人主动选择留居大陆，这意味着他们对中国共产党倡导的科学社会主义道路的接受与认同。

一 舆论阵地的停刊或转向

1. 《主流》的停刊

1948年12月，《主流》脱期出版了第24号。该期中两位核心主笔的文章明显欲给过去两年《主流》的工作作一个总结，并打出了

“迈向第二阶段”的大旗。罗梦册如是总结“十倍于往昔”的读者来函的一致要求：

> 他们不约而同一致要求，只有一个，就是两年来倡导着不右斜，不左倾，反封建，反腐败，反暴力，反流血，之中国民主自由社会主义学会，亦即两年来为政治民主，经济平等，社会正义，与人权尊严得其协调而战之中国民主自由社会主义学会，应迅速结束其纯粹学术思想运动的阶段，或半学术思想，半政治运动阶段，而迈上另一伟大的政治运动或政治实践的新阶段，新历程，实践其最为前进的新理论，而开始行动。①

按罗梦册的说法，“行动”是读者对《主流》的一致要求。而《主流》的编者也顺势打出了自己第二阶段的旗帜：“我们的第二场战役的重心，也即第二个历史阶段的重心在哪里呢？一句话：行动，行动，行动，行动！”②

但是纸上的“行动”最容易，付诸现实却是需要现实的“行动资本”的。罗梦册看似不经意的“一个要求”却也道出了知识分子议政的致命伤：

> 朋友们，全国各地区各阶层的朋友们，我们向你们也有一个要求：就是有智慧的，拏出你的智慧来；有勇毅的，拏出你的勇毅来；在金钱上能够想办法的，请拏出若干数量的金钱来。大量的智慧，勇毅与金钱等必需的行动资本的迅速积累与再生产，将会缩短吾人胜利和成功的时间。③

但如何才能实现“大量的智慧，勇毅与金钱等必需的行动资本

---

① 罗梦册：《面对风暴迈进第二阶段》，《主流》1948 年第 24 号。
② 李维林：《总结第一场战役》，《主流》1948 年第 24 号。
③ 罗梦册：《面对风暴迈进第二阶段》，《主流》1948 年第 24 号。

的迅速积累与再生产”呢？这是现实的政治问题，却恰恰是两位《主流》的核心人物没有回答的问题。所以，总结过去，是真的；而要开启“行动”的新阶段，恐怕只是必须告别过去的一个漂亮的托词。该刊最后“敬告读者”的启示，才真正道出了如此仓促总结的原因：

> 近以南京印刷厂纷纷搬迁或停业之故，印刷极感困难，本号主流经多方设法，始得与读者见面，致劳读者诸君相继来函询问表示关怀，无任歉感！本刊自二十五号起，拟异地出版，筹备就绪后，即可继续出刊。如南京事态复常，可仍在南京出版。①

知识分子实际上没有控制事态发展的能力，《主流》从此在大陆停刊。

2. 《新路》的停刊

1948 年 12 月的中下旬《新路》被勒令停刊。

对于《新路》停刊的理由，其发起人钱昌照是这样描述的：“因社论中多次抨击蒋介石独裁误国，一度被社会局勒令停刊，复刊后的社论指责蒋介石更为严厉。后该刊终于在各方压力下宣布停刊。”②

应该说，钱昌照的描述是基本符合事实的。

1948 年 11 月初，《新路》杂志受到北平市政府社会局的“严重警告”，其受警告的理由之一为：

> 查《新路》周刊九月四日出版之第一卷第十七期所载：《新金圆券发行总额的规定》《总统有命政院有令地方遂执法以绳》《北平大捕学生记》《小休局面中的华北情势》《天堂噩梦》各文，言论反动……煽惑人心，实属违反出版法第二十一条第二三

① 编者：《敬告读者》，《主流》1948 年第 24 号。

② 钱昌照：《钱昌照回忆录》，东方出版社 2011 年版，第 85 页。

两项之规定，应予严重警告。①

对于北京市政府社会局的这一“严重警告”，《新路》周刊除以民主理论加以反驳外，重申了自己在发刊词中申明的立场：

> 我们愿意在本刊中，提高讨论的水准，以理论应付理论，以事实反驳事实，以科学方法，攻击盲从偏见。但是我们这一班人，都不以骂人见长，所以凡是以谩骂来对付我们的，我们只有藏拙，不与计较。同时我们这一班人，也以刚毅自矢，凡想以武力来压迫我们，要我们改变主张的，我们也绝不低头就范。②

受到政府严重警告后重新出刊的《新路》的确没有“低头就范”。从第2卷开始，它言论更加尖锐。如第2卷第5期中的《经济危机已经不是经济措施所能解除的了》《论殉葬》《这究竟是什么政府?》等各篇文章均表达了知识分子对现政府的失望以及思变之心。1948年12月18日（另一种说法为12月30日）《新路》被查封。

3.《观察》的停刊与转向

1948年12月24日，《观察》周刊第5卷第18期刊出。12月25日，国民党政府勒令其永久停刊。

《观察》主编储安平一向善于与读者互通声气，因此，在《观察》周刊内我们基本可以看出《观察》从受威胁遭邀谈直至最后面临停刊的过程。

早在1947年5—6月，《观察》在其第2卷第14期中刊登了储安平的两篇文章《学生扯起义旗·历史正在创造》和《论文汇·新民·联合三报被封及大公报在这次学潮中所表示的态度》。这两篇文章都旨在支持学潮，批评政府。随后就有读者投书《观察》，善意劝

① 编者:《本刊对于“严重警告”的答覆》,《新路》1948年第2卷第1期。

② 编者:《发刊词》,《新路》1948年第1卷第1期。

告《观察》及储安平“当今以刀锯鼎镬侍天下之士，立言招祸，恒在意中”，故持论“务须极端矜慎”。[①] 对此，到 1947 年 8 月，《观察》出满两卷的报告书中，储安平也略有担忧地写道：“在五月学潮的一段动荡环境中，我们几乎每一期都是置身于死亡的边缘上的。我们当然欣幸我们终于平安无事，但来日大难，真正的困难恐怕还在后面。”[②]

事情确如储安平所预测的。1947 年 10 月 25 日，《观察》刊出了一篇《评蒲立特的偏私的不健康的访华报告》，对蒲立特的反苏言论表示质疑，对国民党政府的腐败提出批评。1947 年 11 月 7 日和 9 日，储安平先后被上海市社会局和国民党上海市党部秘书长邀谈。邀谈虽无实质影响，但 11 月 11 日晚，储安平的个人安全受到威胁。对此，储安平的表态是：

> 尽管本刊已经遭遇政治危机，但我们既不因此事而增加我们在感情上对政府的不满，也不因此事而减少我们在理知上对政府的批评。假如有人想扇我们，我们不会被人扇得冲前一步，假如有人想吓我们，我们也不会被人吓得后退一步。我们有我们的立场，我们有我们的尺度，无论我们所处的局势如何混乱震荡，我们必能撑住我们的舵，不使其在犹豫或张皇中失去其方向。[③]

坚持自身立场的《观察》周刊主编储安平于 1948 年 3 月 20 日再次被上海市政府新闻处邀谈。在新闻处储安平看到了一份没有下发的对《观察》的警告，其罪状是“言论偏激，歪曲事实，为匪张目”[④]。

---

① 萧姓读者：《持论需矜慎》，《观察》1947 年第 2 卷第 16 期。

② 储安平：《艰难 · 风险 · 沉着——本刊第二卷报告书》，《观察）1947 年第 2 卷第 24 期。

③ 储安平：《风浪 · 熬练 · 撑住——〈观察〉第三卷报告书》，《观察》1948 年第 3 卷第 24 期。

④ 储安平：《吃重 · 苦斗 · 尽心——〈观察〉第四卷报告书》，《观察》1948 年第 4 卷第 23—24 期。

1948 年 7 月，南京各界盛传《观察》将遭受停刊处分。7 月 17 日，储安平愤而发表《政府利刃·指向〈观察〉》一文，指出《观察》“虽然截至今日仍在出版，但在各地所受的迫害，可说一言难尽。或者禁售，或者检扣；经销《观察》的，受到威胁；阅读《观察》的，已成忌讳；甚至连本社出版的‘观察丛书’，也已成为禁书，若干地方的邮检当局，一律加以扣留”。储安平认为：“今日造成社会普遍不安的，就是政府；政府自身在制造社会的不安，反而将其责任嫁移到我们言论界身上，可谓不平之至。”对国民党政府极度失望的储安平最后对关心《观察》命运的读者坦言：“封也吧，不封也吧，我们早已置之度外了。”①

不过，我们可以观察到，对国民党的停刊处分无所畏惧的储安平及《观察》周刊实际上已经在酝酿着一种“转向”的情绪。表现为从 1948 年 3 月以后，《观察》连续刊登了张东荪、施复亮、严仁赓等几个人关于社会主义的探讨文章，文中明确表明了对苏联社会主义模式，或向社会主义过渡的新民主主义理论的认同。这应该是《观察》主编态度转向的一种表征，这种态度的转向直接影响着《观察》其后的命运。

1948 年 12 月 25 日，《观察》最终被国民党政府勒令停刊。

1949 年 11 月 1 日，《观察》复刊。在其复刊的开篇文章《我们的自我批评·工作任务·编辑方针》中明确表示找到了新的道路，即中国共产党的领导和马克思列宁主义所指明的道路。

4.《大公报》的转向

1949 年 1 月，天津解放。1949 年 2 月，天津《大公报》被改组并更名为《进步日报》。1949 年 5 月底，中国共产党接管上海。6 月 17 日，上海《大公报》保留原名继续出版。

40 年代中后期由王芸生主持的《大公报》自认为恪守“中立”的立场，但无论国共都视之如“两面人”。中国共产党认为《大公

① 储安平：《政府利刃·指向〈观察〉》，《观察》1948 年第 4 卷第 20 期。

报》是“小骂大帮忙”[①]，而在国民党方面，早在1946年8月10日南京《中央日报》就曾有一篇题为《谴责颠倒是非的报人》的文章，如是评价《大公报》：

> 共产党的宣传，如果没有所谓两面人的配合，就还不能到达其颠倒是非混淆黑白的企图，必须两面人和他们相呼应，才能够发生多少颠倒是非混淆黑白的作用，所以共产党当前迫切的需要，是取得两面人的呼应。现在有没有和共产党相呼应的两面人呢？答案是：已经有了，那就是《大公报》。[②]

1948年7月10日，《大公报》发表《由新民报的停刊谈出版法》，对政府的行为表示了不满。7月16日，南京《中央日报》发表了一篇题为《在野党的特权》的社论，罗织了王芸生主持之下的大公报的诸多罪证，指出王芸生是“新华社广播的应声虫”。7月19日，更是刊布了一篇《王芸生的第三查》的社论，罗列了王芸生所谓“亲苏”“亲共”“反美”的罪证，希望以此逼迫王芸生离开《大公报》，离开上海，限制《大公报》在南京的发行。

1948年夏以后，中国共产党在内战中的优势逐渐显露。1948年10月，在《大公报》工作的杨刚在与王芸生的交谈中，提到保证《大公报》“沪、津、渝、港四馆不易名、不换人、照原样出版”[③]。这一“承诺”在王芸生看来，绝非杨刚的个人行为。王芸生随后南下香港，准备由香港北上参加新政协会议。在王芸生北上的途中，解放军攻克天津。1949年2月，天津《大公报》被改组并更名为《进步日报》出版。得知这一消息的王芸生怀着极其复杂的心情到达了北平。在北平期间，王芸生的思想发生了重大变化。他说“我来解放区是投降而来”。而“投降”是他“冥思苦想了很多天”，“把自己前半

① 萧乾：《萧乾回忆录》，中国工人出版社2005年版，第197页。
② 泉：《病社会》，《观察》1946年第1卷第3期。
③ 王芝琛：《一代报人王芸生》，长江文艺出版社2004年版，第181页。

生所走过的曲折道路作了一番认真的思考，怀着痛苦的心情与过去决裂，才产生的真正回到人民队伍中来的真情实感”。① 王芸生的“投降”，给上海《大公报》带来了不同的命运。1949 年 6 月 17 日，王芸生以总编辑身份在上海《大公报》发表《大公报的新生宣言》，检讨了《大公报》一直以来的改良立场。他说自己和《大公报》“终于找到了马列主义真理，见到了久已渴望的太阳”②。

5.《时与文》的停刊

1948 年 9 月 24 日，《时与文》出版第 3 卷第 23 期，亦即停刊号。随后该刊被国民党政府查封。

关于《时与文》的发行问题，在其停刊号编者的《停刊告别读者》一文发表之前，我们所知不多。正如该文中编者所言，他们“难得在刊物上稍发怨言，宁可挨打而不回嘴”，而其道理极其简单，“委屈无非为了求全”。借助《停刊告别读者》我们大概能了解《时与文》在发行中遭遇的困难。

1947 年 4 月，此时距《时与文》创刊仅一个月，在西安已遭禁售。此后，在重庆、青岛、济南、桂林、徐州、天津、太原等地陆续遭遇禁售。

1947 年 12 月 20 日到 1948 年 1 月 19 日，被勒令停刊一个月。

1948 年 2 月复刊，但陆续在台湾、杭州、昆明、成都、柳州、南宁、广州、北平、海南岛、汉口等地遭遇禁售。

1948 年 9 月 21 日，上海市社会局派人下达永久停刊公函：

> 查上海发行之《时与文》杂志屡作歪曲事实为匪宣传之言论，前经予以停刊一个月处分在案。兹查该刊不改前非，仍屡作歪曲事实之言论，为匪宣传，动摇人心，意图破坏公共秩序，尤

① 中国人民政治协商会议全国委员会文史和学习委员会编：《文史资料选辑 第 33 卷第 97 辑》，中国文史出版社 2011 年版，第 66 页。

② 中国人民政治协商会议全国委员会文史和学习委员会编：《文史资料选辑 第 33 卷第 97 辑》，中国文史出版社 2011 年版，第 66 页。

以最近数期言论更趋偏激，兹依据出版法第卅二条之规定，予以永久停刊之处分，相应函请查照，并将该刊登记证缴部注销为荷。[1]

6.《世纪评论》的停刊

1948年11月13日，《世纪评论》出完第4卷第20期后停刊。对于《世纪评论》的停刊原因，杂志本身未有任何说明。从《世纪评论》发起人何廉的回忆来看，应与局势与资金有关。何廉回忆他1948年12月回到上海时的所见：

> 前此不到四个月，我于8月间从美国回到上海的时候，中国经济研究所正搞得起劲，南京的《世纪评论》也是如此。然而，这次回到上海时，我们知道由于怕南京可能会发生变故，《世纪评论》准备迁移到上海，再则，《世纪评论》从戴自牧提供的经济来源中提取进款必然开始发生困难。戴主持的那些公司，由于战事而急遽解体。戴自牧自己面临破产。[2]

而实际上，《世纪评论》在南京停刊后，也并不曾在上海复刊。

二　知识分子群体的分化与再选择

如前所述，或因战乱，或因资金，或因查封，或主动转向，知识分子舆论阵地的丧失，客观上促使40年代中后期知识分子中的社会主义思潮逐渐归于平息。与此同时，知识分子也依据形势的变迁在历史的关键时刻作出了不同的人生抉择。

1949年前后，是离开还是留居大陆，是一部分知识分子必须面对的一个人生抉择。那些曾经高谈阔论或热情追逐自己心目中的某种

---

① 本社：《停刊告别读者》，《时与文》1948年第3卷第23期。

② 何廉：《何廉回忆录》，朱佑慈等译，中国文史出版社1988年版，第302页。

社会主义理想的知识分子，在面对这样的人生抉择时，又会作何决定呢？笔者尽可能根据现有的资料，对其中一部分人的去留情况进行梳理（见表4-1）。

表4-1　　1949年前后知识分子去留情况

学者	去留	学者	去留
戴世光	大陆（清华大学）	费孝通	大陆（清华大学）
吴景超	大陆（清华大学）	徐毓枬	大陆（清华大学）
严仁赓	大陆（浙江大学）	樊弘	大陆（北京大学）
赵迺抟	大陆（北京大学）	马大猷	大陆（北京大学）
吴恩裕	大陆（北京大学）	陈振汉	大陆（北京大学）
罗忠恕	大陆（华西大学）	王之相	大陆（政务院法制委员会）
章丹枫	大陆（南京大学）	李正文	大陆（复旦大学）
夏炎德	大陆（复旦大学）	丁洪范	大陆（南开大学）
贺昌群	大陆（南京图书馆）	陶孟和	大陆（中国科学院）
施复亮	大陆（国家劳动部）	张东荪	大陆（燕京大学）
李烛尘	大陆（政务院华北政务委员会）	王芸生	大陆（上海《大公报》）
萧乾	大陆（参与编辑英文版《人民中国》）	储安平	大陆（国家出版总署专员）
黎秀石	大陆（中央人民广播电台）	朱启平	大陆（香港《大公报》驻京记者）
周绶章	大陆	任鸿隽	大陆
徐秉让	大陆	丁忱	大陆（上海市工商联）
罗梦册	中国香港（香港大学）	伍启元	美国（联合国）
刘大中	美国（国际货币基金组织）	蒋硕杰	赴台后赴美（国际货币基金组织）
顾毓琇	美国（麻省理工学院）	萧公权	赴台后赴美（华盛顿大学）
沙学浚	中国台湾（台湾师范大学）	方显廷	美国（联合国）

这张表格没能完整展现我们前文中所探讨的所有知识分子的去留，但我们能够梳理出来的这些人，几乎每个人都是当时知识界相关领域的佼佼者。也正因为如此，或许这张表格更能说明一些问题。因

为他们都是当时的知名知识分子，所以相对而言，在面对去留的问题时，其实他们比普遍的知识分子有更多的主动选择权。而在他们的选择中我们能够很清晰地看到这样一种现象，即留居大陆的知识分子居多，而其中主动选择的并不少。选择留居大陆，实际上也就等于必须认同中国共产党所主导的意识形态，即接受科学社会主义的主张。尽管我们的确不能说所有留居大陆的人，都是因为政治认同，但对于那些有去留的选择主动权的知识分子而言，留居大陆，则一定是经过了政治上的考量后的选择。陈振汉、萧乾等应该是其中的突出代表。

陈振汉，1940 年从美国哈佛大学文理研究生院经济系获得博士学位后，抱着报效祖国的炽热之情回到战火连天的祖国。1946 年起任北京大学教授。在北京大学，陈振汉讲授“比较经济制度”课程，介绍社会主义经济制度。1948 年年底，北平解放前夕，南京政府曾经派专机到北平接教授们南下。“在去留的大局上，陈振汉先生同北大法学院院长周炳琳和一些进步教授相约坚留北平。”[①]

萧乾，1939 年在英国伦敦大学东方学院任讲师，兼任《大公报》驻英记者。第二次世界大战期间是中国唯一的欧洲战地记者。1946 年，由伦敦回到上海《大公报》任职。1948 年，赴香港《大公报》任职。1949 年年初，站在人生十字路口的萧乾“作出了决定自己和一家命运的选择”。其时，英国剑桥大学欲成立中文系，希望聘请萧乾赴剑桥讲授中国现代文学。剑桥大学专程派萧乾在剑桥的故友何伦教授前来香港邀请。何伦教授从公私立场出发，三请萧乾。经过思考后，萧乾依然于 1949 年 8 月，带着家人回到北京。1979 年，萧乾回忆说：“这的确是不平静也是不平凡的三十年。在最绝望的时刻，我从来没有后悔过自己在生命那个大十字路口上所迈的方向。”[②]

---

① 陈振汉：《步履集》，北京大学出版社 2005 年版，第 412 页。

② 萧乾：《往事三瞥》，江苏文艺出版社 2010 年版，第 39—41 页。

第二节　知识界社会主义思潮分化与再选择的原因

如前所述，从 1948 年下半年开始，尤其到了 1948 年年底，这股存在于知识分子中的社会主义思潮逐渐归于平息，科学社会主义成为相当一部分知识分子的主动选择。应该是国际国内局势的变化推动着知识分子在历史和人生的十字路口作出这样的选择。

一　英法社会主义道路试验的困境

如前文所述，40 年代中后期知识分子的社会主义思潮的兴起与欧洲，尤其是英法等国的社会主义潮流是密切联系的。因此，英、法各国社会主义试验的进程将直接影响着他们对西欧社会主义道路的评价，也影响着他们在社会主义的苏联模式与西欧模式之间的取舍。

在许多知识分子看来，战后英国工党的执政就是一场费边社会主义的“试验”。他们关于这种费边式的社会主义的一些悬疑就等待着英国工党的试验来解开。

一向对英国工党及其道路颇有好感的费孝通就曾明确表达了上述认识。1947 年 10 月，英国工党之父韦伯（Sidney Webb）辞世。费孝通在悼念韦伯的长文中提到，“费边是古罗马名将，他采用迁延战术击败汉叶堡。这字（引者注：指“费边”）因之用来指缓进主义。韦伯夫妇采用此名来称他们的学社，表示他们所主张的是：慢慢的，用正常的民主政治的方式，争取国会里的名额，去实现社会主义的立法。这方法比了马克思所主张革命的方式是缓进的，是迁延的，所以是费边的”。对于韦伯提出的这种“费边式”的实现社会主义的理想，费孝通给予了高度的评价，认为这种方式，“缓冲了现代工业所带来的阶级争斗”，“铸下了个人主义与社会主义的桥梁”，“豁免了英国，可能是全世界，一次左右壁垒分野所会引起的流血悲剧”。但是，值得注意的是，尽管费孝通对费边社会主义颇多溢美之词，但对于激进社会主义者关于费边社会主义的质疑，费孝通并没有直接否定。“激进的社会主义认为这种‘费边’是条盲巷。因为他们认为民主政治只有在对于特权阶级有利时代方能存在，如果这方式会威胁他们的特权时，他们立刻会取消这方式，不等到你能用这方式去打击他们时，这方式本身已经不见了。”对于这种看法，费孝通认为“这种说法是有相当根据的”。但是，英国的费边主义者认为避免“暴力”是可能的，他们认为“英国是有这一点聪明的”。英国工党1945年的执政在韦伯看来是费边社会主义的“成功”，而费孝通尽管认之为“一个值得宝贵的理想”，但依然心怀疑虑，因为他认为“谁也说不定英国是否能保住这革命不流血的记录”。①

黎秀石也认为英国工党的执政是一种费边社会主义的“试验”。他指出：“就世界来说，英国的蜕变是近代文化一种空前的试验。马克斯（思）断定说，资本主义的尽头是阶级斗争、流血、革命。最后，唯有共产主义能拯救资本主义下的世界。列宁们根据这种理论，实施苏联庞大的试验。新大陆的移民却爱好资本主义。他们在‘私人企业’和‘自由竞争’两大原则下建立了纯粹资本主义式的美国。英国的费边学会却在共产主义与资本主义之间需求一条中道，他们想用不流血的方式改革资本主义的弊端，建设一个有饭大家吃的社会。英国工党今天正在试验这种理想。”②

那么，1945年执政的英国工党的试验结果如何？它是否保住了这“革命不流血的记录”？在40年代中后期知识分子的眼中，这个答案显然是否定的。其最明显的表现就是英国在国内巨大的经济压力之下，迫于美国“金元外交”的压力，在政治上右转，实际上也为社会主义的国内及国际理想的实现设置了重重障碍。

由于第二次世界大战中英国的损失特别巨大，第二次世界大战后美国停止了对英国的租借法案，英国立即陷入了严重的危机。主要表

① 费孝通：《悼锡德兰·韦伯先生》，《大公报》1947年11月10、12日。
② 黎秀石：《蜕变中的英国》，《大公报》1947年2月22日。

现为：（一）国际贸易入不敷出；（二）国内生产供不应求；（三）全国人力缺乏，不敷经济复原。为解决危机，英国政府寻求美国的援助。1946 年美国迫于中苏关系的压力，同意给英国三十七亿五千万美元的贷款。但在美国“金元外交”的压力下，英国政府作出了许多妥协，如放弃统制贸易及帝国优惠关税制度，取消英镑区域内之美元统制办法，举行国际贸易就业会议以促进多边贸易之实现，美国还取得工党政府的默许，在改革经济制度及实行其社会政策时，不采取过激手段，以免危及资本主义在美国的生存。美国的掣肘使英国工党的社会主义政策更加难以执行。有学者认为尽管英国工党政府两年来“曾收英格兰银行为国有，改煤矿及钢铁等企业为国营等”，“但我们相信，如果没有美国的掣肘，工党政府可能有更多的改革与建树”。[①] 而“艾德礼政府整个经济改革政策的妥协性和脆弱性”反过来对于英国经济困难的迁延“也不能辞其咎”。[②] 到 1947 年美援贷款即将用罄，而英国的经济依然深陷危机。尽管巨额贷款已经背离初衷地主要用于粮食及原料的输入，但战后两年英国始终没能恢复平时的生活水平。对此，黎秀石评论说：“英国的蜕变却不一定成功，经济问题是她成功的关键……艾德礼如果不能引导英国从战时的困难回到平时的富足，工党这种社会主义的计划都要成画饼。在英国，经济是政治的骨干，今日英国的经济却发生很严重的问题。”[③]

与英国相似，战后的法国由于劳动力、能源以及财政等问题，也陷入严重的经济困难。比英国更不顺利的是，虽然战后法国人民强烈希望清算独占势力，将大规模企业收归国有。但由于法国战后形成的是一个混合的内阁，在民主势力与反民主势力的消长对峙中，大企业国有化计划难以顺利推进。

无论是英国或法国，在战后都面临着两条路。一条是如工党领袖拉斯基所言的“艰苦的路径”。就是拒绝任何附属政治条件的援助，

---

① 石裕泰：《外缘政治与中国经济改革》，《大公报》1947 年 5 月 3 日。

② 费正：《英国经济危机的剖视》，《时与文》1947 年第 2 卷第 1 期。

③ 黎秀石：《蜕变中的英国》，《大公报》1947 年 2 月 22 日。

完全依靠欧洲自己的力量，经过艰苦的过程解决问题，实现社会主义理想。但拉斯基也指出，这意味着“欧洲将经过一世代的生活苦痛，引起内战的可能，而慢慢的从黑暗走向光明”[①]。另一条是比较简便的路，那就是继续接受外国的经济援助，尤其是“美援”，但要取得“美援”，就必须在政治经济上继续右转。

在这样的十字路口，作为旁观者的中国知识分子，实际上心存担忧。《大公报》记者黎秀石就指出，英国工党的路线要求在经济上不依附美国，不再举债；在外交上不作左右袒，在美苏之间追求一条中路。“为全世界和平着想，我们自然同情英工党左翼的理想，调和美苏间的冲突，使这个世界不致被划分为两个互相仇视的集团。不过，英国战后这样穷，而美钞的引诱性又那么大，社会主义的英国能否像中国古人穷且益坚，不出卖理想，倒是一个问题。”[②]

1947 年 6 月 5 日，马歇尔在哈佛大学发表演说，声明美国愿意援助欧洲的经济复兴，6 月 12 日又在记者招待会上重申这一计划。对于美国的援助计划，西欧、北欧各国皆表示欢迎，而英、法两国态度尤为明显坚定。19 日，英国外长贝文在下院报告称：“吾人认为马歇尔之计划，乃欧洲之极大机会，英国政府将不放过此一机会，并将迅速有所行动，集中一切力量，竭力进行。”[③]

对于英国工党政府的决定，费边社会主义的理论家拉斯基表达了强烈的反对。他认为英国即使选择“艰苦的途径”也不能接受马歇尔计划。因为马歇尔计划附有资本主义的条件，而欧洲的社会主义前途需要统一的经济，“这一统一所需要的任何条件都不是资本主义所能容许的”。况且，它还可能导致欧洲的内战和世界的大战。如果工党政府“畏难而退”，接受马歇尔计划，“那将是一种懦怯的行为”。[④]

---

① 拉斯基：《这是欧洲的末日？——一位社会主义者对美援的看法》，《大公报》1947 年 12 月 17、18 日。

② 黎秀石：《英国往左看》，《大公报》1947 年 5 月 26 日。

③ 志徐：《马歇尔经济援欧计划》，《世纪评论》1947 年第 2 卷第 1 期。

④ 拉斯基：《这是欧洲的末日？——一位社会主义者对美援的看法》，《大公报》1947 年 12 月 17、18 日。

而英国工党执政以来的内政、外交问题，留给中国知识分子的是对英国工党的费边社会主义前途的质疑。1948 年 5 月 24 日，《大公报》即以《困惑中的英国工党》为题发表了一篇社评，指出三年前人们对工党“怀有一种喜悦期待的心情”，因为人们希望以英国为试验场，“发见经济上资本主义怎样过渡到社会主义的境地，并可以知道政治上立法程序能否代替流血，作为达成全面革命的手段”。而三年后，英国工党却不得不面对这样的困境：接受“美援”，说明“以根除资本主义罪孽为职志的社会主义，其本身却还需要资本主义大本营的美国来支援接济”。与此同时，工党在过去的一年中，“在全国补选及地方选举上惨败于保守党”，《大公报》据此认为“隐在这些枝节问题里的，却是工党往哪里走？民主社会主义往哪里走？”①

二 国民党统治下被挤压的实现空间

如果说英国三年来的社会主义实践已经让中国知识分子的失望之情溢于言表，那么，国民党统治下的中国，能否为实现一部分知识分子心目中的社会主义理想，即不流血的经济平等和政治民主提供条件或可能呢？答案依然是否定的。

1. 国民党统治下“发达国家资本”的名与实

如前文所述，尽管对公有制的形式和实现程度存在争论，但大多数知识分子认同社会主义应该实行生产资料的公有制，至少应该是重要产业或资源收归国有。这与孙中山所倡导的三民主义中的民生主义所追求的“节制私人资本”“发达国家资本”在目标上是趋同的。并且孙中山也认为民生主义就是社会主义。正是基于这样一种历史和理论渊源，在一些知识分子看来，借助国民党的力量和平实现社会主义并非毫无理论依据。因此，知识分子对以孙中山衣钵传人自居的国民党政府在“发达国家资本”问题上的真实态度的观感，维系着他们在国民党治下实现社会主义目标的信心。

① 社评：《困惑中的英国工党》，《大公报》1948 年 5 月 24 日。

对于在中国实现以生产资料公有为特征的社会主义经济制度，有学者认为本应该比英国工党执行它的社会主义政策要容易得多。因为“英国工党今日推行的政策，正是中山先生民生主义所早说过的”。在中国，“有些工矿事业是已国营了，铁道运输向来就没有民营过，英国是在旧建筑的基地上起新房子，所以阻力必定特别大，而我们则是在平地上建新屋，本是水到渠成的事”。但是，“英国在一天天的向社会主义的大道迈进，我们却连民生主义的影子也还看不到，这中间的成败得失，绝不能委于环境的困难，而实由于人谋之不藏”。[①]

何谓“人谋之不藏”？总体来说，当时国民党政府颇受知识分子质疑的政策有两项：其一，是部分国营企业私营化；其二，是中交农三大银行官商合营。

1947 年 2 月，国民政府推出《经济紧急措施方案》，规定将要把“中国纺织建设公司”等十几家国营企业配售民营。其中，“中国纺织建设公司”是所有国营企业中盈利最好的一家，“每月约盈余一百余亿元”。[②] 对此，《主流》社成员强烈抗议政府的这一举措。1947 年 5 月 24 日开幕的第四届国民参政会第三次会议上，罗梦册提出“请政府恪遵基本国策，立即停止出售国营事业，并将日本赔偿物资置诸国营基础之上，逐渐奠定国民经济平等案”。该议案在审查会中经过几度激烈辩论后，由参政会原案通过，并决议送请政府斟酌办理。但实际上国民党出售国营事业的步伐并没有停止。《主流》社成员欧阳澄为此除了继续从理论上进行抗议，认为这是“违反世界潮流，忽视中国需要，违背基本国策，与不顾经济发展趋势的一项行为”外，进一步指出政府着意出售国有企业，名义上是为增加财政收入，实则是“豪”“富”对优质资源的“分赃分肥”：

所谓出售“民营”也者，更是欺人之谈，当此民穷财尽之

① 志徐：《英国工党的产业国营计划》，《世纪评论》1947 年第 1 卷第 10 期。

② 伍启元：《当前中国财政的分析》，《大公报》1946 年 11 月 3 日。

时，善良而贫困的人民，求生不得，何来巨款，从事购买，势必落于极少数“豪”“富”之手，坐使富者愈富，贫者愈贫，“国”“民”两受其害。①

1947 年 2 月的《经济紧急措施方案》后，由于国有企业的具体出售方案实际上迟迟未出，中纺等没有被立即出售。但到了 1948 年 8 月，翁文灏内阁的经济改革中，中国纺织建设公司、台湾糖业公司、天津造纸纸浆公司等五家国内影响力最大的国有企业还是没有避免出售民营的命运。

与《主流》社同仁不满国民党政府出售国有大型轻工业企业不同，引起《新路》学人不满的是国民党政府对所谓“国有银行”的中国、交通、农民三大银行的官商合办政策。

如前文所述，《新路》学人对几个基本问题的三十二条基本主张之一，即为“金融事业，应由国家经营”。之所以有此主张，是因为他们认为国有银行应该是“非营利性的”，其作用一方面在于“供给公有事业所必需的长短期资金，使公有企业能在取得政府补贴以前，使产量扩充到边际成本与价格相等的数量”。另一方面在于对那些有发展需要，但“商业行庄所不愿供给资金的私有工商业，予以支持”。正因为国有银行的业务都不是以营利为目的的，所以“国有银行招收商股并无意义”。②

但国民党政府所谓的四大国有银行，除了中央银行外，实际上都掺杂着商股。而掺杂了商股的所谓“国有银行”，不仅无法起到国有银行应有的作用，而且投机囤积，操纵物价，破坏经济。《新路》学人刘大中直言不讳：“我国经济今日搞到这般田地，战争是第一罪人，贪污无能的文武官吏是第二罪人，政府滥发纸币的政策是第三罪人，银行业是第四罪人。”③

---

① 欧阳澄：《我们抗议国营事业之出卖》，《主流》1947 年第 7 号。
② 刘大中：《应行收归国有》，《新路》1948 年第 1 卷第 19 期。
③ 刘大中：《应行收归国有》，《新路》1948 年第 1 卷第 19 期。

“国有银行”掺杂商股的构成，是推诿责任，谋取私利的最好方法。因为，“对政府说起来，官派董事不能完全作主，因为有商股董事；对于小股东说起来，商股董事更不能作主，因为有官派董事”①。对于这种情况，国民党政府实际上洞若观火，却一直纵容，甚至是极力维持。其中原因也是最受诟病的，因为所谓“商股”，有一部分实际是被一些党政军的个人或组织所持有的。

《新路》学人刘大中的这些批评实际上是为许多人所公认的。1948 年 7 月，就有立法会议员王力航等 294 人联名提议要求收购中、交、农三家银行的商股。王力航还出具一份《论中中交农》的书面报告，其中开列了四大银行的官股、商股董监构成，并尖锐批评道：“官商股董的身份，最难明白，登台是官股董监，下台是商股董监，在甲行是官股董监，在乙行是商股董监，而商股董监中，又不乏一品当朝之士。”② 以下摘录王力航所开列的名单（见表 4 – 2），从中可知事实确如学者所批评的那样，官商不分，公私无别。比如，以“官员”身份出现的中央银行理事宋子文、孔祥熙、张嘉璈、陈辉德四人，同时确实又以“商人”的身份出现于中国银行的商股董事中。

表 4 – 2　　**四大银行官股、商股董监名单**

中央银行	
理事	张嘉璈、孔祥熙、宋子文、陈行、徐堪、陈辉德、钱永铭、宗子良、张群、李国钦、王宠惠、朱家骅
监事	李铭、徐陈冕、熊式辉、顾翊群、戴铭礼、谢铭动
中国银行	
官股董事	徐堪、郭锦坤、吴忠信、吴鼎昌、徐青甫、李傥、钱永铭、戢翼翔、席德懋、王晓籁、霍宝树、陈力
官股监事	俞鸿均、周雍能、严庄、王延松、赵季言
商股董事	宋汉良、宋子文、孔祥熙、贝祖贻、莫德惠、张嘉璈、金润泉、卞寿生、李铭、陈辉德、杜镛、徐寄庼

① 刘大中：《应行收归国有》，《新路》1948 年第 1 卷第 19 期。

② 文抄公：《中国官僚资本的一张清单》，《时与文》1948 年第 3 卷第 22 期。

续表

中国银行	
商股监事	刘攻芸、卢鑑泉、尹任先
交通银行	
官股董事	俞鸿均、宋子良、王正廷、李叔明、刘泗英、戴铭礼、谭伯羽、卢作孚、浦拯东、徐鸿宾、陈威、程觉民、汤钜
官股监事	何浩若、徐中襄、简贯三、梁颖文、刘攻芸
商股董事	钱永铭、赵棣华、周佩箴、李铭、杜镛、陈果夫、钟锷、王承祖、吴鼎昌、徐堪、陈辉德、梁定蓟
商股监察	徐柏园、吕咸、温襄忱、贾士毅
中国农民银行	
官股董事	李叔明、吴铁城、张厉生、顾翊群、甘乃光、狄膺、戴安国、徐桴、刘攻芸、梁敬錞
官股监察	钱天鹤、沈宗濂、贾士毅、陈延祚、沈亦有
商股董事	陈果夫、周佩箴、徐柏园、刘咏尧、徐青甫、萧铮、毛秉礼、萧赞育、赵志尧、竺芝珊、程远帆
商股监察	徐堪、李基鸿、孟昭鑽

但是即便是如此混乱且引起众怒的“国有银行”体系，在1948年8月翁文灏内阁号称欲挽大厦于将倾的经济改革组合拳中依然未加以整肃和改组，这被《新路》学人刘大中批评为“最令人失望的一点”①。

在《新路》中有学者是这么评论国民党“发达国家资本”的名与实的：

> 现政府本来也有一个漂亮的口号，就是“节制资本”，其结果却相反的产生了一种簇新的豪门资本。这个全国所痛恨的豪门资本，在都市中联络着买办资本，官僚资本，土地资本，市侩资本，投机资本，专做囤积，走私的勾当，发国难财，发“戡乱”财，弄得都市中与乡村中的小民，生活不但无法安定，而且成群结队的跌入贫穷困苦的深渊，弄得家破人亡，怨声载道。最痛心

① 刘大中：《应行收归国有》，《新路》1948年第1卷第19期。

的，是现在的政府，对于豪门资本，不但不去动他一根毫毛，而把一切行政的负担，用滥发纸币的办法，一起都转放在穷苦的老百姓身上！①

2. 国民党统治下“还政于民”的名与实

前文曾经提及，在40年代中后期的知识分子中大多数认为社会主义与政治民主是应该可以兼容的。他们当中有相当一部分对西方政治模式颇有好感。而国民党政府自抗战时起就声称要“还政于民”，抗战胜利后更是马不停蹄地“制宪”“行宪”。应该说，知识分子中一些人对于国民党的“制宪”“行宪”本是有所期待的。

其一，期待“制宪”“行宪”能有助于实现经济平等。

对英国工党道路颇有好感的《大公报》记者顾毓琇在国民党的“制宪”国大召开之前在伦敦与一群友人畅谈中国问题。当谈及中国农村的土地改革问题时，外国朋友认为不管毛泽东的方案好或坏，但总有一个具体的方案在执行。这一点比国民党漠视农村问题要强。但顾毓琇并不认同这种观点。随后外国朋友追问有没有更好的方案时，顾毓琇提出了一个以政府代偿部分地价，使佃农自耕农化，同时兼顾佃农与地主利益的土地改革设想。而当英国朋友“相当承认我的办法”，并且追问“你这个办法什么时候实行？”的时候，顾毓琇很乐观地告诉心急的英国朋友说：“明天十一月一日我就坐飞机回国去参加十一月十二日召开的国民大会，中华民国的宪法就要产生了。”②由此可见，顾毓琇对于借助“制宪”“行宪”实现经济平等的殷切期望。

其二，期待以“制宪”“行宪”来保障民主自由的权利。

1947年3月15日，中国国民党三中全会在南京开幕。这次会议是国民党为结束训政实施宪政的准备会议。在此特殊时期，《世纪评

① 历寒：《无改善的希望》，《新路》1948年第1卷第9期。

② 顾毓琇：《伦敦一夕谈——论中国农村改革》，《世纪评论》1947年第1卷第21期。

论》社发表社评，希望政府守法，做实施宪政的表率。在此，《世纪评论》社特别强调宪政下人民的言论自由问题。认为当前“各地报纸往往因言论得罪政府的某一部门，而受封闭或停刊的处分”，① 这是政府不守法、违反宪政精神的表现。

其三，期待以“制宪”“行宪”为手段掌握政权实现社会主义理想。

这一期望在《主流》社表现得特别明显。如前所述，《主流》社是以中国的费边社自居的。当有积极响应者询问该如何实现《主流》社倡导的民主自由社会主义理想的时候，《主流》社描述了一个实践路径：

> 首先做学术思想的阐发，现实政治之批判，世界大势之检讨进而深入农村与工厂，以民主自由社会主义的思想与主张来启迪并凝结哀苦无告的广大的“劳农”与“劳工”。待到三劳的阵线结成了，一支以“劳文”为领导的坚强庞大莫之能御的三劳革命力量，或有似于今日英国费边社之创造工党，即可促使一个政治民主、经济平等、思想自由之个人尊严与社会利益相辅相成的新社会之早日到来。②

按照《主流》社的这一规划，其社会主义理想的成败实系于中国是否有一个英美政治模式的平台可以让其经过长期酝酿孵化而出的“中国工党”脱颖而出。

那么，由国民党政府推动的“制宪”“行宪”能否成为这些社会主义者实现其理想的可乘东风呢？

（1）国民党推动的“制宪”“行宪”是否真能代表民意实现经济平等？

1946 年 1 月，政治协商会议达成五项协议。按政协协议的规定，

---

① 社论：《十字路上的国民党》，《世纪评论》1947 年第 1 卷第 12 期。

② 王任重：《中国民主自由社会主义革命之路》，《主流》1948 年第 17 号。

应在协议履行的基础上于1946年5月5日由各方共同召开国民大会，制定宪法。但是，1946年3月1日召开的国民党六届二中全会有意否定政协协定，国共之间在东北问题上的冲突也日益扩大。因此，原定于5月召开的国民大会被延期。但1946年7月3日，国民党单方面决定于11月12日召开国民大会，并于7月4日向社会公布这一决定。为此，中国共产党和民盟均表示不参加这样违反政协决议的非法国民大会。1946年11月15日，国民大会在比原定日期推迟三天后在南京揭幕。对于这样的国大，不少知识分子质疑它的代表性以及它通过的宪法的代表性。

前述对国民党颇多宽容态度的萧公权认为"不合于政协标准的宪法比根本没有宪法好些"，因此，在召开国大制定宪法问题上，自然更多地替国民党辩护。但即便如此，他也不能否认国大会议在代表性方面存在的问题："按照政协议决的国民大会案，区域及职业代表之外，应增加党派及社会贤达代表七百名。但到了国民大会开会时，中国共产党，民主同盟和民主社会党的一部分，因为种种原因而拒绝提名或出席。结果在应有的二千零五十代表名额当中，仅有一千四百八十五人出席于通过宪法的全体大会。"① 对此，萧公权并不否认国大不符合政协的标准，只是希望各方能以容忍、互让、妥协的精神加以接受，以保障宪法的实施。

萧公权只是指出了制宪国大的代表人数的问题，严仁赓则由此进一步指出了由缺乏代表性的代表们制定的"宪法"的代表性问题。严仁赓认为制宪国大的代表们不能代表占人口绝大多数的工农大众：

> 代表人选，包括在位的军政大官，在朝在野的党人，若干退隐身闲的政客，事业上声望上已经成功立脚的名流，地方上缙绅商贾地主士大夫阶级的人物等等。这一群人，通通是所谓社会的

① 萧公权：《宪法与政协原则的异同——宪法浅评之二》，《世纪评论》1947年第1卷第13期。

‘上层’，一多半都是一人之下万人之上可以左右别人的一批有权势的人。说句过份点，不怕挨人家骂的话，内中尚不乏向来以吸吮人民膏血为业的贪官污吏土豪劣绅，混迹其间。说到经济利益，他们的和人民大众的，是对立冲突而不是相与相公的。可是他们却命为人民的代表。他们除去可以代表自己一个人以外，也许勉强能够代表这同阶层里几个不同的部分，倒是与人口百分之八九十的农工们无干。[①]

既然代表们与农工相去甚远，那么宪法中的经济制度自然也难以反映人民的诉求。翻遍宪法，在世难有匹敌的“超号的累退税制”的现实条件下，宪法却连“人民对于国家支出之负担，应本能力标准，以累进为原则”的规定都不敢来一个哪怕是文字上的“小革命”，以正视听。严仁赓对此辛辣地批评：“莫不是草宪的人，早就想给发了人民财的大官小官，腰缠万贯的大商大贾，预先留出一个躲风避雨的地方？”[②]

（2）“制宪”“行宪”之下自由民主是否得到保障？

如前文所述，知识分子希望通过国民党的“制宪”“行宪”来保障民主与自由，但在国民党的实际行动中，知识分子却对能否保有他们的民主理想逐渐由疑虑走向了失望与绝望。

1947 年 2 月，国民党声称逐步结束“训政”，开始“宪政”的过渡时期。2 月 28 日，国民党首都卫戍司令部以中共人员“在各处散播谣言，鼓动变乱”为由限令京沪渝三地中共人员于 3 月 5 日以前撤退延安，否则不再负保护的责任。随着中共人员的撤退，知识分子也“直觉的感到一种精神威胁的迫临”，但他们暂时还不能确认“这种感觉究竟是虚幻的还是实在的”。有学者认为“如果说凡是批评政府或在言论上不满政府的，都算是‘散播谣言’，而在宪法范围内的集

---

① 严仁赓：《评宪法之基本经济国策》，《世纪评论》1947 年第 1 卷第 5 期。
② 严仁赓：《评宪法之基本经济国策》，《世纪评论》1947 年第 1 卷第 5 期。

会结社都算是‘鼓励变乱’，那末在民主份子和自由思想的人士说，这种威胁的预感可以说是实在的”。而“如果只限于积极的推翻政府的行动，这种威胁的预感便可以说是虚幻的”。[①] 但随后，尽管国民政府逐步开始“行宪”，知识分子所期望的民主自由却越行越远，他们的预感也一再被证实为真实的。

1947 年“五二〇”事件中，包括樊弘、赵迺抟、马大猷、吴恩裕、陈振汉、吴景超、费孝通、刘大中等在内的北大、清华的 102 名教授就联名忠告政府要尊重民主与宪法：“政治败坏之责任本在政府而不在学生，学生由苦闷积愤而发生之呼吁及运动，只能善导而不应高压。……今竟纵任暴徒凶殴，动员警宪逮捕，喋血于都市，逞威于青年，并进而禁止请愿，封闭报馆，自乱法纪，自毁道德，民主何有？宪法云何？”[②]

1947 年 10 月，国民党以“勾结共匪、参加叛乱”为由宣布民盟为非法团体。戴世光、樊弘、陈振汉等北大、清华、燕京三校的 48 名教授联名发文表示抗议。抗议文章直指国民党政府排除异己，践踏民主自由。文章指出政府宣布民盟为非法团体，“在民主时代的今天，尤其在政府宣称积极行宪的前夕，这不能不说是一件出人意外的事。……政府如简截了当明白宣告不复实行民主宪政，我们即无一句话可说。政府既尚宣称维护民权保障自由，则我们还愿意郑重进其忠言：对于一个持异见的在野政团如民盟者横加压迫，强加摧残，这是不民主、不合理、而且不智的举动”[③]。

1947 年 12 月 25 日，国民政府宣布开始“行宪”，但对舆论的控制在此之后却愈演愈烈。仅见诸报端的就有：1948 年 1 月，《世纪评论》被杭州地方当局局部查禁；1948 年 3 月，《观察》主编储安平被上海市新闻处邀谈；1948 年 4 月，《国讯周刊》被勒令停刊；附登于

① 志徐：《中共人员撤退以后》，《世纪评论》1947 年第 1 卷第 11 期。

② 北大清华 102 名教授：《北大清华教授宣言》，《大公报》1947 年 5 月 30 日。

③ 北大清华燕京 48 名教授：《我们对于政府压迫民盟的看法》，《观察》1947 年第 3 卷第 11 期。

《大公报》上的南开大学经济研究所办的《经济周刊》刊登的《孙中山与马克思》一文被禁登；1948 年 5 月，《太平洋》杂志被勒令停刊；1948 年 7 月，南京《新民日报》与《新民晚报》被勒令停刊；1948 年 9 月，《时与文》被勒令停刊；1948 年 12 月，《观察》《新路》被勒令停刊。如果说“五二〇”事件、民盟解散事件已经打击了“制宪”“行宪”对国民党宪政的信心，他们失望但还不绝望，因此还愿意向国民政府进“忠告”或表“抗议”。但随着越演越烈的言论检查与控制，知识分子已经对国民政府的民主意愿完全不抱任何期望，也不愿意再进“诤言”了。储安平即是一个典型的例子。1948 年 7 月，盛传政府将查封《观察》周刊，储安平一反常态，愤怒但极其消沉地表示：“我们愿意坦白说一句话，政府虽然怕我们批评，而事实上，我们现在则连批评这个政府的兴趣也没有了。即以本刊而论，近数月来，我们已很少刊载剧烈批评政府的文字，因为大家都已十分消沉，还有什么话可说？说了又有什么用处？”[①]

（3）党派竞选是否真实？

如果说 1946 年 12 月国民党制定的宪法缺乏代表性，但一些知识分子主张宽容，前述萧公权即是典型。但萧公权对宪法问题的宽容，只是希望能够换取宪政真正有效地施行。因此他主张：“我们不必在这时候断断于宪法真伪的争辩。我们只有从实行的效果来做最后的判决——能行的就是真宪，无效的就是伪宪。”[②] 1947 年 12 月 25 日，国民政府宣布开始“行宪”。1948 年 3 月，“行宪”国大开幕，选举中华民国正、副总统。在连天的烽火中，在国内唯一能与国民党抗衡的中国共产党因“戡乱”被排除在选举之外之时办选举，知识分子并没有给这次选举过高的期望，如有评论认为“这次大选在未举行之前，其结果已在既定之数”[③]，有学者认为“就是办了选举，仍然是烽火遍地，物价飞涨，流离失所，求生无门的，那末所谓选举者，在

① 储安平：《政府利刃 · 指向〈观察〉》，《观察》1948 年第 4 卷第 20 期。

② 萧公权：《行宪的准备——宪法评议之三》，《世纪评论》1947 年第 1 卷第 16 期。

③ 社论：《大选与国民党》，《世纪评论》1947 年第 2 卷第 16 期。

人民眼里不过只是一种高贵的点缀而已”[1]。尽管如此，学者还是期望着“行宪”后的政府会是一个“牢守宪法”[2]的政府，在选举与罢免、在行政与司法、在党政关系方面应该有点不同，期望哪怕是国民党内，“真正优秀的份子有被选的可能”[3]。但随后的事实却一再证明着国民党推动宪政的虚伪性。

其一，荒唐的党派提名。在1948年3月的大选中，民社党、青年党明显处于陪衬但又不可或缺的地位。据上海《大公报》报道，民青两党为此要求国民党要保证其候选人的名额，否则将退出竞选。而国民党则表示民社党所要求的名额过多，如能减少一些，“对于答应之名额保证可以选出”。党派候选人名额何以能够“保证”？国民党何以能够保证所答应的名额的“选出”？这一系列违反民主选举精神的问题使有学者质疑“如果国民党意志也就正是选民的意志，那么办理大选这笔冤枉钱，也真该节省下来不必多此一举了”。不过，“由此我们更可看出大选的真正面目和今天政治的根本性质”。[4]

其二，副总统选举闹剧。1948年4月19日，“行宪”国大开始副总统选举。经过第一轮、第二轮的副总统选举，候选人仅剩同属国民党的李宗仁、孙科、程潜三人，李宗仁领先。而在第三轮选举之前，三位候选人突然都宣布退出选举。事因蒋桂积怨，蒋介石不希望李宗仁当选，于是召见程潜，希望其退出选举，并将选票转让于孙科。程潜拒绝了蒋介石转让选票的要求，但于4月24日晚愤而宣布“本人已受命放弃继续竞选副总统”。4月25日凌晨，李宗仁以“发觉有人以党之名义压迫统制，使各代表无法行使其自由投票之职权”为由，也宣布放弃竞选。随后，4月25日上午，孙科则以“消弭猜忌纷争”为由声明放弃竞选。一时间，副总统选举形成了无候选人的局面，舆论哗然。蒋介石不得以作出让步，重申“自由竞争”的原

---

① 志徐：《国民大会开幕》，《世纪评论》1948年第3卷第14期。
② 志徐：《国民大会开幕》，《世纪评论》1948年第3卷第14期。
③ 社论：《大选与国民党》，《世纪评论》1947年第2卷第16期。
④ 志徐：《党派提名与大选》，《世纪评论》1947年第2卷第17期。

则，并派人“疏通劝慰”。三人随后重新参选，4 月 29 日李宗仁以微弱优势胜出，副总统选举闹剧落幕。但这一出闹剧清晰演绎出了民主政治在国民党组织力量面前的孱弱。正如记者志徐所评论的：“这是一个试验，我们对于所谓组织运用的力量，于此可以得到一个新的估价。”①

其三，张群拟掌行政院。“行宪”国大之前，张群为国民政府行政院院长。“行宪”国大后，蒋介石有意继续提名张群为行政院院长，因未在立法院通过而受挫。蒋介石被迫启用翁文灏内阁。1948 年 11 月，翁文灏内阁因金融改革失败辞职。蒋介石再次提名张群组阁。为保证提名成功，蒋介石“面告陈立夫吴铁城等须分劝立法院各同人一致投同意票”。而张群也对采访的《世界日报》记者就组阁一事表态：“时局艰危，任何人皆知其困难太多，但若畏难逃避，见死不救，则又不仅对不住总统，也对不住国人。”

《新路》杂志因这一系列的人事安排和“尽忠”表态，发表评论说由此“可以明瞭南京政府圈里的‘世道人心’”，并极其失望地讽刺“伪装的宪政直截了当把它踢开吧。踢开之后，一切名符其实的向总统负责，回复到蒋总司令时代之安排”。②

对于国民党推动的“制宪”“行宪”的名与实，记者志徐作了一个生动的比喻：

> 我们的民主宪政，好像是一个十八世纪的乡下姑娘硬要穿戴起二十世纪最新的服饰，远看很摩登，近看四不像，处处学洋化，举手抬脚就会露出破绽来。结果是既没有学到摩登，也失去了朴实的本色。③

对此，《新路》的短评文章则毫不客气地质问：

---

① 志徐：《副总统选潮》，《世纪评论》1948 年第 3 卷第 18 期。
② 兢：《干脆重弹旧调，取消伪装的宪政吧！》，《新路》1948 年第 2 卷第 2 期。
③ 志徐：《副总统选潮》，《世纪评论》1948 年第 3 卷第 18 期。

真是真，假是假，要伪装干什么?①

3. 国民党治下知识分子极端艰难的个人生活

1947 年 2 月，《大公报》记者与梁漱溟进行的一次研讨式谈话中，曾问及梁漱溟对张东荪提出的“中国必须走上渐进的‘社会主义的民主主义’之途，同时强调士的阶级在肩负创造民主主义文化上的责任”这一观点的看法。梁漱溟认为这一问题须待他进一步研究后方能回答，但他强调“不能仅向士有所求而忽略了士所处的环境”。②在关于这一访谈的记录中，我们没能看到梁漱溟所说的“环境”的具体所指，但依事实观之，1948 年知识分子前所未有的艰难的个人生活环境与知识分子的社会主义思潮的分化与再选择有着密切的联系。

（1）艰难的个人生活冲淡了知识分子议政的热情

抗战胜利，国民政府的财政金融状况并没有因为抗战的胜利而得以改善。财政赤字居高不下，物价飞涨，货币贬值成为 20 世纪 40 年代中后期挥之不去的阴霾。与此相伴的是包括公教人员在内的人民的生活日趋恶化。

表 4－3　1937—1946 年昆明大学教授的薪津及津贴实值　（单位：元）

时间	1937 年上半年	1937 年下半年	1938 年上半年	1938 年下半年	1939 年上半年	1939 年下半年	1940 年上半年	1940 年下半年	1941 年上半年	1941 年下半年
薪津及津贴实值	350	249.5	260.8	178.5	109.7	63.8	42.4	37.1	27.3	32.6
时间	1942 年上半年	1942 年下半年	1943 年上半年	1943 年下半年	1944 年上半年	1944 年下半年	1945 年上半年	1945 年下半年	1946 年上半年	
薪津及津贴实值	16.5	9.9	10.6	8.3	10.0	10.7	10.9	18.5	27.3	

① 兢：《干脆重弹旧调，取消伪装的宪政吧!》，《新路》1948 年第 2 卷第 2 期。

② 敏之：《文化失调问题——记梁漱溟先生一席话》，《大公报》1947 年 2 月 10 日。

表4－3由北京大学杨西孟教授根据云南经济委员会设计处提供的生活费指数和西南联大中等薪金和四口之家的津贴标准计算。杨西孟提供这一数据本就旨在使其成为“目前和今后若干年代研究者的参考”。今天我们面对这一数据，不能不为大学教授战后生活的拮据惊叹。表中可见，昆明大学的教授在战后一年（1945年下半年至1946年上半年）的时间里实际上是用战前待遇的5%—8%来维持自己及家人的生活。如此低廉的收入如何维持日常的生活？用杨西孟的话说“经常的收入不足，只有消蚀资本，而最后的资本只有健康和生命了”①。

但尽管如此，教师们还是默默忍受了。正如1946年教师节《大公报》所发的社评所言：“老实说，这真超越了教师们的忍耐限度，可是毕竟默默地忍耐下去了！为什么？因为教师们不忘所负之庄严的责任。”②

但国民政府的财政金融状况的恶化并未以1946年为高潮。仅1947年上半年，就出现了两度物价暴涨，一是二月初的金潮，二是五月初的米潮，物价涨幅是抗战胜利以来所不曾出现的。到1947年的10月间，又出现了夏初涨峰以来气焰最凶的一次物价狂潮。涨风如火如荼，商店零售价码，甚至一天数易。1948年以后物价的涨幅更是直线飙升。

表4－4　　战后上海趸售物价指数统计③

1937年6月	1945年12月	1946年6月	1946年12月	1947年6月	1947年12月	1948年6月	1948年7月	1948年8月
1	885	3724	5713	29931	83796	884800	260600	4927000

由表4－4可见，与1946年6月相比，到1948年8月，短短的两

① 杨西孟：《九年来昆明大学教授的薪津及薪津实值》，《观察》1946年第1卷第3期。

② 社评：《教师节感言》，《大公报》1946年8月27日。

③ 张宪文：《中华民国史》（第四卷），南京大学出版社2013年版，第127—128页。

年时间里，物价指数上涨了1323倍。在1948年2月以前，南京、上海、北平、天津各地的公教人员还可以凭借政府的实物配售勉强度日。但1948年2月以后，上述各地的公教人员除了无价配给中等食米三斗外，原有的布、油、糖、盐、煤等的实物配售全部取消。1948年8月19日国民政府宣布实行限价，公教人员的薪金也被冻结。但“8·19限价”实际上没能遏制住物价暴涨，而公教人员的薪金却没有解冻，以致用冻结的薪金“一个小学教员只能买到一袋多面，一个大学教授只能买到两三袋面，甚至连这个都要有力气去‘挤购’才能得到”[①]。几乎无以为继的个人生活使北京大学82名教授于1948年10月24日停课罢教，其宣言声称为进行借贷，暂维生活，停教三天。《大公报》为此发表社评称：“饥寒的威胁，现实的冷酷，竟逼得向以‘宁可饿死而不离开工作岗位’自矢的教授们也不得不忍痛罢教。”[②] 事态的发展恰如《观察》主笔吴世昌所预言的，通货膨胀，物价飞涨“使一般智识份子把全部剩余精力消耗在油、盐、柴、米的琐事上，消耗在妻号儿啼的愁苦中，使他们抽不出时间和精力来严肃的考虑国家大事”[③]。

（2）饥饿与通货膨胀成为共产主义的土壤

饥饿与通货膨胀使知识分子顾不了斯文伸手向政府要饭吃，但真正让他们诟病和失望的是国民党政府在应对这一问题时的“豪门经济”特征。这一点在孜孜追求社会主义经济平等的知识分子的分析逻辑中体现得尤为清晰。

早在1946年，伍启元就批评了国民党政府在解决政府财政缺口名义下偏袒富裕阶层，有违经济公平原则的做法。他指出：“在现行财政情况下，政府不但在租税方面没有征课富人而且用通货膨胀（发行钞票）的办法，一方面强使中下阶层负担财政支出，一方面强夺中下阶层的财富与收入使转移到富裕阶级或既得利益集团的手上，并用

① 丁尘：《争温饱的浪潮》，《世纪评论》1948年第4卷第19期。

② 社评：《北大教授停教三天》，《大公报》1948年10月25日。

③ 吴世昌：《谁能替人民说话》，《观察》1946年第1卷第4期。

出售国有财产的办法一方面浪费了国家的资本，一方面把国有财产由国家转移到富裕阶层或既得利益集团的手上。”此时，吴启元就不无担忧地指出，时至今日，实现经济公平无论就世界潮流，抑或是中国国内的一般要求，都已经刻不容缓的，“问题只是这种改革是采取自动的或不流血的方式还是采取被动的与流血的方式。中国人能有不流血革命的智慧、能力与幸福吗?”①

面对政府的财政缺口，大多数学者都认同解决的办法不应该只是增发货币，还应该开征高额的累进税，即强迫要求富裕阶层作贡献。有学者就认为“因为财政开支的庞大便只有发钞，这句话也并不正确”。以 1947 年为例，政府公布的当年财政预算为九万三千亿，缺口为二万二千余亿元。但“试将此数（注：指当年财政预算九万三千亿）与政府控制区域的国民所得的约数相比。可见其所占成分是很小的（当在百分之十以下）。倘使富裕阶级负担国家财政开支的一小部分，则财政亏缺不难填补。何必发钞呢?”② 但在发钞与开征累进税之间，国民政府罔顾理论界的近乎一致的声音，却独独偏爱发钞。何故呢?

一向对马克思主义的阶级分析方法颇为认同的樊弘是这么解释这个问题的：“无非政府以征收累进税的方法来弥补政府的开支，其所征收的物质，大半系由富人负担。现在政府以发钞的方法弥补开支，其所征收的物质，是由贫民负担就是了。”与此同时，樊弘也毫不讳言地指出：“政府为了少数的奸商与官僚资本家的利益，而置大众的利益于不顾，至于一再丧失政府的威信，其结果非叫国民政府与以牟利为目的的官僚资本家阶级整个垮台不可。”③

1947 年 2 月，国民政府也曾讨论过“财产税”问题。以政府经济委员会的解释，是“因财产登记与户口调查均未办好”，所以迟迟未能实行。1947 年 8 月 22 日，全国经济委员会为“广征各方意见”，

---

① 伍启元：《当前中国财政的分析》，《大公报》1946 年 11 月 3 日。
② 杨西孟：《对于当前财政的看法》，《世纪评论》1947 年第 1 卷第 6 期。
③ 樊弘：《物价继涨下的经济问题》，《世纪评论》1947 年第 1 卷第 11 期。

召开座谈会“讨论征收财产捐问题”。记者志徐对此的评价是“凡是对当今政府还存有一线希望的人，或可有点兴奋。不过政府过去所做的诺言已嫌太多，实亦未敢希冀过切”[①]。事情后续进展还正如志徐所估计的，到1948年2月，“财产捐”已经转变为了“劝募”性质的“救济特捐”在北平落地，但十分之九的富人“拒绝纳捐”。《新路》特约记者如此描述政府在征收富人财产上的软弱：

> 老实说，从“税”到“捐”，从“征收”到“劝募”，这是颇失人心的。甚至提这么一个乐善施舍的救济捐，政府为了不敢得罪于巨室，也一再不敢作硬性的规定。而演成今日“自由认捐”的方式，且劝募起来，还是偷偷摸摸的。……连这么一个软柔的救济特捐，还不能彻底的实行，还谈什么收拾人心?[②]

但与国民政府对富裕阶层的软弱不同，1948年4月起，国民政府宣布开始“实行恢复课征公教人员所得税”。在举国上下一致要求改善财富分配的状况下，政府在抑制豪强方面未见表现，而偏偏向残弱之众先开了一刀。《大公报》为此发表社评，表示即使是轻轻的一刀，却也表现了政府“畏强欺弱的执政精神”。[③]

在国民党畏强欺弱的执政精神的引导下，通货膨胀越演越烈，饥饿在越来越多的包括知识分子在内的中下层人民中蔓延。比起那些温和的社会主义，“共产主义的幽灵”获得了更好的培植的土壤。1948年5月，北京大学经济学系主任赵迺抟写下了这样的文字：

> 马克斯（思）在一八四八年于其所撰的《共产党主义者的宣言》中开宗明义第一句就说：“现在有一个幽灵在欧洲大陆作祟，这就是共产主义的幽灵。”时隔百年，到了今年一九四八年欧亚

---

① 志徐：《政府拟议征收财产捐》，《世纪评论》1947年第2卷第9期。

② 特约记者：《“救济特捐”在北平》，《新路》1948年第1卷第8期。

③ 社评：《恢复课征公教人员薪资所得税》，《大公报》1948年5月22日。

大陆上的风云更显露出剑拔弩张的局势，推其原因，还是这个共产主义的幽灵在那里作祟。①

那么，是什么培植了共产主义的幽灵呢？赵迺抟接着写道：

共产主义或科学社会主义的基本观念，都是受正义的激发。平等的要求，几乎在任何时代都可以产生，尤其是在大多数民众的贫苦与少数人的富裕，形成了对比的时候，更为激烈。因此我个人以为共产主义的温床就是饥饿与通货膨胀。②

三　新民主主义理论与政策影响力的彰显

或者诚如储安平所说："今日国民党脑子里所想的是如何消灭共产党，然而他两只手所做的却无一不是在培植共产党，替共产党制造有利于共产党的政治形势。"③ 但事情的另一方面也不容忽视，知识分子最终对科学社会主义的默认或接受，应该不仅仅是单纯地被动地受国统区环境的推动，他们对中国共产党和解放区的观察、理解与某种认同奠定了他们最终选择的主观基础。以《观察》为例，1948 年，主编储安平对国民党治下的中国感觉"处此危局，几乎无政可论，无政足论；仰望长空，废笔三叹"④。而这一年，《观察》也前所未有地推出了一系列关于解放区的观察与报告，如：《解放区印象记——译自一月廿四日密勒氏评论报》（1948 年 1 月），《在菏泽解放区所见》（上、下）（1948 年 3 月），《在冀东共区所见》（1948 年 11 月），等等。从一定意义上说，这实际上反映了储安平新的观察与思考，这与其最后选择接受中国共产党领导的社会主义道路不能说没有联系。总

① 赵迺抟：《共产主义的温床：饥饿与通货膨胀》，《世纪评论》1948 年第 3 卷第 19 期。
② 赵迺抟：《共产主义的温床：饥饿与通货膨胀》，《世纪评论》1948 年第 3 卷第 19 期。
③ 储安平：《中国的政局》，《观察》1947 年第 2 卷第 2 期。
④ 储安平：《政治失常》，《观察》1948 年第 5 卷第 13 期。

体来看，中国共产党领导的解放区在以下几个问题上的理论与实际政策对知识分子的影响颇值得关注。

1. “耕者有其田”的理论与政策

1948 年，农村问题成为知识分子的一个舆论热点。以社会主义者自居的知识分子，如费孝通、吴景超、赵迺抟、徐毓枬、戴世光、陈振汉、周绶章等都围绕如何解决中国农村的土地问题发表了自己的看法。之所以如此，费孝通在开始他的系列论文之前的一番开场白，或许多少能够说明知识分子的心意所在：

> 破坏之动员未已，乡土复原的说法，竟带着讽刺的意味。可是话还得说回来，在一般人民对国事失望感慨之余，也没有比这个时候更需要彻底自觉，在恩怨之外，找出这空前变局的结节所在。宿疾求艾，即使不是什么急救灵丹，也是我们应当致力之处。[①]

从资料可见，这些探讨性的文章在具体方法上各有不同，但有一些基本的共同认识。

（1）肯定实现“耕者有其田”的必要性。《大公报》认为：“现时各地农村所以杌陧不安，也主要的就是因为有的有地不耕，有的要耕无地，有的地多耕不了，有的人多地不够，土地分配不匀而起。”[②]而且，当下的局势，农民迫切要求土地，已经到了不允许玩弄任何手段，非要快刀斩乱麻的时候了。周绶章认为无论谁来领导中国，“耕者有其田”都是必要的，“将来中国的政治局面，不管是一面倒，或是两面摆平，或是多角对称，都必然以实行土地改革，实行耕者有其田，来求平均社会财富，来求解决‘面包’问题，则是一个必然的

---

① 费孝通：《黎民不饥不寒的小康水准——乡土复员论之一》，《大公报》1948 年 1 月 18 日。

② 社评：《如何实行土地改革》，《大公报》1948 年 4 月 17 日。

倾向”[1]。作为专业的社会学和经济学学者，费孝通和吴景超虽然有不同的论证逻辑，但也都认为消灭不劳而获的地主阶级，实现耕者有其田有其必要性。在费孝通看来，这是由于中国乡土工业的萧条，导致人地矛盾的凸显，使得实现耕者有其田，保证农民不饥不寒的生活成为当务之急。[2] 吴景超则认为地主阶级“在生产过程中，并无贡献，只过一种寄生生活”，应该消灭，实现耕者有其田。[3]

（2）以和平解决土地问题为最理想的方式。赵迺抟明确表示：“我希望能采用不流血的政治革命，达到社会的正义，我更希望采用科学的方法，完成经济的建设，惟如是才不负土地改革的使命。”[4] 费孝通与吴景超在土地改革上也都主张和平解决，他们都认为地主阶级作为剥削者应该消灭，但应该让他们有一个新的生活出路。在具体方法上，费孝通没有明确说明应该如何让地主阶级退出农业，但希望地主能自觉主动退出农业，转移资本开拓乡土工业，作为他们谋生的“新的经济基础”。[5] 吴景超则主张以农民分七年清偿地价的方式实现耕者有其田。[6]《大公报》的社评也主张使地主参加生产工作以安定地主的生活，“在工商业发展的地区，可设法使地主从事工业或商业；在工商业不发展的地区，可设法使其从事农业生产”[7]。

我们在此梳理知识分子对“耕者有其田”问题的基本看法，是希望借此明了他们与国共两党的“耕者有其田”政策的离合关系。

“耕者有其田”是孙中山社会主义思想的组成部分，也一直是国民党的基本国策。战后，国民党理论上是以“地价累进税与土地增值税来达到平均地权的目的”，即所谓要“税去地主”。但因所谓“土

① 周绶章：《面包与自由的抉择》，《时与文》1948 年第 3 卷第 18 期。

② 费孝通：《黎民不饥不寒的小康水准——乡土复员论之一》，《大公报》1948 年 1 月 18 日。

③ 吴景超：《总答复》，《新路》1948 年第 1 卷第 2 期。

④ 赵迺抟：《我国土地改革的二大问题：制度与技术》，《大公报》1948 年 6 月 2 日。

⑤ 费孝通：《地主阶层面临考验——乡土复员论之二》，《大公报》1948 年 2 月 15 日。

⑥ 吴景超：《评土地改革方案》，《大公报》1948 年 4 月 2 日。

⑦ 社评：《我们如何实行土地改革》，《大公报》1948 年 4 月 17 日。

地测量”工作量巨大，尚未完成，所以实际并未执行。1948 年 3 月，中国土地改革协会又公布《土地改革方案》，主张以政府发行土地公债，农民分年清偿地价的方式实现耕者有其田的目的，即所谓“买去地主”。从理论上看，国民党的土地政策在承认耕者有其田的必要性、主张和平不流血的方式、考虑地主利益等方面实际上与知识分子的认识有很大程度上的契合性。吴景超此时的土地改革思想实际上是对《土地改革方案》的改进版。而使知识分子产生离心倾向的最大考验在于国民政府的执行力问题。时至 1948 年，知识分子已经能够自觉地从阶级分析的观点和方法出发，将国民政府在土地问题上的执行不力归结于国民党的阶级基础问题，因此对依靠国民政府来实现耕者有其田已经不抱太大的希望。《大公报》的社评就认为，国民政府之所以“不顾农民利益，不恤农民疾苦”，就是因为国民政府是“透过地主阶级去统治农村的，农村的基层政治在豪绅恶霸手里，所以一切政令到了农村，都变成保护少数地主的工具。……其实所有农民问题都发生在这上面”。[①]《大公报》还进而认为“土地问题的解决，只有交由最迫切需要解决土地问题的农民来处理，而且以他们的集体力量来处理，才能迅速而彻底”[②]。至此，我们看到一部分知识分子至少在实现耕者有其田的主体问题上已经基本与共产党的土地政策达成了共识。

但是，知识分子与中国共产党土地政策的分野从来不在于对共产党执行力的怀疑，他们希望能以兼顾地主利益的方式来维护社会的安定。而从 1947 年年底到 1948 年年初中共中央颁布的关于解放区土地改革的各种法令和指示可见，除了不是“赎买”而是“平分”土地的方法外，中共在解放区的土地政策与知识分子的诉求实际是非常接近的。比如：1947 年 10 月，经过近两个月的土地会议后正式颁布的《中国土地法大纲》有如下规定：

① 社评：《农民问题的重要》，《大公报》1948 年 6 月 15 日。

② 社评：《我们如何实行土地改革》，《大公报》1948 年 4 月 17 日。

第一条：废除封建性及半封建性剥削的土地制度，实行耕者有其田的土地制度。

第五条：乡村农民大会及其选出的委员会，乡村无地少地的农民所组织的贫农团大会及其选出的委员会，区、县、省等级农民代表大会及其选出的委员会为改革土地制度的合法执行机关。

第十条（丁）：地主及其家庭，分给与农民同样的土地及财产。

第十二条：保护工商业者的财产及其合法的营业，不受侵犯。[①]

《中国土地法大纲》颁布后，解放区的土地改革大规模开展起来。从1947年年底开始，中共中央就不断地就土改过程中的问题，尤其是“左”倾问题提出纠正意见，努力避免土改过程中的过激化倾向。如：

“贫雇农打江山坐江山”的口号是错误的。

减租减息时期鼓励地主富农转入工商业的政策也是正确的，认为“化形”而加以反对和没收分配是错误的。

必须坚持少杀，严禁乱杀。主张多杀乱杀的意见是完全错误的，它只会使我党丧失同情，脱离群众，限于孤立。

我们的任务是消灭封建制度，消灭地主之为阶级，而不是消灭地主个人，必须按照土地法给以不高于农民所得的生产资料和生活资料。

——《关于目前党的政策中的几个重要问题》（1948.1.18）[②]

到1948年3月，中共中央认为土改中的各种“左”的错误，“在

① 中共中央文献研究室、中央档案馆编：《建党以来重要文献选编（1921—1949）》第24册，中央文献出版社2011年版，第417—419页。

② 《毛泽东选集》第4卷，人民出版社1991年版，第1268—1271页。

过去大约两年的时间内，各解放区都或多或少地发生过，有时成了严重的冒险主义倾向"，但"好在纠正这类偏向并不甚困难，几个月内已经大体上纠正过来了，或者正在纠正着"。[①]

值得注意的是，中国共产党的土地政策，尤其是其纠偏的努力，影响的不仅仅是解放区人民的生产和生活，而且也改变着知识分子对于中国共产党以及解放区的观感。

1948 年 3 月，《观察》特约记者就详细介绍了中共自 1927 年以来的土地政策的变革，尤其着重介绍了解放区最新颁布的《中国土地法大纲》，认为"解放区由这个土地法大纲的实施，不但人与人的关系改变了，农民与土地的关系也变了"[②]。

1948 年 9 月，在《世纪评论》中就有学者以"较温和的土地政策"来评价中共的改变：

> "解放区"的较温和的土地政策的厘定，相对地增加了生产，奠定了后方足食足兵的基础。在军事行动中，政治控制下的经济设施渐趋温和，且保证中小地主的生存权利，及若干程度的优裕。而以有考虑的态度重分配土豪官绅的所有予贫农雇农，以坚定其农工群众。[③]

1948 年 11 月，在《观察》通讯栏目（《观察》的通讯栏目是广受读者好评的，也特别受主编储安平的关注。储安平曾经自述，"平均一篇通讯，至少化费三小时始能编好"[④]）刊登了一位读者的来信，信中描述作者（一位小公务员）在解放区的所见。信中特别强调了解放区在土改问题中的纠偏工作。作者写到自 1947 年年底冀东解放区开始土地改革，但或由于农民夹带私人感情、或由于地痞的混入、

① 《毛泽东选集》第 4 卷，人民出版社 1991 年版，第 1297—1298 页。
② 观察记者：《土地改革 · 地道战》，《观察》1948 年第 4 卷第 6 期。
③ 颜回：《在开展中的搏斗》，《世纪评论》1948 年第 4 卷第 12 期。
④ 储安平：《辛勤 · 忍耐 · 向前》，《观察》1947 年第 1 卷第 24 期。

或由于干部的教育水准较低等原因，“结果有许多偏激的地方”，不过校正补偿的工作正在开展中：

> 解放区政府已承认此种普遍行政的缺点，重新提出了纠正的对策，同情富农，补偿中农。他们不分中央和地方，一致掀起了讨论的浪潮，谋取解决的办法，并普遍的征求富农中农的意见。这个工作还在进行着，而且局部的已实施了些暂时的补偿。①

储安平刊登这篇通讯，固然是对解放区最新情况的通报，但也解开了一直存留在储安平心中的疑虑。很显然，在“耕者有其田”问题上中共是用彻底但不失温和的实际行动赢得了同时诉求平等和安定的知识分子的肯定。

2. 联合政府和新政协的主张

本书第一章曾经提及，联合政府的主张最早是由中国共产党提出的，并且被知识分子寄予厚望。但中国共产党倡导的“联合政府”的主张，一度因国民党破坏政协协议而搁浅。不过，一方面，自抗战以来国内要求民主的呼声甚高，国民党也不能不迁就这个要求。另一方面，美国官方指责国民党政府为独裁政府，屡次的声明都希望中国能“扩大政府基础”，也就是放弃一党专政，容纳国民党以外人士参与政权。为应付这种国内国际的局势，尤其是为了应付美国，从1947年年初开始，国民党便与民社党、青年党着手组建“联合政府”。对于这样的“联合政府”，《世纪评论》社早有评价：“估价不能过高，期望不能过大。如果我们以为经过这次的改组，中国的政治就可以好转，那么我们将来必要感觉大大的失望。”② 1947年4月18日，国民政府公布修正国民政府组织法，并发表国民政府28人委员名单。其中国民党占17席，青年党占4席，民社党占3席，社会贤

---

① 观察读者：《在冀东共区所见》，《观察》1948年第5卷第11期。

② 社论：《论联合政府》，《世纪评论》1947年第1卷第14期。

达占4席（其中社会贤达也由国民党提出）。这样的联合政府被时人讽刺为国民党“请客”：

> 这回请客，主人确居压倒多数，客人反居绝对少数。加以踞坐高位者尽是主人，只腾出一些无关紧要的位置分给客人。于是主人发言盈庭，客人只好洗耳恭听。客人即欲嗫嚅有言，也早已为主人高声所掩住，当然更休想有别的作为了。①

在国民党推动虚假的“联合政府”的同时，中国共产党无论国内政治和军事形势如何发展，从来不曾放弃与民主党派、民主人士组建联合政府的主张。一些知识分子的民主观念也日益接近中国共产党，而中国共产党的谦虚也最终赢得了知识分子的认可。

1947年夏，中国人民解放军对国民党发动战略进攻，掀起革命的高潮。10月10日，在毛泽东为中国人民解放军总部起草的宣言中，列为第一项的“中国人民的迫切要求”就是：“联合工农兵学商各被压迫阶级、各人民团体、各民主党派、各少数民族、各地华侨和其他爱国分子，组成民族统一战线，打倒蒋介石独裁政府，成立民主联合政府。”②

1947年10月27日，国民党宣布民盟为“非法团体”。就在同一天，在中共中央给各中央局、分局和各野战军前委的指示中，一方面强调在中国或者就是大地主大资产阶级的独裁政权，或者就是无产阶级领导的新民主政权，不可能有自由资产阶级领导的独立的旧民主政权。但另一方面，也强调“必须区分今天与明天的打击方向”，要“彻底宣传新民主主义的思想和政纲”。③

1948年1月，张东荪在其文章中初步提出了他的“新型的民主”

---

① 孙斯鸣：《中国政党政治往那里走?》，《世纪评论》1947年第1卷第16期。

② 《毛泽东选集》第4卷，人民出版社1991年版，第1237页。

③ 中共中央文献研究室、中央档案馆编：《建党以来重要文献选编（1921—1949）》第24册，中央文献出版社2011年版，第454—455页。

的思想，即“在政治上不仅有一个党（如苏联），而是多党并存。只是因联合而执行一个统一的政纲”①。在1948年8月，张东荪明确提出“新型的民主”的概念，并进一步补充认为这样的联合政府应经由代表各劳动阶层的议会制度产生。②

与张东荪的观点非常接近的还有施复亮。1948年3月，施复亮提出应该以一种“新民主主义的政治”和“新资本主义的经济”来作为中国走向社会主义的过渡形态。在此，所谓的“新民主主义政治”指的是一种以“非剥削的或受剥削的劳动人民为主体”③的政治。1948年7月，施复亮再次发文，表示“新民主主义的政治”是保证中国走向是社会主义的“基本因素”，因为“目前中国正处于一个非常特殊的时期，也即处在要求政治决定经济的时期”。而这个“新民主主义的政治”即是一个“包括工人、农民、城市小资产阶级和民族资产阶级的政权”。④

从这些学者的文字中可见，在他们从政治上接受中国共产党的领导之前，他们在理论上已经率先接近了中国共产党的新民主主义政治理论。由此他们才有可能接受共产党倡导的组建无产阶级领导下的联合政府的主张。

1948年4月27日，毛泽东委托北平市委书记刘仁转告张东荪，中共中央决定邀请他以及其他民主人士来解放区开各民主党派各人民团体的代表会议，讨论关于召开人民代表大会成立联合政府的问题以及加强各民主党派各人民团体的合作及纲领政策问题。毛泽东还特意嘱咐刘仁要和张东荪“商量应告知和应邀请的是些什么人”⑤。显然中共中央对张东荪的意见颇为尊重。

1948年4月30日，中共中央发布纪念“五一”节口号，明确号

① 张东荪：《关于中国出路的看法》，《观察》1948年第3卷第23期。

② 张东荪：《增产与革命》，《观察》1948年第4卷第23—24期。

③ 施复亮：《废除剥削与增加生产》，《观察》1948年第4卷第4期。

④ 施复亮：《新中国的经济和政治——答严仁赓先生》，《观察》1948年第4卷第21期。

⑤ 中共中央文献研究室、中央档案馆编：《建党以来重要文献选编（1921—1949）》（第25册），中央文献出版社2011年版，第282页。

召“各民主党派、各人民团体、各社会贤达迅速召开政治协商会议，讨论并实现召集人民代表大会，成立民主联合政府”①。1948 年 5 月 1 日，毛泽东委托潘汉年向香港的李济深、沈钧儒发出了召开政治协商会议并实现召集人民代表大会，成立民主联合政府的邀请并征求他们的意见。② 1948 年 8 月 1 日，毛泽东还就召开新的政治协商会议的“时机、地点、何人召集、参加会议者的范围以及会议应讨论的问题等项”征求香港各界民主人士及全国各界民主人士的意见，希望“共同研讨，并以卓见见示，曷胜感荷”。③

中国共产党从新民主义政治的立场出发，积极又谦虚地倡导召开新的政治协商会议，并最终成立联合政府的理论和政策，获得了知识分子的认同。1948 年 9 月，《世纪评论》中一位学者如此评论中共政策的影响力：

> 五一毛泽东发出了新政协的号召，这对中国的知识分子是一个回肠荡气的震撼，没有兵，没有钱，没有新兴贵族的血缘，凭自尊心，凭正义感，而能在政治上取得发言同参与的机会，这对于现实的知识分子是不可想象的事。④

1949 年 1 月中旬，张东荪、费孝通等在中共地下党的安排下，前往西柏坡参加民主党派的会议。据费孝通回忆说，当时避居北平费孝通家中的储安平“想去没有去成。他还怪我怎么不叫上他”⑤。当年中国共产党关于召开新政协会议以最终成立联合政府的理论与政策对这些曾经对英国工党的社会主义道路顶礼膜拜的知识分子的转化能力，由此也可见一斑。

---

① 中共中央文献研究室、中央档案馆编：《建党以来重要文献选编（1921—1949）》（第 25 册），中央文献出版社 2011 年版，第 283—284 页。

② 《毛泽东文集》第 5 卷，人民出版社 1996 年版，第 90—91 页。

③ 《毛泽东文集》第 5 卷，人民出版社 1996 年版，第 114 页。

④ 颜回：《在开展中的搏斗》，《世纪评论》1948 年第 4 卷第 12 期。

⑤ 朱学勤、陈群：《费孝通先生访谈录》，《南方周末》2005 年 4 月 28 日。

综上所述，到 1948 年年末，知识分子中的社会主义思潮归于平息，并逐渐向科学社会主义思想合流，是由当时国际国内的客观局势促成的。英国工党的右转、国民党理论与实践上的扞格、中国共产党灵活务实的向社会主义过渡的理论与政策共同促成了如储安平所感受的一种社会心态，即“期待着一个‘新的社会’的来临”。[①]

① 储安平：《第二个闻一多事件万万制造不得》，《观察》1948 年第 4 卷第 10 期。

第五章　对战后知识界社会主义思潮的评析

战后知识分子的社会主义思潮只是一个规模比较有限的次生性思潮，但具有一定的探讨广度和思考深度。从思潮的主流诉求以及思潮主体的社会联系来看，这次社会主义思潮的主流性质应该是左翼社会改良主义思潮。这一思潮的存在，一定程度上有利于扩大民主阵营的力量，但就特别时间节点来看，客观上产生了历史负作用。而这一思潮的分化，有利于知识分子回归现实与理性，最终选择科学的社会主义。审视这一思潮的潮涨潮落，会更坚定我们对中国特色社会主义道路的自信，对当前坚持马克思主义的意识形态领导权也不乏启示意义。

第一节　战后知识界社会主义思潮的历史特点

战后知识分子的社会主义思潮，与当时知识分子中的另一思想主潮——“中间路线”思潮相比，只是一个规模比较有限的次生性思潮。与五四时期以及20世纪30年代初期知识分子的社会主义思潮相比，应该说是一场具有一定的探讨广度和思考深度的思潮。

一　一个规模比较有限的次生性思潮

从当代研究的视角来看，相对于五四时期社会主义思潮极为丰富的研究现状，40 年代中后期知识分子中的社会主义思潮研究比较冷清。其中一个原因或许就在于五四时期的社会主义思潮是当时政治思想界的主潮。正如冯自由所说的，“社会主义”是五四时期“最时髦的名词”。[①] 而40 年代中后期知识分子中的社会主义思潮只是伴随当时知识分子中更居主流地位的“中间路线”思潮而产生的思潮，具有次生性特点，本身规模和论域都比较有限。

从舆论环境来看，自国共分立以后，“社会主义”实际上一直都是有点敏感性的话语。早在国共分立后的 1928 年，就有学者感叹有些人“因为社会主义有些骇人听闻的过激嫌疑就不敢妄谈”[②]。到了 30 年代，顾颉刚更描述过这样一段经历：他和朋友在旅途中遭遇军警的盘问，仅仅因为朋友的名片上印有“社会学系”的头衔，结果不得不以“社会学系不即是社会主义，和共产党是没有关系的”相辩解才得以脱身。[③] 到了 40 年代中后期，国共之间的对立已到白热化的状态，“社会主义”的敏感性有增无减。在这样的舆论环境中，“社会主义”不太可能在国统区的知识分子中成为言论的首要关键词。战后知识分子中的社会主义思潮实际上是伴随着当时更居主流地位的“中间路线”思潮而存在的。

1946 年 5 月 22 日，张东荪在天津青年会的演讲中提出了“中间性的政治路线”，即“在中国在内政上建立一个资本主义与共产主义中间的政治制度”，亦就是“在政治方面比较上多采取英美式的自由主义与民主主义；同时在经济方面比较上多采取苏联式的计划经济与社会主义”，其目的在于调和国共，兼亲美苏，以维护中国与世界的和平。[④] 随后，施复亮提出“政协的路线本质上是中间派的政治路线”，其承担者是中国的“中间阶层”，而其斗争的方式方法是“和

① 冯自由：《社会主义与中国》，社会主义研究所 1920 年版，第 2 页。
② 张铭鼎：《社会主义与教育》，《教育杂志》1928 年第 20 卷第 6 期。
③ 顾颉刚：《旅行后的悲哀》，《独立评论》1934 年第 111 号。
④ 张东荪：《一个中间性的政治路线》，《再生》1946 年第 118 期。

平的、渐进的”。[①] 1947 年 10 月，国民党宣布解散“民盟”，“中间路线”受到严重挑战。1948 年 1 月以后，《大公报》接连发表文章宣言继续走中间道路。如《自由主义者的信念——辟妥协·骑墙·中间路线》（1948 年 1 月 10 日）、《我们有没有中间路线》（1948 年 1 月 13 日）、《也论自由——“自由主义的信念”读后感》（1948 年 1 月 26 日）、《政党·和平·填土工作——论自由主义者的时代使命》（1948 年 2 月 9 日）等。这一“中间路线”思潮先有举国瞩目的政协决议为铺垫，后又有马歇尔、司徒雷登等人的鼓动与支持，的确是战后中国知识分子中的一个思想主潮。

但从张东荪揭橥“中间性的政治路线”以与大家讨论开始，他也就强调“这样的一个新方案当然有待于详细的研究与具体的制定，不过不妨先把这样的原则揭示出来，作为立国之基础”[②]。施复亮也强调：“政协路线虽然是中间派的政治路线，但它仅仅是一个起点，并不曾指出中间派的政治路线的全部过程。自然，我在这里也无法详尽地说明这一路线的全部过程。”[③] 换言之，“中间派的政治路线”实际提供的只是一个原则，即以和平渐进的方式调和国共，兼亲美苏的路线。至于该如何才能实现这一目标，是需要讨论商议，见仁见智的。而战后知识分子的社会主义思潮就伴生于这一具体方案的讨论商议的进程中。

作为一个次生性的思潮，它的规模必然比较有限。因为它反映的只是当时思想主潮的一个侧面，所以必然会有相当多的思想者因关注的焦点不在这一侧面而游离于这一思潮之外。我们在研究的过程中即可明显感受到这一点，因为有相当多当时的知名学者，如潘光旦、庄智焕、雷海宗、李澈庐、马寅初、楼邦彦、钱端升、杨人楩、郑林庄、何永佶、朱偰、周炳琳等，他们从“中间路线”的立场出发，对国际关系或国内问题发表看法，但由于不涉及“社会主义”主题

---

① 施复亮：《中间派的政治路线》，《时与文》1947 年第 1 卷第 1 期。
② 张东荪：《一个中间性的政治路线》，《再生》1946 年第 118 期。
③ 施复亮：《中间派的政治路线》，《时与文》1947 年第 1 卷第 1 期。

或不能确定其“社会主义”的基本立场，只能遗憾地将他们排除于社会主义思潮的研究阵营之外。

二　一个具有一定的探讨广度和思考深度的思潮

20 世纪 40 年代中后期知识分子的社会主义思潮虽然只是一个次生性的思潮，但与五四时期和 30 年代初知识分子的社会主义思潮相比，在探讨的广度和思考的深度上都有自己的一些特点。

1. 从探讨的广度上看

五四时期的社会主义思潮，是当时政治思想界的主潮，它对社会主义问题探讨的广度是后来知识分子的社会主义思潮所难以企及的。借助当时著名的“三大论战”，知识分子相互促动、彼此砥砺，就社会主义与实现手段、社会主义与经济发展、社会主义与政治制度等问题展开论争。如果将视野进一步放大，会发现五四时期知识界对于“社会主义”的探讨，还涉及社会主义与教育、社会主义与妇女、社会主义与宗教、社会主义与法律、社会主义与犯罪、社会主义与人生观、社会主义与自由等诸多问题。如此广泛论域的形成，一方面，是因为时人普遍相信对于国计民生问题，“社会主义，自然是现代最有价值的学说”。[①] 另一方面，也与当时的中央政府，即北洋政府已处于全面崩溃的前夕相关。在这样强势思潮的裹挟之下，有一些人认为可以借“社会主义”以“一线穿珠，毫无滞碍”地解决如政治、教育、宗教，甚至美术等一揽子的社会问题。[②]

30 年代初的社会主义思潮是一个次生性的思潮。30 年代初国民党政府尚有相当的威望，知识分子对国民党政府尚未丧失信心，认为国民党政府可以领导中国进行抗日并且实现民族复兴。因此，30 年代初的社会主义思潮在论说的主题上相对比较单一，理论视野相对比较偏狭。从经济的视角来探讨社会主义，是 30 年代初的社会主义思

---

① 任公：《社会主义商榷》，《兴华》1920 年第 17 卷第 12 期。

② 毛飞：《合作研究：经济革命中的“社会主义”与“合作主义”》，《民国日报·平民》1920 年 10 月 30 日。

潮的典型特征。面对“国民经济程度低落到大部分人罹于半饥饿的惨状，对外防卫的实力，微弱到失地四省，莫展一筹的地步”的社会现状，1933 年 5 月 15 日，《申报月刊》向作者发出征文启事讨论中国的现代化问题。由于编者认为“‘中国现代化’这个问题，方面未免太广”，因此，编者在征文信中特意声明，将讨论的重点集中在“经济方面”。编者还着意将“中国现代化当采取那一个方式，个人主义的或社会主义的?”作为征文讨论的一个主题。① 这应该是 30 年代的社会主义思潮中最集中的一次关于“社会主义”的讨论。在此次征文回收发表的 26 篇论文中，有 16 位作者明确支持中国应采取社会主义的现代化方式。而几乎所有作者的论说都不离“生产与分配”的合理处置以及“统制经济和集体生产”这样的经济视角。

40 年代中后期的社会主义思潮也是一个次生性的思潮。但不同于 30 年代，尽管它没能产生像五四时期那样广的论域，但学者们的讨论还是广泛地涉及了社会主义与经济制度、社会主义与政治制度、社会主义与实现手段等多元论域。究其原因，应该还是得益于 40 年代中后期具有不同于 30 年代，而更类似于五四时期的社会环境。30 年代的学者在讨论实现现代化的障碍性因素时，更多地将矛头指向帝国主义和封建残余的压迫。正如有学者指出的：“国际资本帝国主义与残余封建势力两重恶势力便是束缚中华民族使其不能前进的桎梏，而且此两重恶势力实际上已结成为一金字塔，最显明的事实是帝国主义者以军阀为爪牙，而军阀又倚帝国主义者为靠山，交相依庇，狼狈为恶。此一金字塔如不推翻，中国民族将永远落后，永远无法前进，其前途将更黝黑如漆，不堪设想。”② 但综观 30 年代学者的议论，还比较少见将“帝国主义”与“封建残余”与国民党政权的性质相联系。因此，改造现政权，甚至颠覆现政权尚在学者的视野之外。相应地，“社会主义”也仅仅被视为一种与政权改造无关的经济手段而被

① 编者：《编者之言》，《申报月刊》1933 年第 2 卷第 7 号。
② 杨幸之：《论中国现代化》，《申报月刊》1933 年第 2 卷第 7 号。

讨论。而40年代中后期国民党政府的处境却与五四时期的北洋政府相似，已经处于全面崩溃的边缘。即便是经济学者也已经非常明确地意识到经济与政治的密不可分的关系，并且已经直接将其与国民党政权相联系。如经济学者徐毓枬就明确指出：经济和政治的分开只能是一种理论研究上的暂时分工，实际上“经济学说往往很深刻的影响政治发展”，尤其是作为一种经济方案的提出，更不能与现实政治相分离。就目前形势下，经济学家们实际上不可能就经济论经济。学者以“社会正义”的立场来向政府建言，但学者基于社会正义的建议没能获得当政者的认可，因为“这些办法忽略了政府之机构及其行政效率，政治之威信，政治之本质等政治因素”①。因此，应该说，是40年代中后期的时代环境决定了社会主义思潮具有相对较为广泛的论域。

2. 从思考的深度上看

五四时期的社会主义思潮在近代中国社会主义思想史上的地位是毋庸置疑的。但或许正如张东荪对这一思潮的评价，多了“propaganda”的色彩，而少了“像日本那样真面目的介绍，与学理上的商榷”。② 客观而言，这一思潮的整体理论水平并不高。就裹挟其中以“无政府共产主义”诉求出现的无政府主义思想而言，黄凌霜、区声白等以克鲁泡特金和刘师复为自己的精神导师。但除了重复前人的主张之外，二人并没有形成自己的思想体系，也无力解决前人思想体系中的矛盾之处。因此在区声白与陈独秀的论战中，区声白的核心主张“一面赞成社会的联合一面又主张个人自由”，由于不断受到陈独秀的猛烈攻击，成为其主张中最薄弱的环节。而陈独秀认为这种矛盾的思想，“不仅是你（注：指区声白），克鲁泡特金正是如此”③。相对而言，区声白已经算是五四时期无政府主义者中的理性派了，更有一

① 徐毓枬：《目前中国之政治与经济》，《世纪评论》1947年第2卷第10期。

② 钟离蒙、杨凤麟主编：《中国现代哲学史资料汇编》（第1集第3册），辽宁大学哲学系1981年版，第122页。

③ 陈独秀：《陈独秀三答区声白书》，《新青年》1921年第9卷第4期。

些人近乎是流于宗教式的狂热或非理性的谩骂。如 A. A（朱谦之）就排斥理性、排斥科学，宣扬其“破坏论”思想。他甚至武断地认为“革命家都是排斥理性的”。[①] 相对于五四时期无政府主义者的空想与冲动，五四时期的基尔特社会主义者要显得冷静得多，他们有一种非常难得的倾向，即“从空变实，从他变我，从外张的变为内向”[②]。他们当时反对成立无产阶级政党，反对当时的中国走社会主义道路，是对中国劳动人民力量的不自信，对当时正在进行的中国共产党的建党工作是一种严重的干扰。但同样不可否认的是，他们对中国国情的关注和对中国社会主义发展道路的思考是中肯而又富有历史价值的。多年后，胡绳在反思 20 世纪的社会主义大论战的时候，曾经有过这样一种评论：“现在看，这两种意见，反而是梁、张的意见‘接近马克思主义’。”[③] 但对于像张东荪这样有着较长的政治和学术生命的学者而言，五四时期毕竟只是起航时期。五四时期的张东荪认为社会主义“乃是浑朴的趋向。却是唯一的趋向”。但对于走向社会主义的步骤，他认为“我们只能定方向，而不能定以后的步骤”。“所以我们只要往前走，愈走愈能发明新方法去适应新境地。”[④] 历史已经证明，五四时期的张东荪所主张的“协社”是一种空想，而这一主张也因为后来的“新境地”为张东荪所抛弃，取而代之的是后期既一脉相承但又更加务实的向社会主义过渡的思想。

与五四时期相比，30 年代知识分子的社会主义思潮中对“社会主义”的学理性分析总体水平依然不高但局部略有进展。一方面，总体停留于对社会主义的“平等”理想的简单憧憬和对“计划经济”

---

① 钟离蒙、杨凤麟主编：《中国现代哲学史资料汇编》（第 1 集第 4 册），辽宁大学哲学系 1981 年版，第 107 页。

② 钟离蒙、杨凤麟主编：《中国现代哲学史资料汇编》（第 1 集第 3 册），辽宁大学哲学系 1981 年版，第 110 页。

③ “从五四运动到人民共和国成立”课题组：《胡绳论“从五四运动到人民共和国成立”》，社会科学文献出版社 2001 年版，第 44 页。

④ 钟离蒙、杨凤麟主编：《中国现代哲学史资料汇编》（第 1 集第 3 册），辽宁大学哲学系 1981 年版，第 86—87 页。

或“统制经济”的简单崇拜中。比如，1933 年《东方杂志》发表的面向“各界知名人物”的关于“梦想中的未来中国”的征文中，至少有 14 位知名人物明确表达了对社会主义的向往。比如，柳亚子将未来的中国置于一个“社会主义的大同世界”之中，在那里“没有金钱，没有铁血，没有家庭，没有监狱，也没有宗教，各尽所能，各取所需；一切平等，一切自由”①。其他的如谢冰莹、郑振铎、毕云程等都表达了类似的理想。学者们的理想是可贵的，但在 20 世纪 30 年代，这种对社会主义的认知近乎是对并不科学的“常识”的再现，实际上已经不具有任何学理价值。再比如，受苏联五年计划成效的影响，在 1933 年《申报月刊》关于现代化问题的讨论中，许多主张中国走社会主义现代化道路的学者，如樊仲云、陈彬龢、罗吟圃等都将这条道路的具体特征与计划或统制经济相联系。罗吟圃即认为“使中国现代化，最急需的是在整个地实行社会主义的统制经济和集体生产”②。的确，即便到今天，我们也不能简单地否定计划经济的作用。但 30 年代社会主义思潮的问题并不在于对于计划经济的赞美和向往，而在于在学者的论述中较少能看到对计划经济的可能性、效率与责任等问题的学理性分析。而这些问题实际上正是当时西方学界中奥地利学派与新古典学派之间论战的焦点问题。另一方面，应该看到少数学者对社会主义的经济特征的思考相对是比较深入的。比如，张君劢对社会主义公有制的思考。与五四时期的一些马克思主义者的认识相似，张君劢认为社会主义并不是要彻底消除私有制。但 30 年代张君劢进一步主张生产资料也不必一律公有，主张“公有”和“私有”并存。而其区别的标准在于：“私人自谋而无害全社会之公利者，听之私人可也，私人自谋而有害全社会之公利者，禁止之可也。”③ 这无疑是对社会主义特征认识的一个进步。

40 年代中后期知识分子的社会主义思潮至少在以下问题的分析

---

① 柳亚子：《梦想的中国》，《东方杂志》1933 年第 30 卷第 1 号。
② 罗吟圃：《对于中国现代化问题的我见》，《申报月刊》1933 年第 2 卷第 7 号。
③ 张君劢：《国家民主政治与国家社会主义》，《再生》1932 年第 1 卷第 3 期。

上是超越了前两次的思潮，具有相当的理论深度，并且具有历史的穿透性的。

其一，重视社会主义的生产力基础问题。20 年代的张东荪的“协社”主张具有空想的性质，但已经显示出他对国情的格外关注。40 年代的张东荪继续其一贯务实的风格，但根据“新境地”又“发明新方法去适应新境地”。40 年代的张东荪最终抛弃了他对“劳农革命”的反对立场，但他还是坚持理想与现实的结合，认为“社会主义虽是个好的理想，倘寻不到一个衔接者，使其从天上引到地面，亦只是徒然”①。而他认为中国在向社会主义过渡的过程中，“其他都比较上容易改变，惟有经济却不可随便胡乱改动。乃是有必然的程序与阶段的”②。因此，如前所述，在处理“寡”与“不均”的问题上，张东荪坚持主张一定“限度”内的“翻身”，即消灭剥削应该要以不破坏生产的发展为限度，应该在一定限度内允许资本主义剥削的存在。张东荪对生产力的发展水平和发展空间的关注与施复亮的“新资本主义”观基本是异曲同工的。张东荪、施复亮的这些观点大大超越了知识分子中长期存在的关于“社会主义”认识的一种缺陷，即认为“社会主义”只是一种可以帮助中国“平其不平”的社会改造工具，它可以嫁接于社会的任何发展阶段之上。也就是说缺乏把社会主义视作一种必须建构于一定生产力发展水平基础上的自然历史过程的观点。张东荪、施复亮的这些观点恰恰弥补了这一缺陷，不仅有利于知识分子的社会主义观与中国共产党的新民主主义理论的接轨，而且与后来的社会主义初级阶段理论也不乏共通之处。

其二，反对将计划经济与社会主义相挂钩的思想。如前文所述，40 年代的知识分子中多数人延续 30 年代的传统和当时的世界潮流，仍将计划经济作为社会主义的必备条件。但与此同时已经有一小部分学者对计划经济与社会主义的关系，对计划经济的效率问题进行了学

---

① 张东荪：《民主主义与社会主义》，观察社 1948 年版，第 48 页。
② 张东荪：《民主主义与社会主义》，观察社 1948 年版，第 59 页。

理性的分析，提出了与俗论不同的观点。蒋硕杰提出了“集体计划经济并非社会主义必需的附随条件”。吴景超通过对美苏经济在资源、职业分配、农业、工业、贸易、资本形成等方面的缜密的学理比较与分析，以大量的数据与事实说明在资源配置的效率上计划经济未必优于自由经济，苏联的优势在于其公有制，而非计划经济，社会主义与计划经济是可以分开的等观点。以后人的成功来衡量前人的失败是一种非历史的观点，同样地，以后人的成功来衡量前人的成功，其实也不是一种历史的观点。所以，我们的确不能因今天的社会主义市场经济的成绩而过度地拔高40年代这些学者的观点的时代价值，因为前瞻性可能也意味着时代的僭越性。但他们思想中的这些闪光点也不应该因为时代以及个人后期的选择而被湮没。

其三，社会主义与民主主义不可分离的思想。关于社会主义与民主关系问题，五四时期的无政府主义者曾经探讨过，但或陷于自我矛盾或流于冲动，实际如镜花水月，很快便消逝无踪。30年代的社会主义思潮是以经济问题为核心命题，所以对此问题较少涉及。40年代中后期的社会主义思潮中知识分子对这一问题有比较充分的讨论。从前文可见，40年代中后期的相当一部分知识分子在政治民主问题上还是倾向于西方的政治模式，但在他们的探讨中，还是可见一些思想的闪光点。其中最显著的莫过于社会主义必须与民主主义兼容的思想。如前所述，在社会主义与民主主义能否兼容的问题上，无论是抱有理想型、肯定型，或者务实型态度的学者，实际上都是以二者的兼容为理想目标的。见诸他们中一些人的具体主张，如周绶章的“新社会主义”主张，蒋硕杰、吴景超的“自由主义的社会主义”，以及张东荪的“民主主义的社会主义”，无不是在诉求二者的兼容。张东荪认为实际上自由、平等、公道、人权、理性等是民主主义与社会主义共有的“概念基型”，“正因为民主主义与社会主义同依据于同一的概念群为其基础，所以二者在本质上，就是一个东西”[①]。纵然40年

① 张东荪：《民主主义与社会主义》，《观察社》1948年版，第26页。

代中后期的知识分子并没有有效地解决这一问题，但在他们的论述中呼之欲出的“没有民主就没有社会主义”的观念还是具有长远的指导意义的。

总之，20 世纪 40 年代中后期知识分子的社会主义思潮在中国近代社会主义思想史上的地位不及五四时期显著，因为它只是一个规模有限的次生性的思潮，这也决定了这一思潮的论域虽因时代环境的特殊性要比 30 年代知识分子的社会主义思潮来得广阔，但依然不及五四时期。不过，40 年代知识分子对社会主义的经济特征、政治特征等部分问题的学理分析的深入性却是之前的思潮所难以企及的。这固然可以说是时代与思想发展的一种总体趋势，但也不可忽视知识分子的自身特质。最显著的莫过于对社会主义与计划经济关系问题的思考与质疑。实际上，西方知识界 20 世纪二三十年代的关于社会主义经济计算的大辩论中，以米塞斯和哈耶克为代表的反对集中计划和政府干预的奥地利学派并没有取得优势。无论从 40 年代中后期的世界大势或中国的国内环境来看，并没有为社会主义与计划经济脱钩，社会主义与市场经济兼容等观点的生成提供特殊有利的环境，但这一观点却在 40 年代中后期的中国有着人数虽然不多但影响力和思考力都不弱的学者的支持。究其原因还在于知识分子个人的学术背景。比如其中的核心人物蒋硕杰毕业于伦敦大学，其博士学位论文《实际工资及利润变动与商业循环之关系》关注的即是市场运行机制问题。该论文获得伦敦大学 Hutehinson Silver Medals 的奖章，而其博士学位论文的指导老师即是哈耶克。

第二节 战后知识界社会主义思潮的主流性质

从 20 世纪 40 年代中后期知识分子的社会主义思潮的主流诉求以及国际社会主义运动对中国知识界的影响来看，这一思潮应该是欧洲社会主义运动中的左翼社会改良主义思潮在中国的反映。

一　从知识界社会主义思潮的主体诉求来分析

在欧洲社会主义运动史上，出现过多种形式的改良主义主张，如法国的蒲鲁东主义，英国的费边主义，德国的拉萨尔主义、伯恩斯坦主义以及考茨基主义，等等。但在1951年6月社会党国际的《法兰克福宣言》发表以前，在各国的改良主义主张中还是可见这样或那样的马克思主义信条，形成一股左翼社会改良主义思潮。我国20世纪40年代中后期知识分子的社会主义思潮的主体诉求正反映着这样一种特点。

1. 主观上反对资本主义的社会主义诉求

在20世纪50年代以前，社会改良主义与科学社会主义的分歧，“也还主要表现为用两种根本不同的方法去实现同一个社会主义目标上面”①。也就是说此时的改良主义尚不否认资本主义必然灭亡的命运。这一点在我国40年代中后期知识分子的社会主义思潮中也近乎是一种共识。

无论40年代中后期知识分子在走向社会主义的方式方法问题上作何选择，都无法否认他们主观上反对资本主义，反对资本家，意图改善劳动大众的生活，积极寻求社会主义前途的意愿。首先，他们主观上将社会主义视作一种反对资本主义，尤其是大资本主义的手段。如施复亮就认为中国社会主义或共产主义的斗争对象“只能及于少数官僚买办资本家及大地主，绝对不会威胁到多数平民，亦不会威胁到自由主义者”②。

其次，他们主观上认为实行社会主义是一种对平民利益的维护。比如著名报人俞颂华在表达其社会主义诉求时就显然是从平民利益出发来思考的。他认为“中国大多数的人民实在是太痛苦了，凡是有良心的知识分子，都应该自己牺牲一点，而为人民多作些事”，而“现

---

① 徐崇温：《怎样认识民主社会主义》，社会科学文献出版社2013年版，第18页。

② 施复亮：《错误的“看法”与反动的“对策”》，《时与文》1947年第1卷第23期。

时世界的潮流趋向民主主义、社会主义，中国也应该朝着这个方面走，知识分子不可不有这种认识”。①

最后，他们主观上认同社会主义取代资本主义是一种不可抗拒的时代潮流。如伍启元即认为不应该偏狭地认为20世纪的两次世界大战仅仅是反抗若干国家侵略的战争，实际上这两次大战正如十八世纪末年的拿破仑战争一样，是代表一种革命。他认为：“经过了这次世界大战后，无论愿意与否，十九世纪的资本主义已经永远成为过去，一种新的经济制度已经产生。这种新的经济制度的主要特点是社会主义（包括社会安全）和经济民主。这个社会经济革命已经普遍在欧洲发生。俄国的采取苏维埃制度，东欧的采取社会主义，整个西欧的左倾，和最近英国工党的胜利，都可以说是这种趋向的明确表示。如果我们不理解这种世界的狂潮，为美国所提出的‘自由企业’所扰惑，误认为采行十九世纪资本主义为获取友邦同情的先决条件，而决定与世界潮流背道而驰，则我们便犯了一种严重的错误。”② 类似地，周绶章也认同“基于人类历史的客观规律解析，大家应该认定资本主义时代最后仍将随封建残余而俱去，未来的新时代必为社会主义时代”③。

2. 对社会主义合理性的“二元”论证

20世纪上半叶的社会改良主义者往往将一些马克思主义的基本原则与民主、人道等思想元素相糅合，从而形成具有人道主义色彩的改良思想。如被认为是继伯恩斯坦后20世纪上半叶改良主义思想重要代表的法国的勃鲁姆就一方面通过马克思主义的若干原则证明社会主义的历史必然性；另一方面通过人道主义证明社会主义的道德合理性。类似于勃鲁姆这种对社会主义合理性的“二元”论证方式，在40年代中后期中国知识分子中也有比较清晰的表现。其中以倡导“民主自由社会主义”的《主流》社成员最为显著。

① 德明：《吊俞颂华先生》，《时与文》1947年第2卷第6期。

② 吴启元：《由战时经济到平时经济》，《大公报》1945年8月26日。

③ 周绶章：《当前世界危机究竟在那里?》，《世纪评论》1948年第4卷第20期。

首先，《主流》社充分肯定马克思关于资本主义生产方式内在矛盾及其命运的分析。这一点在本书的第三章已有论述，以《主流》社核心成员李继耳为代表。李继耳在分析资本主义命运时与马克思如出一辙，他认为机器的发明和运用及其与资本主义生产方式的结合，导致了垄断的产生，一边是资本的积累，一边是贫困的积累；一边是生产的过剩，一边是购买力的不足，“于是经济恐慌出现，资本家的生产局部停顿，劳力不再需要，工人失业，失业以后继之而来的就是贫困，亦因而更加增加社会的苦痛与不安”，“于是一个反资本主义的社会主义就在这社会矛盾的自觉与人类痛苦解脱之企求中应运而生”。因此，如前文所述，尽管李继耳对马克思主义的唯物史观、剩余价值学说、阶级斗争理论提出了不同层面、不同程度的质疑，但他也承认“所谓科学的社会主义亦即共产主义，在证明资本主义之必然崩溃，确有极大的建树”。①

其次，《主流》社从人道的立场出发反对流血的革命。尽管李继耳充分肯定马克思对于资本主义的命运的分析，但包括李继耳在内的整个《主流》社所向往的却是“一个变而不乱之不流血的革命”②。前文已经述及，《主流》社的另一核心成员罗梦册曾经批评马克思主义“于驳斥其前辈先生们之消极性地慈悲主义与怜悯主义之外，竟根本抹杀‘仁’与‘爱’等等之属于人性最积极地部分，反而把整个世界之发展，人类之进步，安置于阶级仇恨与阶级斗争之上”③。他们认为社会主义者所诉求的不应该是少数阶级的利益，而应该“转移其注意于工业和农业的报酬而用之于社会全体的利益”；所倡导的不应该是流血的阶级斗争，而应“借助专门的研究以深入经济的政治的和社会的生活的各种表现，以取得真实的学问，并娴熟立法和行政的机构，而运用他的学问和经验以处理一切政治活动”。这样，社会主义就从阶级斗争和阶级仇视中解放了出来，“不仅扩大了社会主义的

---

① 李继耳：《论资本主义与社会主义》，《主流》1947 年第 3 号。

② 编者：《一代的意志与行动（代发刊词）》，《主流》1947 年第 1 号。

③ 罗梦册：《马克斯主义时代之过去费边主义时代之到来》，《主流》1947 年第 8 号。

目标，不再仅限于为某一阶级谋利，而且扩大社会主义者的胸怀，亦不再向较为幸福的人们复仇雪恨”，这将“大大地增加社会主义之友，而减少社会主义之敌”。[①]

事实上，像《主流》社这样为中国的社会主义前途进行“二元”论证的，还有其他一些知识分子。比如前文我们反复述及的樊弘。前文可见，樊弘对马克思主义的政治经济学以及唯物论均持高度肯定的态度，他的许多文章都是从唯物的立场出发对中国进行的阶级分析，他由此也确认资产阶级是一个应该为历史所淘汰的阶级。但他也主张“我们在抨击社会的财产关系上要彻底，但是同时亦应尽全力减少革命的流血，以符合人类最高的人道主义的原则”。[②]

3. 坚持生产资料的国家所有制

在马克思主义看来，生产资料公有制是社会主义的最本质的特征。1890 年，恩格斯曾在一封通信中明确表示：社会主义“同现存制度的具有决定意义的差别当然在于，在实行全部生产资料公有制（先是国家的）基础上组织生产”[③]。19 世纪 70—90 年代，这一原则曾经也被欧洲的社会党奉为自己的经济纲领。但在伯恩斯坦修正主义的影响下，20 世纪上半叶，欧洲社会党一方面将转变资本主义的所有制为社会主义所有制视为自己的奋斗目标；另一方面，已经开始将这种所有制的转化解释为在资本主义存续条件下的资本主义国有化，并将资本主义国有化作为走向社会主义的一个中转站。不过，更大的变化发生在 1951 年《法兰克福宣言》后。各国社会党逐渐取消将实现生产资料公有制作为各党的经济目标，转而以经济监督来取代生产资料的公有制。我国 40 年代中后期知识分子在国有化问题上的态度典型反映着欧洲社会党 20 世纪上半叶的改良特征。

从本书第二章的分析中已经可以非常清晰地论证上述特征。一方面，我国 40 年代中后期知识分子在“革命”与“改良”，或者说在

---

① 罗梦册：《马克斯主义时代之过去费边主义时代之到来》，《主流》1947 年第 8 号。

② 樊弘：《孙中山与马克思》，《时与文》1948 年第 3 卷第 3 期。

③ 《马克思恩格斯选集》第 4 卷，人民出版社 2012 年版，第 601 页。

“挖根”与“填土”问题上，总体上是“填土”者，或至少是“填土”优先者，因此他们首先是现政权的维护者，他们中的相当多数人寄希望于国民党自身的改弦更张。另一方面，他们对国民党政权提出了一系列的社会主义改革意见。就经济方面而言，从上文的分析可见，他们对公有制的实现程度有着不同的见解，但即使是最倾向自由经济的蒋硕杰和吴景超等人，也只是反对计划经济，并不反对公有制，尤其是不反对部分产业的国营。这些问题上文已有详论，此处不再赘述，仅举一例以说明知识分子对国有化的偏好。

主张“新社会主义路线”的周绶章明确主张国有化是社会主义与资本主义和封建主义区别的关键。他认为：封建时代经济上的特色就是财产集中，而非社会公有，是少数独占而非平均分配。然而人类经济生活之要求其公平均等，却又是一个根本倾向，既然求之不得，自不能不摩擦抗争，增加社会的内在矛盾性，终至于发生不断的暴动与革命，这是封建制度必须趋于崩溃的根本原因。在资本主义时代，封建时代所遗留下来的根本症结——财产集中与少数独占——不但没有得到解决，反而益见深刻，骚动混乱之有增无减而已，世界局势之杌陧不安，自然都是势所必至的结果。而社会主义“和资本主义时代显然不同的地方是废除生产工具、土地以及交通机关等的私有，以全社会为生产基础，实行全面的计划经济，逐渐以有组织的分配代替商品交换”。①

4. “和平长入社会主义”的手段诉求

从上述分析可见，20 世纪上半叶，欧洲社会党在其改良主义的主张中的确还保留着一些马克思主义的元素，甚至是重要的原则。而这一时期改良主义与马克思主义最本质的分野就在于实现社会主义的手段诉求。正如有学者所认为的：在 20 世纪上半叶，改良主义与科学社会主义的分歧，“也还主要表现为用两种根本不同的方法去实现同一个社会主义目标上面：科学社会主义认为只有通过无产阶级革命

① 周绶章：《当前世界的根本危机究竟在那里?》，《世纪评论》1948 年第 4 卷第 20 期。

和无产阶级专政才能实现社会主义；而社会民主主义则主张通过和平、民主、改良的方式使资本主义和平长入社会主义，它反对暴力革命和无产阶级专政”[①]。中国40年代中后期知识分子对于实现社会主义的手段的主体诉求无疑是与欧洲的改良主义思想处于同一阵营的。

在40年代中后期的知识分子看来，以和平的手段实现社会主义对中国来说，不仅是应该的，而且是可能的。关于这些问题，在本书的第一章和第二章都已经有了详细的分析，所以此处也不拟赘述。在此，我们同样只列举几个观点，以显示知识分子在这一问题上的明确立场。

周绶章认为走向社会主义，“要找一条稳健和平的道路自然很难，然而我们仍不可不做这方面的努力”。因为“总是采取硬拼硬打的方式来对付旧势力。从实际上说，自亦有其现实意义。而从人类文化的前途上去打算，则究竟牺牲太重，消耗太大。等到这一种斗争可以告一个段落时，人类文化已经不知道坏到怎样一个可怕的地步?”他认为，“人类是能够自觉自动的动物，也未尝不可以逐渐促使落伍势力转到进步方向，并不一定要向张献忠剿四川那样，一个一个的杀起去，才能消除旧势力，建设新世界”。[②]

《主流》社崇拜英国费边社的做法，“要劳工立即选送社会改革者于议会之内，以充分的数量形成多数而握持政府的腹心”。《主流》社认为“社会主义实已必需适应民主政治，而不必亦不能再和民主政治相对立”。[③]

朱启平甚至希望美国也能如英国式的“和平长入社会主义”。他指出在美国，“如果资本家能看得远，人民肯合作，美国资本主义可如英国君主政治一样演变，在一段长时间内，渐渐地，外表依旧，内

① 徐崇温：《怎样认识民主社会主义》，社会科学文献出版社2013年版，第18页。

② 周绶章：《当前世界的根本危机究竟在那里?》，《世纪评论》1948年第4卷第20期。

③ 罗梦册：《马克斯主义时代之过去费边主义时代之到来》，《主流》1947年第8号。

容已非。社会主义缓缓深入，完成经济领域上不流血的光荣革命”。[①]

二　从国际社会主义运动对知识分子个体的影响来分析

欧洲社会改良主义思潮在中国的影响，是与其所标榜的“社会主义”“民主”“和平”等因素息息相关的，这对40年代的知识分子有着强烈的吸引力。这一点在前文第一章已有分析，不再赘述。但除了这些国际国内大环境的影响因素之外，知识分子自身的学养与经历同样不可小视。1954年，胡适曾经引用朋友的一段话，指出：“中国的士大夫阶级中，很有人认为社会主义是今日世界大势所趋；其中许多人受了费边社会主义的影响，还有部分人是拉斯基的学生。”[②] 的确，在40年代中后期知识分子中我们经常会发现他们与英国、与英伦教育、与英国工党有着这样或那样的联系。这样，欧洲社会改良主义思潮自然更容易在中国获得传播。

检视我们前文涉及的知识分子的经历，有樊弘等多位知识分子与英国、英伦教育或工党保持着或深或浅的关系（见表5－1）。

表5－1　**有英国工作或教育背景的知识分子**

樊弘（1900—1988）	1937—1939年先后在英国伦敦大学和剑桥大学进修
萧乾（1910—1999）	1939年任伦敦大学东方学院讲师，后入剑桥大学攻读硕士学位。在伦敦期间，萧乾与英国费边社会员、原工党左派、战后英国贸易部部长克利浦斯及其夫人有不少联系往来
伍启元（1912—?）	1934—1937年在伦敦大学经济政治学院攻读博士学位，从1946年起在该校任教
罗忠恕（1903—1985）	1937年在英国牛津大学留学
费孝通（1910—2005）	1936—1938年在伦敦大学经济政治学院攻读博士学位

① 朱启平：《一个遥远的梦——论述美国可能的动向》（续），《大公报》1947年6月12日。

② 胡颂平编著：《胡适之先生年谱长编初稿》，台北：联经出版公司1984年版，第2374页。

续表

丹枫 （不详）	《大公报》欧洲特派员
马廷栋 （不详）	《大公报》欧洲特派员
黎秀石 （1914—2007）	《大公报》欧洲特派员
陶孟和 （1887—1960）	1910—1913 年在伦敦大学经济政治学院攻读博士学位
吴恩裕 （1909—1979）	1936—1939 年在伦敦大学经济政治学院攻读博士学位
徐毓枏 （1913—1958）	1940 年获得英国剑桥大学博士学位
夏炎德 （1911—1991）	1935 年在伦敦大学经济政治学院攻读硕士学位
蒋硕杰 （1918—1993）	1938 年就读于伦敦大学经济政治学院本科，1945 年获得博士学位
储安平 （1909—1966）	1936—1938 年在伦敦大学经济政治学院学习
罗梦册 （1906—1991）	1935—1938 年在英国伦敦大学留学，当选英国皇家学院院士，是当时华人中最年轻的英国院士

由表 5 - 1 可见，这些知识分子大都于 20 世纪 30 年代中后期留学英国，并且相当多数人留学于英国伦敦大学经济政治学院。而创立于 1895 年的伦敦大学经济政治学院与“费边社”有着非常密切的联系，其创始人即是以韦伯夫妇和萧伯纳为代表的一群费边主义者。1920 年，费边社成员、后来工党重要的理论与活动家拉斯基自美国返英后即在伦敦经济政治学院任教。1925 年，拉斯基的《政治典范》一书发表后，出任伦敦大学经济政治学院教授，直至 1950 年去世。在此期间，中国这群时年二三十岁的热血青年远赴英伦投身费边社的大本营，不能不深受英国费边主义和工党改良主义思想的影响。他们中的一些人，如吴恩裕、储安平等还直接受教于拉斯基。此外，即便是留学于英国的其他学校，也或多或少受到了费边主义的影响。在

30 年代，伦敦大学经济政治学院曾经搬迁到剑桥大学，这更扩大了其在中国留学生中的影响力。以下以吴恩裕、费孝通为代表，简述英国费边社、工党与这些知识分子个体的联系及其影响。

吴恩裕，1933 年毕业于清华大学哲学系，1936 年进入伦敦大学经济政治学院师从拉斯基攻读政治思想史专业。就拉斯基的思想而言，受 30 年代资本主义经济危机的影响，拉斯基此时的思想处于“拉斯基—马克思主义”的阶段，即承认马克思主义所主张的“暴力革命”的潜在可能性，但希望资产阶级主动改良以避免暴力革命。[①]正是受拉斯基这一阶段思想特色的影响，原本打算以“黑格尔的国家论”为学位论文选题方向的吴恩裕，将学位论文的选题方向更改为“马克思的社会及政治思想”，并由拉斯基向伦敦大学高级学位委员会推荐攻读博士学位。在攻读博士学位的过程中，吴恩裕两次遭遇经济困难，面临学业难以为继的窘境。在最困难的时候，拉斯基慷慨解囊相助。对此，吴恩裕铭记于心。后来，他充满感激地回忆道：“并不是说：金钱上的帮助就可以打动人们的心，而是，在金钱的背后隐藏着深厚的同情心。”[②] 1939 年春，吴恩裕完成其博士学位论文《马克思的政治思想》，该文被拉斯基称为“我所见到的最短的、最好的博士论文之一”[③]。随后，吴恩裕婉拒了拉斯基欲为其出版论文并在欧美介绍工作的好意，回到已处于抗日烽火中的中国。回国之初，拉斯基还试图帮助吴恩裕谋得北方某大学的教职。回国五年后，在恶劣的环境下，吴恩裕自认为经济上不能偿还拉斯基当年的“资助”，学问上“未能有研究的机会”。但 1944 年他曾托友人给拉斯基带去一封长信，他希望拉斯基“由那封信中，可以知道我的态度及志愿，和他所期许我的，相差不远。我仍然在奋斗！”[④]

费孝通，1936—1938 年在伦敦大学经济政治学院学习，获得博

---

① 卢毅：《平社与费边社渊源初探》，《学术研究》2002 年第 3 期。

② 吴恩裕：《拉斯基教授从学记》（下），《客观》1946 年第 11 期。

③ 吴恩裕：《马克思的政治思想》，商务印书馆 2014 年版，第 170 页。

④ 负生：《忆拉斯基教授》，《读书通讯》1944 年第 100 期。

士学位。从其回国后发表的文章以及后来的回忆中，均可见其与费边社及工党的密切关系。1947 年 10 月 13 日，费边社的主要领导人韦伯（Sidney Webb）去世。费孝通曾撰文悼念韦伯，并对其有高度的评价。费孝通认为正是韦伯、萧伯纳这样的“老而不腐历久而不顽固的人物，支持着英国社会兴替的秩序，变迁得这样深，这样快，而依然有条不紊，从容有度；革命不需流血的光荣成就”[①]。2000 年，费孝通在回忆其在 40 年代的活跃表现时，也特意提及以费边社为代表的“英国的左派知识分子”（尤其是其中的“援外派”）对他的帮助：“他们这一批英国的援外派当时也很赏识我，每个星期，把英国主要报纸内容复制下来寄给我。所以我的信息资源快，人家都没有这个资源，用航空信寄到我家里。我的笔也很快，来了就写。我的看法也代表他们英国那一派的，左派。英国左派主要是费边社、韦伯夫妇等，我是伦敦 school（学校）出来的，有这批人捧我，给我资料，这个很重要的。”[②]

第三节 战后知识界社会主义思潮的历史作用

对于中国 20 世纪 40 年代中后期流行于知识分子中的具有左翼社会改良主义特征的社会主义思潮的历史作用，应该分而论之。一方面，其一定程度上有利于增强民主阵营的力量；另一方面，其在 1948 年以后，存在着客观的历史副作用。此外，它的最终破产，教育了一些知识分子回归理性与现实，选择科学的社会主义。

一 这一思潮一定程度上有利于增强民主阵营的力量

20 世纪 40 年代中后期知识分子中的社会主义思潮的存在，对于揭露国民党政权专制独裁的本质，对于支持国统区第二条反蒋战线不

① 费孝通：《悼锡德兰·韦伯先生》，《大公报》1947 年 11 月 10 日。

② 朱学勤、陈群：《费孝通先生访谈录》，《南方周末》2005 年 4 月 28 日。

无裨益。

1. 这一思潮客观上有助于揭露国民党政权独裁内战的本质

如前所述，40年代中后期知识分子中的社会主义思潮的主流是左翼社会改良主义思潮。从其希冀平等、民主与和平的诉求出发，他们对国民党政权的独裁内战的实质进行了一定程度的揭露和批判。关于这一点，本书在第四章第二节中已经有所论述，此处不再赘述。应该说，他们的这些揭批文章是有一定的社会效应的，因此也引起了国民党中央媒体的不满与批驳。以国民党的《中央周刊》为例，这些知识分子及其主张经常被作为批判的对象而列名其中（见表5－2）。

表5－2 **《中央周刊》中批判知识分子的文章**

《中央周刊》	
1947年第9卷第45期	《民主同盟的最后抉择》
1947年第9卷第49期	《统一律与排中率》
1947年第9卷第49期	《樊某与阿Q》
1947年第9卷第49期	《请蔡教授不要污辱了教育界》
1947年第9卷第49期	《可悲的自由主义者》
1947年第9卷第51期	《一篇莫知所云的论文》
1947年第9卷第51期	《观察〈观察〉记者》
1947年第9卷第52期	《与〈大公报〉论新闻的编排与标题》
1947年第9卷第52期	《盗亦有道》
1947年第9卷第52期	《吴恩裕的见解》
1948年第10卷第1期	《反革命和通儒》
1948年第10卷第1期	《路是没有了么?》
1948年第10卷第2期	《与〈大公报〉再谈标题做法》
1948年第10卷第2期	《为何反对缩小省区——戳穿〈大公报〉的鬼胎》
1948年第10卷第6期	《中间路线与亡国路线》
1948年第10卷第7—8期	《自由主义者的脸谱》
1948年第10卷第15期	《民主运动中的逆流》
1948年第10卷第17期	《自由主义者的抉择》
1948年第10卷第29期	《读〈大公报〉〈由《新民报》停刊谈出版法〉后》
1948年第10卷31—32期	《储安平的“噱头”》

综观这些文章可见，这些知识分子之所以受到国民党的批判，是与以下这些原因相关的。

第一，因揭露国民党民主宪政运动的虚假性而受到批判。政协会议后，国民党一方面撕毁政协决议，一方面出于各种考虑迅速推进由国民党一党主导的“民主宪政”运动。1946 年 11 月，国民党单方面召开“制宪”国大；1947 年 2 月，宣布开始向“行宪”过渡；1947 年 12 月，宣布开始“行宪”；1948 年 3 月，“行宪”国大开幕。对国民党的这些“民主”意愿和行动，一部分知识分子是随着现实的展开而由期望走向失望与批判的。但另一部分人则是从其理性认识出发，从一开始就不对国民党的民主宪政运动抱有期望。他们对国民党民主宪政运动的批判带有釜底抽薪的意味，因此，也受到了国民党中央媒体的点名批判。吴恩裕、樊弘、汤德明等就是他们中的典型代表。在国民党忙于“制宪”“行宪”之际，吴恩裕撰写了《法律、道德与大众利益》一文，《观察》周刊于第三卷第十五期将其冠于篇首发表。文中直言“法律是不会永远表示公正的。不但时代环境的演变，可以使一条法律违背时需，即造法人的智力、偏见等等，也可以产生与民众利益抵触的法律”[①]。除了法律，文中还认为“道德不一定代表公正”，因为“道德是阶级偏见化了的”。[②] 为此，吴恩裕认为“我们唯一用以裁判、量度那些制度的最高、最后、最公正的准则，就是大众的利益”[③]。对此，国民党《中央周刊》批判吴恩裕发表的是“有所蔽的见解”，讽刺他“要否定现行的道德和法律，就索性否定好了，何必绕圈子，说废话”。[④] 与吴恩裕的观点接近的，还有樊弘和汤德明的观点。樊弘和汤德明都以经济基础决定上层建筑的理论为依据，认为除非改造中国的经济基础，“民主”是无从实现的。樊弘认为“中国的民主政治，经过这些年的失败之后，我们似乎应该有

① 吴恩裕：《法律、道德与大众利益》，《观察》1947 年第 3 卷第 15 期。
② 吴恩裕：《法律、道德与大众利益》，《观察》1947 年第 3 卷第 15 期。
③ 吴恩裕：《法律、道德与大众利益》，《观察》1947 年第 3 卷第 15 期。
④ 洪汶：《吴恩裕的见解》，《中央周刊》1947 年第 9 卷第 52 期。

一个彻底的觉悟，即除了有计划的集体劳动外，民主政治在中国无论由任何哲学家来领导，都好像一座倒立的金字塔，它永远是站不住的”[①]。而汤德明则认为“现时每一个人都在要求着民主，而且政府还在筹办大选和宪政”，但实际上，中国“正在扮演着可悲的哈密雷特”，因为“宪政和民主并不能凭空产生，它必须具备适当的经济基础”。[②] 由于樊弘、汤德明的揭露，国民党《中央周刊》不得不作出回应。《中央周刊》讽刺汤德明的文章“莫知所云”，对共产党是“小骂大捧”[③]；而对于樊弘，则干脆冠之以“马克斯（思）主义的理论家”[④] 的头衔。

第二，因反对国民党的“戡乱军事”而受到批判。在内战责任问题上，知识分子并不讳言国民党的责任。如储安平即认为“现政权当让不让，可和不和，应改不改，要做不做，还是迷信武力，图以武力解决一切”[⑤]。蔡尚思则通过教费与军费、教薪与官薪的比较，批判国民党治下的中国是“武治国”和“官迷国”。[⑥] 这些知识分子对国民党专注内战的批评引起了国民党的反批判。国民党《中央周刊》批评这些知识分子污蔑国民党，是非不分，指出：“在国家民族生死存亡的搏斗中，连数万里外异国的友人，都在为我们焦心的时候，而偏偏还有些人故意无视事实，偏偏把保卫国家民族的神圣血战当做‘内战’，把……人民的惨痛，算在政府身上……”[⑦] 对储安平，《中央周刊》批评其“以骂政府而起家”，因为“骂政府是文人最廉价的登龙术”。[⑧] 对于蔡尚思的批判，词穷的《中央周刊》只能毫无说服

---

① 樊弘：《与梁漱溟张东荪两先生论中国的文化与政治》，《观察》1947 年第 3 卷第 14 期。

② 汤德明：《民主政治的经济基础》，《时与文》1947 年第 2 卷第 12 期。

③ 洪汶：《一篇莫知所云的论文》，《中央周刊》1947 年第 9 卷第 51 期。

④ 洪汶：《反革命和通儒》，《中央周刊》1948 年第 10 卷第 1 期。

⑤ 储安平：《中国的政局》，《观察》1947 年第 2 卷第 2 期。

⑥ 蔡尚思：《教费与军费，教薪与官薪》，《时与文》1947 年第 2 卷第 10 期。

⑦ 刘三：《可悲的自由主义者》，《中央周刊》1947 年第 9 卷第 49 期。

⑧ 刘三：《观察〈观察〉记者》，《中央周刊》1947 年第 9 卷第 51 期。

力地讽刺蔡尚思是“官迷”，是“垂涎高秉坊的教授”。[①]

2. 这一思潮一定程度上支持了国统区第二条反蒋战线

由于国民党政府的独裁、内战、卖国的政策，从1946年到1947年5月，在国统区形成了以学生运动为先导的人民民主运动，即国统区第二条反蒋战线。对于国统区的民主运动，中国共产党的一向政策是“极力援助”[②]，从1946年开始更成立城工部来指导国统区民主运动的推进。国统区第二条反蒋战线的形成和发展使国民党政权陷入了全民的包围之中。对于国统区第二条反蒋战线，一部分知识分子从他们自身的诉求出发，也给予了一定程度的声援和实际支持。

第一，对于学潮的声援。在知识分子的舆论空间中，对于学潮声援最力的应属储安平主办的《观察》周刊。1946年沈崇事件中，《观察》以“本刊特约记者”的名义发表了《民族受辱案》《北平学生示威记》两篇专稿，认为沈崇事件是“一种兽性的行为，这是新帝国主义者蹂躏中国的深一层的表露”，认为学生游行是“中国的人民起来了呵”。[③] 1947年反饥饿、反内战、反迫害的学生运动中，储安平接连发表了《大局浮动·学潮如火》《学生扯起义旗·历史正在创造》《论〈文汇〉〈新民〉〈联合〉三报被封及〈大公报〉在这次学潮中所表示的态度》等置首文章，高度肯定并支持学生运动。他公开表态：“政治上的种种现象诚然使人悲观失望，然而赖有这批青年，才使我们在黑暗中看到一点国家新生的希望。”[④] 储安平对学潮的大胆肯定态度赢得了读者的支持，但也招致国民党《中央周刊》的批判。《中央周刊》批评储安平的《观察》“连续登载着尽情渲染的学潮特写，我们就没有看到一篇反对学生盲动或劝告学生冷静的文章”[⑤]。在《大局浮动·学潮如火》一文中，储安平置首一句“大局

① 王瑞：《请蔡教授不要污辱了教育界》，《中央周刊》1947年第9卷第49期。

② 中共中央文献研究室、中央档案馆：《建党以来重要文献选编》（第22册），中央文献出版社2011年版，第51页。

③ 本刊特约记者：《北平学生示威记》，《观察》1947年第1卷第21期。

④ 储安平：《大局浮动·学潮如火》，《观察》1947年第2卷第13期。

⑤ 小凤：《储安平的“噱头”》，《中央周刊》1948年第10卷第31—32期。

浮动到了极点，到处不安，到处忧惧，旧局面正在瓦解之中”，更引得《中央周刊》批评其为头脑不健全的人，因为“头脑稍微健全的中国人，是绝不肯说这种话的”①。

第二，对左翼学生的保护。在反饥饿、反内战、反迫害的学生运动中，张东荪即对燕京大学的进步学生活动给予了一定的帮助。“据张东荪家人回忆，当时张家几乎成了进步学生活动的中心，燕京大学学生领袖经常在这里聚会。”② 为此，张东荪还收到过装有子弹头的匿名恐吓信。再比如，一向不好出风头的北大教授吴恩裕对学生民主运动也极为支持。1948 年 8 月，吴恩裕曾领衔与 55 名教授一起签名发表宣言，抗议国民党镇压学生运动。8 月 19 日，国民党包围北大搜捕地下党和进步学生，吴恩裕又积极帮助地下党员学生康敏心等同学转移。康敏心曾回忆说：“吴先生是我的恩师，他对马克思主义研究的执着追求，他的正直、他的侠义之风，我永远不能忘记，当时的学生们都永远记得他。”③

总之，这一以左翼社会改良主义为主要特征的知识分子中的社会主义思潮与国、共两党的诉求之间都存在着一定的离合关系。但从他们自身平等、民主、和平的立场出发，在一定程度上是有利于民主阵营的。对于这样一个群体，早在抗战末期，周恩来在总结统一战线工作经验时，就指出：“新民主主义的统一战线队伍里面，还有一个自由资产阶级，我们叫他中间力量。……这是个软弱的动摇的阶级，无产阶级应该争取他，联合他，至少可以使他中立，但是不能依靠他。”④

二　这一思潮存在客观的历史副作用

尽管 40 年代中后期知识分子中的社会主义思潮一定程度上有利

① 刘三：《观察〈观察〉记者》，《中央周刊》1947 年第 9 卷第 51 期。

② 参见左玉河《张东荪传》，红旗出版社 2009 年版，第 269 页。

③ 吴季松：《我的父亲吴恩裕教授》，北京科学技术出版社 2004 年版，第 81 页。

④ 中共中央文献研究室编：《周恩来统一战线文选》，人民出版社 1984 年版，第 101 页。

于扩大民主阵营的力量，但在特殊的条件下——当战争已经绝对不可避免的时候，他们依然在积极宣传和平与改良，这在客观上帮助了国民党，对于中国反对帝国主义、封建主义和官僚资本主义的革命进程造成了不良的影响。尤其在1948年以后，这一思潮受到了中国共产党及其团结的知识分子的批判。

来自中国共产党的理论工作者的批判主要集中于以下两个方面。

1. 他们充当了美帝国主义的应声虫

到1947年的下半年，在国共两党的军事较量中，共产党不仅粉碎了国民党的全面进攻，而且粉碎了其针对陕北和山东两解放区的重点进攻。这个被美国人称为“军事转捩点”的到来，极大打击了美国“助蒋内战”的信心，也动摇着美国人的扶蒋政策。1947年7月22日到8月24日，魏德迈受美国总统杜鲁门的委托来华实地调查，以决定美国后续的对蒋援助问题。在魏德迈向杜鲁门提交的报告中表达了对蒋介石领导的国民党政府的失望，但同时认为为了抵制共产主义的影响在亚洲的扩散，对国民党的军事援助必须继续。也就是说，美国人对国民党政府虽有不满，但也不能完全放弃国民党，因此，他们期望着国民党的“自新”。而无论是魏德迈在离华之前的报告或是此时的美国驻华大使司徒雷登的各种演说中，都在极力号召中国的知识分子能成为这一“自新”的力量源泉。在此背景下，1948年1—2月，《大公报》先后发表《自由主义者的信念——辟妥协·骑墙·中间路线》和《政党·和平·填土工作——论自由主义者的时代使命》的社评，号召民主社会主义者们，团结起来，坚持理性与公平的信念，反对意气、霸气与武器。1948年3月，北平一些知名教授成立被认为具有“费边社”性质的“社会经济研究会”，就国是问题提出了三十二条改革主张。1948年5月，“社会经济研究会”主办的刊物《新路》创刊。中国共产党的理论工作者认为这一系列的宣言和行动是知识分子对魏德迈、司徒雷登等所倡导的中国知识分子的“进步运动”的遥相呼应，一脉相承。尤其是“社会经济研究会”成为中国共产党的理论工作者批评的主要目标。学者“庞欣”即指出，1948

年“二月廿二日，司徒大使又发表谈话，特别指出知识分子与受教育人士‘可组一新党’，对政府作建设性质之批评；亦可成立若干团体，以倡导若干有关改革之主张及进步运动’；大使继称，‘若干大学教授对于政府所采之消极态度，使渠至感惊讶。渠愿其中若干批评政府而未曾有所作为者，应于新宪法之下积极尽其责任，以协助解决国家之问题’。三月初，酝酿已久的社会经济研究会正式成立于北平，其卅二条纲领中充分表现出司徒所说的‘支持政府续致中国和平之努力’”①。而郭沫若则直斥“社会经济研究会”为“政治扒手”，认为其目标是在“替蒋朝扒民意，扒人心，而最后呢是替美帝国主义扒中国的主权”。②

2. 他们充当了国民党反动政权的“帮闲和帮凶”

中国共产党的理论工作者认为知识分子中的这些社会主义主张不仅不可能根本解决问题，而且他们实际上帮助了国民党“蒙蔽群众”，帮助他们“用新的姿态来保存反动派统治的实质”。③

对于知识分子所推崇的工党的经济路线，学者何文俊批评道：“被讴歌为对内的经济政策，以前德国的社会民主党和现在英国工党所施行的社会政策，可谓最好的典型，那是社会主义吗？有迂回到社会主义去的意思吗？不，那不过是保持资本主义的方法之一而已，矿山铁道让给国营，股本如数收回，贫者仍贫，富者仍富，经济平等是骗人的话。”④ 对于一些知识分子所探讨的“公有制加自由市场”的“混合经济制度”，学者范承祥认为：“生产上采取资本主义技术上的优点，分配上采取社会主义公平的优点，那是将近一百年前曾经英国大经济学家 T. S. 弥尔所梦呓过的玄想。”⑤

对于知识分子所热衷的西方式民主，郭沫若认为那些“要走‘中

① 庞欣：《总结关于“自由主义”的论争》，《读书与出版》1948 年第 3 年第 4 期。
② 郭沫若：《提防政治扒手》，《华商报》1948 年 3 月 15 日。
③ 社论：《旧中国在灭亡，新中国在前进》，《人民日报》1948 年 5 月 26 日第 1 版。
④ 何文俊：《论中间派及中间路线》，《创世》1948 年第 8 期。
⑤ 庞欣：《总结关于“自由主义”的论争》，《读书与出版》1948 年第 3 年第 4 期。

间偏左’的道路，似乎是以英国为模范”的知识分子，“都是一些唯名论者。说民主吧，便死含着一个英美政治形态，以为至少非两大政党对立不足以为民主”。郭沫若认为问题的关键在于他们看问题缺乏人民的立场，他认为：“假使站在人民的观点上，像苏联那样，人民获得经济平等的国家，岂有没有政治的民主的？假使站在人民的观点上，像美国那样，贫富有天渊的差别，全国的财富集中在八大财阀集团的手里，人民没有获得经济的平等，又哪能有真正的政治民主？对于事物不从发展上去看，不从本质上去看，更不从人民的观点去看，拘泥着一些名词与形象，当然得不到正确的了解。”①

对于知识分子所期盼的“和平长入社会主义”的手段诉求，郭沫若认为仅仅只有好心肠往往是无补于事的。就“同意革命”（Revolution by Consent）本身而言，他认为“我们也能‘同意’，但要问‘革命’的对象同不同意”。就中国的局势而言，在政治协商会议的当时，的确是有过“同意革命”的希望，“然而那样的局势已经一去不复返了”。② 学者何文俊也认为无原则地要求“和平”，是这些主张改良的社会主义者的最大问题所在。他认为：“社会民主主义在今天最成问题的一点是不流血的和平革命，他们以为社会进化是渐进的，不要突变，用改良就够了。但现在中国人民是在流血，世界人民已卷入革命的风暴。”③

对于这些主张改良路线的社会主义者及其虚幻的主张的存在价值，中国共产党人认为他们实际上是国民党反动政权用以延续其反动统治的“过河卒子”而已。《人民日报》曾经如此评论道：

> 反动的统治阶级，当着自己的统治受到人民反对并发生危机时，常常撤换他们已经丧失威信的政治上的代表人物，而用反动面貌尚未完全暴露的或在人民中尚保有某些幻想的代表人物去代

① 郭沫若：《历史只有一条路》，《国讯》1948 年第 456 期。

② 郭沫若：《历史只有一条路》，《国讯》1948 年第 456 期。

③ 何文俊：《论中间派及中间路线》，《创世》1948 年第 8 期。

替，以便缓和人民的反对，麻痹人民的警惕性，继续维持他们的统治。[①]

而被《人民日报》列名其中的用以“代替那人人痛恨的蒋介石进行统治”的“‘适当的’的人物”，就包括“政学系大公报”“钱昌照之流在‘第三条道路’口号下所发动组织的社会经济研究会”等。

客观言之，在国共斗争已经白热化的状态下，上述中国共产党的理论工作者对知识分子中诉求改良的社会主义者的批判，更多的是战斗檄文性的，而不是细致的学理性探讨。因此，也不能说所有的批判都是无懈可击的。但是，至少有一点中国共产党的理论工作者是占据了客观正确的地位。那就是，即便我们不能说这些主张走改良路线的社会主义者都有“主观”意愿为美国或国民党统治服务，但他们的主张和宣传客观上的确有益于美国的亚洲政策并延续国民党的反动统治。对于这一点，《大公报》的主编王芸生后来有着清醒的反思。1949 年 6 月 17 日，《大公报》在解放后的上海以原名复刊，主编王芸生发表了题为《大公报的新生宣言》的文章，其中就提到了《大公报》一直以来的改良主义主张的客观危害，即“历史上所有改良主义者在实质上无不成为反动统治的帮闲甚至帮凶”[②]。

三　这一思潮的分化有助于知识分子最终选择科学的社会主义

受欧洲社会改良思潮的影响，中国 20 世纪 40 年代中后期知识分子曾热情地拥抱这一改良思潮，认为唯有这条路可以实现平等与民主，并维护中国和世界的和平。但到了 1948 年的下半年，在各种国际国内的现实条件面前，这股思潮逐渐归于平息，知识分子的热情逐渐归于理性，理想也更贴近于现实。这样一股思潮的最终分化与破

---

① 社论：《旧中国在灭亡，新中国在前进》，《人民日报》1948 年 5 月 26 日第 1 版。
② 王芸生：《大公报新生宣言》，《大公报》（上海）1949 年 6 月 17 日。

产，客观上有利于知识分子放弃空洞的幻想，进一步接近和接受科学的社会主义。从1948年以后知识分子的自白或反思性的文字中，我们多少可以感到这样一种转变的存在。

首先，是对空泛的美好理想的现实性产生了怀疑。知识分子中这一股以改良为主要特征的社会主义思潮，集平等、民主、和平等诉求于一体，固然美好，但能否实现？1948年以后的知识分子对此表达了更明显的怀疑态度。1948年8月，吕克难借对中国儒家思想强大的“粉饰”功能的批判之际，强调不要再将某种各方皆不得罪的理想奉为新的“道统”，荼毒国家人民。他说：“我谨提请读者注意：最蒙混的意识，含糊而不着边际的观念，我用得着你用得着以至于不分治者与被治者都可拿来派用的主张，是最危险最要不得的思想。这，便是我在上面所分析了的儒家思想。”“末了，我要动问：当儒家的道统地位濒于垂危的今日，我们是否觉着有一种美丽但极空泛的观念继起为新的道统？”[①] 与吕克难相似，张东荪也对空洞的理想的价值产生了怀疑，他认为：“无论任何好的理想，如人人自由，大家平等，彼此公道，完全讲理，等等，倘只是说说而已，虽然说得如何天花乱坠，然终不能见于实际，则必定亦只是徒然。”[②] 因此，他主张应该努力寻找理想与现实相衔接的中间环节。或许这一中间环节不如理想美好，但“我们又须知道理想虽百分百的美满高尚，实不及其中的一分能拉到地上的之为可贵”[③]。这样一种思想的转变，实际奠定了张东荪“新型民主主义”主张的提出，以及他对中国共产党新民主主义理论的认可。

其次，是对以和平的手段实现社会主义理想的怀疑。如前所述，1948年费孝通依然从诉求和平的立场出发，为中国的乡土重建问题展开了思考。不过，费孝通在他文章中的另一些自白性的文字，让我们感到身处1948年的中国的知识分子似乎已经有了这样一种认识：

---

① 吕克难：《从思想的功用看道统》（下），《世纪评论》1948年第4卷第6期。

② 张东荪：《增产与革命》，《观察》1948年第4卷第23—24期。

③ 张东荪：《民主主义与社会主义》，观察社1948年版，第33页。

和平的，不流血的方式具有理论上的合理性，却不一定具有现实的合理性。费孝通在文章中这样自白：

> 我这几篇“乡土复员论”将从一个问题出发：假如我们还希望走上一条安康的道路，我们应当向哪个方向出发。至于我们怎样能走上这条路，那不是我在这几篇短论里所想讨论的了。
>
> 历史并不常是合理的，但是任何历史的情境中总包含着一条合理的出路，历史能不能合理发展，是在人能不能有合理的行为。一个被视为“书生”的人，有责任把合理的方向指出来，至于能不能化为历史，那应当是政治家的事了。①

最后，是对于脱离民众生活的知识分子力量的怀疑。主张走社会改良道路的知识分子，在对国民党失望之余，曾将希望寄托于“劳文”的身上，希望他们能如费边社的成员改造英国一般改造中国。但面对已经无法挽回的内战局面，面对国民党解散民盟的决定，知识分子们也开始了对自身力量的反思。有学者认为中国知识分子的失败就在于“未能伸根于广大的人民、尤其是广大的农民中去；仅仅是斤斤于注意个人的自由，而忽略了多数人的福利”②。而贺昌群更借古喻今，以古代的“英雄”与“名士”作比，认为无论“英雄”或“名士”当初都不能挽救汉帝国的纷崩，以至演变为三国割据的局面。因为“他们都觉得自己是超人，不肯从平凡中去认识真理，真理是平凡的，平凡的力量不在超人，而在平凡的众人中。能够领解平凡的人，才是真能领解政治的人”③。对国民党的失望、对自身的失望，当然更有助于他们倾向于“能够领解平凡的人”的中国共产党。

---

① 费孝通：《黎民不饥不寒的小康水准——乡土复员论之一》，《大公报》1948年1月18日。

② 李孝友：《读〈关于中共往何处去〉兼论自由主义者的道路》，《观察》1948年第3卷第19期。

③ 贺昌群：《英雄与名士》，《世纪评论》1948年第3卷第8期。

总之，20 世纪 40 年代中后期知识分子中以改良为主要特征的社会主义思潮，相对于当时中国的发展阶段而言，具有一定的进步意义。但在和平之门已经俨然关闭的情况下，他们仍执着于宣传他们的改良主张，却也的确是如中国共产党的理论工作者们所批判的“此非时也”。[①] 1949 年，钱昌照到北京，周恩来对他曾经于 1948 年 5 月创办的《新路》是这样评价的：“那时《新路》这个刊物的论调冲淡了共产党的宣传，所以要组织力量去批判。如果是早三年办这个刊物，应该算是进步的，到现在办也还可以，就是那个时候办不合时宜。”[②] 而这个最终为时代所分化的思潮，也教育了一些知识分子在历史的十字路口作出了正确的选择，即选择中国共产党引领下的社会主义道路。

---

① 社评：《政党·和平·填土工作——论自由主义者的使命》，《大公报》1948 年 2 月 9 日。

② 钱昌照：《钱昌照回忆录》，东方出版社 2011 年版，第 98—99 页。

结 束 语

20 世纪 40 年代中后期知识分子中的社会主义思潮不是历史的主流，也没有成为后来研究的显学。但这一思潮是近代中国知识分子追寻其社会主义理想的最后表达，虽然终究为时代所抛弃，但在其潮起潮落中却不乏值得为历史常记起的闪光点。深入研究这一思潮，对于理解社会主义的理想与现实，对于思考马克思主义的生命力不乏启示意义。

一　社会主义的理想与现实

从中西语境来看，“社会主义”自其产生就是与美好的“公正平等”的价值理想相伴随的。关于“社会主义”这一概念的最早使用者的问题是存在争议的，但近代甚至现代意义上的“社会主义”概念的最初使用显然是出自于傅立叶、圣西门和欧文等后来被称为空想社会主义的思想体系中。其时，英法两国是典型的资本主义社会，阶级分化对立、农民和小手工业者贫困破产、周期性经济危机爆发。正是从这些社会问题出发，空想社会主义者在“公正平等”理念的指引下，对未来的“社会主义”社会进行了具体的设想或实践。他们关于“社会主义”的具体方案不同，但追寻社会“公正平等”的理念却是相同的。“社会主义”一传入中国就产生极大的影响。就知识分子来看，梁启超、江亢虎、刘师复、张东荪、张君劢、罗隆基、王造时等，先后举起“社会主义”的旗帜。应该说知识分子尽管举着相同的“社会主义”大旗，但其具体主张是不尽相同，甚至是大异其趣的。不过，有一点是共同的，即无一不高扬着“公正平等”的价值诉求。40 年代中后期的中国，在豪门经济的压榨之下，社会严重两极分化，甚至也裹挟着知识分子向下流动，沦为社会贫困阶层。同样是社会主义的“公正平等”的价值理念招引着知识分子们高举社会主义的旗帜，以社会主义为理想，以社会主义者自居，为国家民族和个人寻求出路。

正是由于“社会主义”是一种美好的价值理念的化身，因此，许多不同立场者都愿意以“社会主义”作为自己的旗帜。但是，问题在于，仅仅在价值理想上选择社会主义，其初衷即便是可贵的，却也并不意味着找到了真正的救国之路。因为“公正平等”这样的理想具有超然性，实际上它无法直接与社会现实对接。能够在多大程度上将公正平等的价值理想与社会现实，并且是与中国的社会现实对接，将决定着这种社会主义理想在近代中国的历史命运及其历史价值。

实事求是地说，知识分子中也有相当一部分人是重视社会主义的理想与现实、包括与中国社会现实的衔接问题的。就具体而微的角度讲，他们对中国某些层面的社会现实的认知是具体而且专业的。比如，张东荪早在 20 年代就由旅行内地而揭露中国的“四病”——无知病、贫乏病、兵匪病、外力病，并进而引发 20 年代的社会主义大论战。到 40 年代，张东荪主张“有限度的革命”，施复亮主张“新资本主义”，蒋硕杰、刘大中、吴景超等对公有制和私有制、计划经济和市场经济运行机制的比较分析，等等，都证明了他们或者对中国国情的认知是细致的，或者对经济运行规则的了解是专业的。尽管如此，这些局部的认识并没有保障他们社会主义理想的实现，因为在社会主义由理想转化为现实的过程中，他们在其他一些更基础性的问题上不同程度地作出了不合实际的选择。总体而言，40 年代中后期的知识分子在沟通社会主义的理想与现实上面临着如下困境。

（一）在社会主义的制度建构问题上理论与实际的脱节

为了使“社会主义”从理想走向现实，一些知识分子认为关键的问题在于制度的建构，尤其是基本制度的建构。因此他们当中的一部分人积极凭借自己的学识和视野，为中国进行最新最进步的制度设计，希望能取欧美先进国家几百年来所积聚的最新最进步的经验为中国所用，从而实现对先进资本主义国家的赶超。因此，他们中的一些人在经济制度上，选取苏联社会主义经济的成功经验，即公有制加计划经济的模式。更有少数人，以其对计划经济和自由市场的学理比较为基础，希望中国能够集苏联与美国经济优势于一体，取公有制加自由市场的模式。在政治上，他们倾向于选取资本主义成功运转了几百年的代议制度加多党制度。

这些制度设计，表面上从经济到政治都充分尊重大多数人的利益和意志，鱼与熊掌兼得，但这些“最后最新”的制度显然没有成为近代中国人的选择。其原因在于，首先，公有制、计划经济等并非可以简单嫁接的经济工具，而是一个自然历史的过程，它归根到底取决于一个国家的生产力水平，而非任何其他国家的成功经验。这一点不仅当时的一般知识分子，即便是马克思主义者，也或多或少存在认识的误区。其次，在相似的经济水平之上可以有不同的政治活动方式，具体选择何种政治活动方式与一个国家的文化社会息息相关。梁漱溟在这一点上的认识是到位的，他认为：“凡一制度之立，一面是针对着它的问题求解决，一面必凭借它现有形势为运用。而此二者，则因历史背景社会背景而各处不同。各处制度因之而不易相袭。”[①] 深谙中国历史与现实的梁漱溟为此反对在中国实行西方式的政治模式。事实也确实证明在中国20世纪40年代中后期的历史环境中立宪行宪的确“既没有学到摩登，也失去了朴实的本色”[②]。最后，经济制度与政治制度存在自身的自洽性问题。政治竞争中的大党未必就是经济上的社会主义者。当时的国民党就是典型代表。国民党以三民主义为指导，也宣称民生主义就是社会主义，就是共产主义。然而垂二十年之治，却“连民生主义的影子都看不到。这不能都归咎于环境，实由于

① 梁漱溟：《预告选灾·追论宪政》（上），《观察》1946年第3卷第4期。
② 志徐：《副总统选潮》，《世纪评论》1948年第3卷第18期。

人谋之不藏”①。

（二）在社会主义的实现道路问题上理论与实际的脱节

无论初衷如何，40 年代中后期的一部分知识分子从一开始就将实现其社会主义理想的道路指向了社会主义的改良主义，尤其是英国的费边社会主义道路。因此，就中国的具体问题分析而言，这些知识分子的见解可能是精细而专业的。但对于这些问题的解决，他们从一开始就已经处于了尴尬的与虎谋皮或无路可走的位置。为了实现他们的社会主义理想，知识分子中的一部分人，寄希望于当权的国民党政府的改弦更张。因此，他们中的一些人积极建言献策，一些人甚至放弃安逸稳定的教授生活，怀着美丽的幻想参加政府，试图直接开展改革工作。他们的言论行动，其情或可感，但在代表大地主大资产阶级利益的政权背景下从事这些建言和实际努力，其境终可悲。“上焉者，会渐渐感到幻想的破灭，最后落为一个感伤、等待而又缺乏正面突破矛盾苦闷的勇气的自由派悲剧人物；下焉者，则情不自禁地慢慢附属于既得利益集团的统一纽带，向人民摆着主人的面孔，而分享血腥独占的利润。”② 知识分子中的另一些人对国民党并不抱希望，试图在国共之外找出一条不诉诸武力的新路。《主流》社就是他们中的典型代表。问题是在中国的现实环境下，如何才能实现他们理想中的“变而不乱之不流血的革命”呢?《主流》社成员却无法予以回答。而这一点最后却恰恰成为其拥护者对《主流》主张的质疑所在。如有一名署名“郭子钢”的读者就代表“几个散布在上海青岛重庆昆明北平台湾的朋友”致信《主流》社表示：“学会成立宣言中，我们的认识，我们的信念和我们的主张，理论基点是相当正确的，但我们都有稍嫌空虚之感。根据我们的主张，应该分别附有我们的办法（政策），因为无有我们的办法，使得几点正确的理论缺乏道路。亦即是需要有一条正确的，明晰的，革命路线。用我们主张的革命目标，革

① 志徐:《英国工党的产业国营计划》,《世纪评论》1947 年第 1 卷第 10 期。

② 杜迈之:《论中国的自由主义者》,《文萃》1947 年第 2 年第 22 期。

命理论，引证到英国工党，自然可以，但西欧诸国和大英帝国的社会形态，社会基础，与中国截然不同，所以令人不能不起扑朔迷离的感觉。我们认为这是学会当务之急，我们须要有明确的革命路线，以免贻‘有方向无路’之诮。”①

总之，20 世纪 40 年代中后期知识分子中的社会主义思潮给我们的启迪在于：“社会主义”是一种美好的价值理想的代名词，但社会主义从理想转化为现实，需要中间环节。而这一中间环节决不能仅仅凭借着善良的愿望或主观的臆断来构建。张东荪的一番话颇值回味：“理想与现实要使其衔接起来，当中必须另有一环。必须发见这个环是什么方可。不然理想虽好，而仍高悬在上，在天飘飞，不能落在地上。”②

二　马克思主义的生命力

从知识分子的视角出发考察社会主义思潮，无论就言论阵地的性质、所处的地域，或者就论说主体的偏好而言，马克思主义是处于不利甚至是被禁止言说的地位的。然而，马克思主义实际并未因此而失语，而且它最终成为近代以来中国社会主义运动的主流。认识马克思主义在 40 年代中后期国统区知识分子中的传播状态，是理解马克思主义在近代中国生命力的有力注脚。

（一）理论阐释力与学理性的认同

20 世纪 40 年代中后期，马克思主义在国统区的传播受到严厉的压制。尤其是国共关系恶化后，随着 1947 年 2 月重庆《新华日报》的查封，1947 年 3 月上海《群众》的查封，中共中央已经失去了所有在国统区的公开舆论阵地。但马克思主义话语实际上并未从知识分子的舆论阵地中销声匿迹，这首先导源于马克思主义拥有的无可辩驳的理论阐释力。

---

① 郭子钢：《万方多难望主流》（十三），《主流》1948 年第 19 号。

② 张东荪：《民主主义与社会主义》，观察社 1948 年版，第 25 页。

马克思主义是服务于无产阶级的一种世界观和方法论，换言之，马克思主义应该是意识形态性和科学性的统一。从历史经验来看，在国民党的严格管制下，马克思主义依然可以在知识分子的舆论阵地中发声，是因为马克思主义关于人类社会的理论思考是那些认同它甚至反对它的人都必须面对的。对于一些知识分子而言，他们暂时拒绝马克思主义的意识形态性，却愿意或必须对马克思主义进行纯学理的研究分析。正是在这一过程中，马克思主义以其难以辩驳的理论说服力使观望者心悦诚服。如北大教授吴恩裕就是臣服于马克思主义的学理性的典型代表。

1936 年，当吴恩裕向伦敦政治经济学院递交入学申请时，在他的眼中，马克思只是和黑格尔、费尔巴哈、拉萨尔等类似的、具有研究空间的人物。但他最后选择了以马克思的政治和社会思想作为博士学位论文的选题。1945 年商务印书馆出版了他翻译成中文、以《马克思的政治思想》为名的博士学位论文。在出版自序中，吴恩裕就表示了对马克思的思想的“学理研究”态度：“本书的性质，犹如我十年前出版的那本《马克思的哲学》一样，既不取感情上的赞成态度，也不取感情上的反对态度。我只是对马克思的学说，做纯粹学术的研究。”① 但正是基于纯学术的研究，使他对马克思的一些思想有着更深入的认识。比如，对于“无产阶级革命论”，吴恩裕就非常清楚，在马克思的文本里，“革命”不是一种主观意愿，“相反地，我们应该用物质生活中的矛盾，用现存的社会生产诸力与生产关系间的冲突，来解释这种意识”②。如果说吴恩裕最初形成对马克思革命理论的这一认识时，的确只是一种学理性的认识。那么，1948 年，经过多年的观望之后，吴恩裕发表《用和平方法不能实现社会主义》这一讨论文章时，马克思的革命理论显然已经成为他解释现实的一种理论依据。对于像吴恩裕这样求学于费边社会主义的大本营伦敦大学经

① 吴恩裕：《马克思的政治思想》，商务印书馆 2014 年版，第 1 页。
② 吴恩裕：《马克思的政治思想》，商务印书馆 2014 年版，第 90 页。

济政治学院、受教于工党著名领袖拉斯基，对为人低调，不喜欢出风头、凑热闹的学者而言，也只有在学理上能率先征服他们，才可能促使他们改变认识，以马克思主义的理论发声，甚至在行动上支持中国共产党的民主活动。

历史经验告诉我们，话语权固然可以通过权力来保障，但权力对话语权的保障只能是暂时的，真正深入持久有效的保障必须通过理论的科学性来实现。就当年的民生社会主义、费边社会主义和马克思主义而言，在国统区，民生社会主义是最受权力保障的主流意识形态，费边社会主义因其渐进改良的主张对国民党政权不构成重大威胁，因此也有较大的传播空间，而马克思主义的传播则是备受当局的严厉压制的。但马克思主义依然依靠自己对现实的科学的解释力，为自己在国统区，尤其是在知识分子的舆论阵地中赢得了存在的空间。

（二）基本话语方式与潜在性认同

马克思主义的基本话语方式指的是构成马克思主义理论的具有基石性质的基本观点和分析框架。20 世纪 40 年代中后期，马克思主义实际上并没有在国统区，尤其是在知识分子的舆论阵地中完全丧失话语权，其依据之一即在于马克思主义的某些话语方式实际上是相当一部分知识分子用而不觉的思想武器。这正是本书第三章所述及的，尽管知识分子对马克思主义的一些观点方法持怀疑、观望甚至否定的态度，但马克思主义的另一部分观点、方法却被他们广泛地用以分析当时中国的经济、政治、社会、伦理甚至国际关系等各方面的现实问题。尤其是马克思主义的唯物史观和对资本主义经济问题的分析获得了他们广泛的认可和运用。前文亦曾述及，1948 年吴恩裕经由观察社出版《唯物史观精义》一书时，据观察社透露，该书发行后，“瞬即四版，发行数达九千册”[①]，可见其畅销程度。诚然，这些知识分子在运用马克思主义的这些基本观点的时候，尚不能完全接受马克思主义的革命理论。但马克思主义的革命理论恰恰正是从唯物史观和剩

① 民熹：《评吴恩裕著〈唯物史观精义〉》，《世纪评论》1948 年第 4 卷第 10 期。

余价值理论中寻找到革命的动因的。因此，知识分子对唯物史观与剩余价值理论的接受与运用，实际上也为他们最终接受马克思主义打下了坚实思想基础。北大教授樊弘的思想经历就很好地诠释了马克思主义基本话语方式对思想的引领作用。

樊弘是40年代中后期的知识分子中比较典型的以马克思主义唯物史观来观察分析社会的学者。按照樊弘的自述，在接受马克思主义的唯物史观之前，他有一个“被我独立发现”，“我可有权利向他人宣布说，它完全是我的”的观念，即“从社会整个的观点来说，一个社会人在一社会里的主要行为是受该社会正在盛行的最主要的取得收益的方法支配”。对于他自己的这一素朴的观念，樊弘在进一步认可和接受了马克思的唯物史观后，声称“我虽然未曾逾越马克思的唯物史观的范围，但我至少是可以说，我曾做到了以我自己的经验，给马克思添上了一条简单明了的注脚”。[①] 或许正是对马克思主义唯物史观的这一独特的体验和认可的经历，因此40年代中后期的樊弘尽管还只是一个“民主教授”，但并不妨碍他运用唯物史观发表了大量犀利的文章，如《从“知易行难”学说的批判说到国民党今后的出路》《孙中山与马克思》《从经济的观点评今日几种错误的见解》《与梁漱溟张东荪两先生论今日的文化与政治》等都是比较突出的代表。尽管在这一过程中，我们还能感受到他对“和平”路径的些许期望。比如，他相信“实行社会主义的唯一的途径，当然便只有仰仗于进步的小资产阶级与进步的劳动阶级的分子，起而代替有产者，（以流血或不流血的方式）掌握政权”[②]。但唯物史观的分析路径，毕竟已经让他承认“流血”斗争同样具有合理性。那么，在形势的推动下，也就不难推想樊弘会成为中华人民共和国的开国大典上与毛泽东、周恩来等一起登上天安门城楼的知识分子的代表。

樊弘只是一个典型的代表，实际上如我们在第三章中所述及的，

① 樊弘：《两条路》，观察社1948年版，第3—10页。
② 樊弘：《两条路》，观察社1948年版，第9页。

像樊弘这样用马克思主义的一些基本观点和方法来分析问题的知识分子并不在少数。到1948年，许多知识分子正是用下述充满马克思主义色彩的分析逻辑放弃了对国民党政府的最后幻想："在现状下相信或希望这个代表诸种落后势力的特权政治集团能够去切实执行'耕者有其田'的土地改革政策，那简直是'缘木求鱼'！……这个改革运动真正付诸百分之百的实行，却不能不把全部的希望寄托在最大多数的生产农民身上。……否则的话，即使有人嘴里说得如何天花乱坠，结果迟早必再度证明其为完全的幻想。"① 有理由相信，马克思主义最终获得知识分子的认可，其预兆实际在知识分子开始用唯物史观分析诸如伦理道德等非核心问题时就已经存在了。

历史经验告诉我们，以推动基本话语方式的传播和运用的方式推动马克思主义的大众化，润物细无声，但真正能达到杜弊清源、纲举目张的效果。而现实的许多经验也告诉我们，对马克思主义一些基本观点，尤其是哲学观点的否定，正是西方意识形态对抗马克思主义的主要着力点，并且是一种釜底抽薪式的颠覆方式。因此，马克思主义的大众化不应简单停留于以不同途径和形式进行宣传，更应注意引导和培育公众观察、分析问题的正确的思维路径，即以马克思主义的基本话语方式的有力传播和广泛运用来为马克思主义的大众化夯实基础。

（三）言行合一与现实性认同

一种思想的大众化从来就不只是纯学术的理论问题，马克思主义的经典作家创立了理论体系，但提倡用实践来检验理论的真理性。对于普通大众而言，他们对一种理论接受与否，通常情况下与那些形而上的理论话语本身无关，日常生活中的体验可能是他们判断的唯一标准。能否建立一种理论的话语权往往取决于大众对具体而微的现实生活问题的感受、体验和解读。

社会主义是近代中国一种被广泛接受和推崇的概念，各种势力实

① 姜庆湘：《官僚政治与土地改革》，《大公报》1948年8月8日。

际上一直都在竞争对社会主义的话语权。早在20世纪30年代，国民党的重要理论家如叶青等，就曾努力推广“民生社会主义”的言论，企图使国民党能够掌握社会主义的话语主动权。到40年代中后期，知识分子中掀起社会主义思潮，可以说此时国民党、共产党和一些中间势力都在争取赢得社会主义的话语权。从理论上看，国民党本来确有其引领社会主义思潮的理论资源。孙中山的“民生主义，就是社会主义，又名共产主义”① 思想，的确可资开发应用。一些知识分子主张经济平等、政治民主、和平改良的温和社会主义路线，在理论上鱼与熊掌兼得，美轮美奂。相比较而言，中国共产党引领的社会主义道路坦言无产阶级专政，加上在国统区被妖魔化宣传之后，在理论上未必占有优势。但最后赢得对社会主义的话语解释权和引领权的恰恰是中国共产党及其社会主义话语体系。究其原因，还在于中国共产党构建的是一种可以用以指导革命实践，并且可以接受实践检验的社会主义话语体系。在理论与实践的统一问题上，知识分子的改良路线最为脆弱，因为他们根本就没有实践的可能性，正如他们自己都质疑的“有方向无路”。国民党对“社会主义”话语领导权的丧失则是理论与实践扞格。这一点我们在前文对国民党在践行“节制资本”和“耕者有其田”问题的“名”与“实”的分析中已有详论。现摘录一段当时一位知识分子对国民党践行民生主义的虚情假意的讽刺言论，以为佐证：

> 实践民生主义是追求女性。追求的时候不仅要百般的献殷勤，还要真心的爱她，处处替她着想，处处帮她的忙。久而久之，自然会发生感情；渐渐打得火热，就可以同生共死。现在的情形不然，分明心里不爱她，只会口里谈情说爱，不仅不懂得体贴温存，两只手又没有规矩的东抓一把西摸一把的揩人家的油，掠骚人家，对方不言，但心中反感甚深。一切所作所为，没一样

① 孙中山：《三民主义》，岳麓书社2000年版，第167页。

讨她喜欢，没有一样不是增她烦厌。到如今，女孩之和“情敌”眉来眼去，这才又急的乱抓瞎，没头没脑的硬拉着人家女孩子一同去跳河寻死，还说是为了爱情而死！这叫哪门子的爱情！①

当国民党“行动与主义脱节，以致要用左手来压制右手”② 的时候，共产党却不断地在解放区将理论付诸实践。对于国共两党践行社会主义的表现，最后连知识分子也都慨叹：“共产党是说得出做得到的，政府方面则是只说而不做，最显著的例证，如平均地权，政府就是只说而不做，共产党则是说到做到了。”③ 正是在现实实践的支持下，马克思主义和中国共产党成为这场旷日持久的社会主义话语领导权争夺战的最终赢家。

历史经验告诉我们，如果一种理论的先进性和优越性的理论宣传与人们的日常生活真实体验之间存在着巨大的心理落差，那么由这种落差所产生的强烈情绪就可能在这种理论之外寻求消化和认同。这样，这种理论在公共舆论场中的位置就将被边缘化，那么其话语权自然就受到了挑战。马克思指出：“凡是把理论引向神秘主义的神秘东西，都能在人的实践中以及对这个实践的理解中得到合理的解决。”④ 这一箴言，对任何一种理论都是一种鞭策。

---

① 严仁赓：《民主主义的实践》，《新路》1948 年第 1 卷第 15 期。

② 吕克难：《国民党危机的新阶段》，《世纪评论》1948 年第 3 卷第 20 期。

③ 庸人：《由物质供需看戡乱》，《世纪评论》1948 年第 3 卷第 21 期。

④ 《马克思恩格斯选集》第 1 卷，人民出版社 2012 年版，第 135—136 页。

附录　部分相关知识分子简介表

1	戴世光（1908—1999）

祖籍湖北武昌，1908 年出生于天津市。1927 年考入清华大学经济学系，后升入清华经济研究院，从事“社会、经济统计方法应用问题”研究。1934 年考取清华留美公费生。1935 年后，先后在美国密歇根大学数学系、哥伦比亚大学经济系、英国伦敦大学等深造学习，并曾在美国国情普查局、英国人口生命统计局、德国和法国的统计局以及印度人口普查局等实习，考察人口普查统计资料整理的方法和技术。1938 年回国后，在昆明西南联合大学清华国情普查研究所担任人口统计研究工作，并在经济系讲授统计学。抗日战争胜利后，随清华大学由昆明北迁，返回北平清华大学，在清华大学经济学系讲授初级统计学、高级统计学和经济学概论。新中国成立后，先后在清华大学、中央财经学院、中国人民大学等从事教学和研究工作。

主要参考文献：

袁卫、任若恩、高余先编：《师道永存——纪念著名统计学家戴世光教授》，经济科学出版社 2000 年版。

中国社会科学院社会学研究所编：《中国社会学年鉴 1979—1989》，中国大百科全书出版社 1989 年版。

2	严仁赓（1910—?）

1910 年出生于天津。1929 年考入南开大学商学院。1933 年毕业后在北平陶孟和创办的社会调查所工作，主要从事中国地方财政的调查研究。1941 年赴美国深造，其后四年多时间先后在美国加州大学研究院经济系、哈佛大学研究院经济系，哥伦比亚大学研究院经济系学习。1946 年 7 月回国，受竺可桢校长之聘任浙江大学法学院教授。1945—1948 年，在《经济周报》《经济评论》《世纪》《观察》《思想与时代》《经济建设季刊》《新路》《大公报》等刊物发表论文 30 篇。这些文章既有经济评论，也有政治评论，既有一般性的论述，也有针对国民党经济政策和内战独裁的抨击。新中国成立后先后任职于浙江大学、北京大学等院校。

主要参考文献：

北京图书馆《文献》丛刊编辑部、吉林省图书馆学会会刊编辑部编：《中国当代社会科学家 4 辑》，书目文献出版社 1983 年版。

李成勋主编：《中外经济学名人大辞典》，中国财政经济出版社 1993 年版。

续表

3	施复亮（1899—1970）

原名施存统，浙江金华人。1919 年考入浙江第一师范。1920 年加入上海共产主义小组。1922 年在中国社会主义青年团一大上当选团中央书记。后历任上海、广州等地的大学教授、系主任、中央军事政治学校教官、政治部主任等。大革命失败后脱党。“九一八”事变后，任教于北京大学、北京师范大学等，积极投入抗日救亡工作，是文化界救国会重要领导人之一。1945 年夏，与黄炎培、胡厥文、章乃器等发起组织民主建国会，当选为中央常务理事。1946 年政协会议召开前后一段时间里，曾站在第三方面发表《论“第三方面”与民主阵线》《中间派在政治上的地位与作用》等许多文章，主张在国共两党之间走第三条道路。1948 年 5 月参加新政协会议筹备工作。1949 年出席中国人民政治协商会议第一届全体会议。新中国成立后，任劳动部第一副部长，第一、二、三届全国人民代表大会常务委员会委员，全国政协常务委员。

主要参考文献：

金华县政协教文体与文史资料委员会编：《金华县文史资料第十辑——纪念施复亮百岁华诞》，金华县文教印刷厂，1999 年版。

金华市地方志编纂委员会编：《金华市志 第 1 册》，方志出版社 2017 年版。

4	樊弘（1900—1988）

四川江津人。早年就读于北京大学预科，1921 年升本科英语系，后转政治系。1924 年起，任北平《国民公报》编辑、北平社会调查所编辑、上海中央研究院社会科学研究所助理研究员。1934 年任河北法商学院教授，讲授经济学原理、社会调查等课程，在此期间细读《资本论》。1937 年赴英国，先后在伦敦大学和剑桥大学深造，研究马克思主义经济学。1939 年回国，先后担任湖南大学经济系教授、中央大学经济系教授、中央研究院社会科学研究所研究员、复旦大学经济系教授兼主任。1946—1948 年，任北京大学经济系教授，讲授《经济学原理》《现代货币学》等课程。新中国建立前夕，开设的以《资本论》为内容的《马克思经济学说》课程受学生欢迎。解放战争时期，积极支持进步学生民主爱国运动。1950 年 2 月加入中国共产党，是北京大学第一位由中共中央直接批准入党的教授，在高级知识分子产生了重大影响。新中国成立后任教于北京大学。

主要参考文献：

《江津县志》编纂委员会编：《江津县志 1986—1992》，四川科学技术出版社 2015 年版。

周川主编：《中国近现代高等教育人物辞典》，福建教育出版社 2018 年版。

续表

5	张东荪（1886—1973）

原名张万田，浙江钱塘人。早年就读于日本东京帝国大学哲学系。辛亥革命后参加进步党，是研究系的重要成员，与梁启超等主张基尔特社会主义。曾任中国公学、燕京大学等校教授，引起20世纪30年代著名的“唯物辩证法论战”，创办国家社会党机关刊物《再生》，出版《知识与文化》《思想与社会》等著作。1944年9月，参加中国民主同盟，并被选为中央常委。1946年1月出席重庆政治协商会议，6月发表《一个中间性的政治路线》，正式倡导“中间路线”。1948年1月发表《关于中国出路的看法》，提出了“新型民主”。1948年7月，出版《民主主义与社会主义》，提出社会主义与民主主义“同基型”论。1949年在北平和平解放中有重要贡献。1949年6月参加新政协筹备会议，9月参加新政协会议，当选为中央人民政府委员。新中国成立后，先后任职于燕京大学、北京大学，北京文史馆等院校及研究机构。

主要参考文献：

左玉河编著：《张东荪年谱》，群言出版社2013年版。

左玉河：《张东荪传》，山东人民出版社1998年版。

夏征农，陈至立主编、熊月之等编著：《大辞海 · 中国近现代史卷》，上海辞书出版社2013年版。

6	萧乾（1910—1999）

出生于北京，祖籍黑龙江。1930年考入北平辅仁大学英文系本科，1933年转到燕京大学新闻系就读。1935于燕京大学毕业，先后在天津、上海、香港三地的《大公报》主编《文艺》副刊。1939年赴英国，任伦敦大学东方学院讲师，兼任《大公报》驻英记者。1942年辞去伦敦大学东方学院教职，1942－1944年就读剑桥大学王家学院英文系研究生，专攻英国心理派小说。1945年，领到随军记者证，是当时欧洲战场上唯一的中国战地记者。1946年返沪后，在《大公报》从事国际问题研究，撰写国际社评，同时兼任复旦大学英文系和新闻系教授。1948年到香港，任《大公报》社评委员，并参与英文刊物《中国文摘》的编辑工作。1946—1949年，在《大公报》《观察》《新路》《文学杂志》《文艺生活》等刊物发表多篇文章，聚焦国际政治问题、社会问题、文艺等方面。新中国成立后，历任英文《人民中国》副总编辑、《文艺报》副总编辑、人民文学出版社编审等职。

主要参考文献：

萧乾：《萧乾选集》，四川人民出版社1984年版。

王嘉良、周健男：《萧乾评传》，国际文化出版公司1990年版。

李辉：《浪迹天涯：萧乾传》，中国文联出版公司1987年版。

续表

7	伍启元（1912—?）

广东台山人。1932 年毕业于上海沪江大学，毕业后转入清华研究院继续攻读财经理论。1934 年入英国伦敦大学经济政治学院学习，1937 年获博士学位。同年回国任武汉大学经济学系教授。1939 年回到清华大学，后在西南联大任教。1942 年，与李树青、沈来秋、林良桐、张德昌、费孝通、杨西孟、鲍觉民、戴世光等在《大公报》的“星期论文”专栏上联名发表《我们对于当前物价问题的意见》，呼吁政府尽快尽力解决物价的问题。此后多次就物价问题与西南联大部分教授一起向政府公开提出批评意见。抗战胜利后，继续在清华大学执教，参与创办《观察》周刊，并在该杂志上发表《从世界潮流看中国出路》《现代财政动向与中国财政政策》《论当前中国经济情势》《从经济观点论内战问题》《公教人员的待遇怎样才能得到真正的改善?》等文，重点关注财政问题、民生问题。1946 年任伦敦大学经济政治学院教授。1947 年起在联合国工作。1972 年退休后，先后在纽约大学、台中东海大学等院校任教职。

主要参考文献：

叶世昌：《近代中国经济思想史》，上海财经大学出版社 2017 年版。

曾康霖、刘锡良、缪明杨主编：《百年中国金融思想学说史 第 2 卷（下）》，中国金融出版社 2018 年版。

高明勇：《伍启元：财政视角，民生情怀》，《青年记者》2019 年第 19 期。

8	赵迺抟（1897—1986）

又名乃抟，浙江杭州人。1915 年考入北京大学预科，1918 年升本科经济系，1922 年毕业。1923 年在美国哥伦比亚大学深造，1924 年获硕士学位，1929 年获博士学位。1930 年回国，任南京中央政治学校教授，讲授地方财政、土地经济学等课程。1931 年任北京大学经济学系教授，兼系主任，后兼研究院社会科学部主任，讲授经济学原理、经济思想史、商业循环、经济理论、社会主义史等课程。抗战爆发后，随校南迁，1938 年任西南联合大学经济学系教授。1945 年年底回北平，参与北京大学复员事宜，兼任北平临时大学补习班总务长。1946 年续任北京大学经济系教授、主任、经济研究所主任。1945—1949 年，在《大公报》《中苏日报》《益世报》《平明日报》《华侨商报》《民生导报》等报纸上发表论文数十篇，不少文章对国民党政府的经济政策提出公开批评。1948 年北京解放前夕，拒绝国民党政府的南下邀请，留在北京迎接解放。新中国成立后，在北京大学任教。

主要参考文献：

赵凯华、赵匡华编：《赵迺抟文集》，2007 年印。

周川主编：《中国近现代高等教育人物辞典》，福建教育出版社 2018 年版。

晓亮主编：《中国经济科学年鉴 1988》，经济科学出版社 1989 年版。

续表

9	罗忠恕（1903—1985）

四川武胜人。1922 年入成都华西大学医科学习。1929 年考入燕京大学哲学研究院，1931 年毕业于燕京大学研究生院，获哲学、心理学硕士学位。1931—1937 年任教于华西大学，先后兼任教务长、文学院长等职。1937 年留学英国牛津大学，研究中国和西方哲学。1939 年获得牛津大学博士学位。1941 年 3 月回到成都，继任华西大学文学院院长，教授哲学、心理学。1946 年，去欧美各国考察、讲学，集中考察高等教育，在各大学演讲中国与西方文化交流的意义，并担任联合国教科文组织哲学顾问。1948 年回国后，再次担任华西大学文学院院长、哲学系主任。1945—1949 年，在《大公报》《观察》《时论周报》《民报》《成都日报》《狂飙月刊》等杂志上发表文章，议题涉及中国民主政治问题、中国内争问题、中国未来走向问题、文化进展问题、人类精神贫困问题等。新中国成立后，主要从事高等学校教育工作，先后任职于华西大学、四川师范学院、成都科技大学、四川大学等院校。

主要参考文献：

岱峻：《弦诵复骊歌：教会大学学人往事》，商务印书馆 2017 年版。

广安市地方志办公室编著：《广安史话》，中央文献出版社 2015 年版。

10	费孝通（1910—2005）

江苏吴江人。1928 年考入东吴大学。1930 年转入燕京大学，1933 年获社会学学士学位，同年考入清华大学研究院社会学人类学系。1935 年毕业于清华大学，获硕士学位。1936 年年底赴英国伦敦大学经济政治学院学习，研究文化变迁问题。1938 年获英国伦敦大学博士学位。1938 年秋回国，任云南大学社会学教授并在西南联大兼课。1943 年赴美国访学，次年回国。1945 年被清华大学聘为教授，由云南大学转入西南联大，仍主持云南大学社会学系工作。1945 年参加中国民主同盟，投身于民主爱国运动。1946 年重访英国。1947 年离开英国返回中国，继续在清华大学执教，任社会学教授。从 1945 年到 1948 年，大量的时评、政论、学术、随笔等文章发表在《时代评论》《大公报》《自由论坛》《民主周刊》《上海文化》《文萃》《时事评论》《世纪评论》《观察》《知识与生活》《中国建设》等刊物上。1948 年与钱昌照等发起中国社会经济研究会。1948 年赴西柏坡参加中共中央与各民主人士共商筹备政协、成立联合政府、制定共同纲领的会议。1949 年年初，与张奚若、张东荪、雷洁琼等教授联名发表对时局宣言，支持北平和平解放。1949 年 9 月参加中国人民政治协商会议第一次全体会议。新中国成立后，先后任职于清华大学、中央民族学院、中国社会科学院社会学研究所、北京大学等院校和研究机构。

主要参考文献：

《费孝通全集》（第 20 卷 · 书信 诗作 年谱 索引），内蒙古人民出版社 2009 年版。

周川主编：《中国近现代高等教育人物辞典》，福建教育出版社 2018 年版。

续表

11	王之相（1890—1986）

辽宁绥中人。1915 年北京法政专门学校法律本科毕业，后任北洋政府外交部主事、秘书，驻苏联海参崴总领事等职。1928—1949 年，先后任国立北平大学法学院教授、北平大学俄文法政学院院长、法商学院主任教授、中国大学政治经济系主任教授、华北文法学院俄文系主任教授。抗战期间，拥护中国共产党抗日救国的主张，积极参加抗日救亡活动，支持和帮助许多青年学生投奔解放区。解放战争时期，积极参加爱国民主运动，反对国民党当局的独裁政策。1948 年发表《由我的回忆说到胜利和教训》一文，指出共产党在中国的胜利是历史发展的必然趋势。在争取和平解放北平的斗争中，和许多爱国民主人士一起，为北平的和平解放贡献了力量。新中国成立后，曾任政务院法制委员会委员、九三学社中央委员、全国政协委员等职。

主要参考文献：

中国人民政治协商会议绥中县委员会学习文史办公室编：《绥中县文史资料选编（第七辑 名人专辑）》，1987 年印。

西北大学校史编纂委员会编：《西北大学学人谱（续集 1997. 8—2002. 8）》，西北大学出版社 2002 年版。

12	吴景超（1901—1968）

安徽歙县人。1915 年考入北京清华留美预备学校，在校学习 7 年，于 1923 年赴美留学。1925 年毕业于明尼苏达大学社会学系，获学士学位。同年进入芝加哥大学社会学系，先后获得硕士、博士学位。1928 年回国，任南京金陵大学社会学教授兼系主任。1931 年任清华大学社会学系教授，并开展城市经济调查。1935 年离开清华大学到南京国民政府行政院工作。1946 年任中国善后救济总署顾问，调查日军占领区的灾害情形，并将调查写成《战后灾历》报告。1947 年返回清华大学社会学系任教，并与钱昌照等人发起组织中国社会经济研究会。新中国成立后，先后任教于清华大学、中央财经学院、中国人民大学等院校，是全国政协委员、民盟中央委员。

主要参考文献：

吴仲贤编著：《吴氏名人录》，1994 年印。

中国社会科学院社会学研究所编：《中国社会学年鉴 1979—1989》，中国大百科全书出版社 1989 年版。

续表

13	贺昌群（1903—1973）
	四川马边人。1921 年考入上海沪江大学，因家庭经济困难辍学另谋出路。1922 年考入上海商务印书馆编译所，进所后不久，加入文学研究会。1930 年赴日本阅读“东洋文库”书籍，开始研究中西交通史和敦煌学。1931 年在天津河北女子师范学院任教。1933 年任北平图书馆编纂委员。抗日战争期间先后任教于浙江大学、三台东北大学、重庆中央大学。1947 年参加反饥饿反内战示威游行，遭国民党迫害，遂离开中央大学。1948 年至上海开明书店工作。新中国成立后，历任南京图书馆馆长，历史研究所第二所研究员兼中国科学院图书馆馆长等职。 主要参考文献： 申畅、陈方平、霍桐山、王宏川编：《中国目录学家词典》，河南人民出版社 1988 年版。 马洪武等主编：《中国近现代史名人辞典》，档案出版社 1993 年版。
14	马大猷（1915—2012）
	祖籍广东潮州，出生于北京。1932 年考入北京大学物理系，1936 年获理学学士学位。同年考取清华大学留美公费生。1937 年在洛杉矶加利福尼亚大学物理系深造。1938 年转入哈佛大学物理系继续研究生学习。1939 年获得哈佛大学文学硕士学位。1940 年获得哈佛大学哲学博士学位。同年回国，任教于西南联合大学电机系。1946 年任北京大学物理系教授，工学院院长。1946 年“一二・一”运动爆发，国民党特务攻击西南联大校舍，马大猷参与保护校舍。1947 年北京大学领导集议，谈及学生运动问题，主张对学生运动不予干涉，也不容许外人入校干涉。新中国成立后，先后在北京大学、哈尔滨工业大学、中国科学院等院校和研究机构任职。 主要参考文献： 中国科学院声学研究所编：《现代声学研究——马大猷教授八秩华诞纪念文集》，中国科学技术出版社 1995 年版。 张家騄：《马大猷传》，科学出版社 2013 年版。

续表

15	李烛尘（1882—1968）

湖南永顺人。1909 年从湘西优级师范理化科毕业。1912 年赴日本求学，并于 1913 年考入东京高等工业学校预科，1914 年入化学科，专攻电气化学。1918 年从东京工业大学毕业，怀着“实业救国”和“科学救国”的理想回国，受范旭东聘请任久大精盐公司技师，后与范旭东等创立久（大）永（利）黄（海）化工集团。1945 年，对重庆《大公报》和中共主办的《新华日报》发表谈话，表示欢迎毛泽东主席来重庆与国民党谈判。同年参与发起民主建国会，并被推选为常务理事。1946 年以社会贤达身份参加在重庆举行的旧政治协商会议，同年在国民党制造“较场口事件”后，与周恩来、董必武等向国民政府提起抗议。1949 年，参加中国人民政治协商会议第一次全体会议。新中国成立后，历任中央人民政府委员、华北行政委员会副主席、食品工业部部长、轻工业部部长、民建中央主任委员等职。

主要参考文献：

中国人民政治协商会议全国委员会文史资料研究委员会编：《文史资料选辑 第八十辑》，文史资料出版社 1982 年版。

冯捷：《盐碱大王李烛尘》，解放军出版社 1996 年版。

16	方显廷（1903—1985）

浙江宁波人。1917 年进上海厚生纱厂当学徒。1921 年受资助赴美国留学，入威斯康星大学、纽约大学，主修经济学，获学士学位。1928 年获耶鲁大学经济学博士学位。1929 年回国后任南开大学社会经济研究委员会（后改为经济研究所）研究主任、经济系教授。全面抗战爆发后，先后任职于国立长沙临时大学、南开大学。1941 年赴美。1946 年回上海，任中国经济研究所执行所长。1947 年，任联合国亚洲及远东经济委员会经济调查研究室主任。1945—1949 年曾主编《经济评论》，在《经济周报》《纺织周刊》《经济评论》《财政评论》《政治经济学报》《复旦学报》等刊物上发表论文，文章主要涉及中国战后经济问题及中国工业的发展问题。1968 年从联合国退休，任教于新加坡南洋大学。

主要参考文献：

方显廷：《方显廷回忆录：一位中国经济学家七十自述》，方露茜译，商务印书馆 2006 年版。

方显廷：《方显廷文集》，商务印书馆 2018 年版。

续表

17	王芸生（1901—1980）

原名王德鹏，天津人。早年家贫，自学成才。1928 年任《商报》总编辑，1929 年 8 月进入《大公报》任新闻记者，1935 年成为《大公报》编辑主任。1941 年，任重庆《大公报》总编辑。抗战胜利后任上海《大公报》总编辑。1945 年后，所写《大公报》社评《为江浙人民呼吁》《由〈新民报〉停刊谈出版法》《我看学潮》等，指责国民党搜刮民财，钳制舆论，镇压学生运动，受到国民党官方报纸点名"围剿"。1948 年 11 月，响应中国共产党号召离开上海前往解放区。1949 年，发表《大公报新生宣言》，并以新闻工作者代表的名义参加全国政协第一次全体会议。新中国成立后，任《大公报》社社长，中华全国新闻工作者协会副主席，北京新闻学会顾问等职。

主要参考文献：

王芝琛：《一代报人王芸生》，长江文艺出版社 2004 年版。

中国社会科学院新闻研究所编：《中国新闻年鉴 1984》，人民日报出版社 1984 年版。

18	任鸿隽（1886—1961）

四川垫江县人，祖籍湖州。早年就读于上海中国公学，1908 年赴日留学，入东京高等工业学校，学习化学。1912 年 1 月任南京临时政府总统府秘书，后因不满袁世凯窃国称帝，弃职去美国求学，相继获得美国康奈尔大学化学学士和哥伦比亚大学化学硕士学位。1918 年回国后，历任教育部专门教育司司长、北京大学教授、上海商务印书馆编辑、东南大学副校长、四川大学校长、南京中央研究院秘书长、总干事兼化学所所长等职。抗战胜利后，任中国科学社社长。1946 年赴美考察，1947 年回国后致力于科学社的事业。新中国成立后，任全国政协委员、上海市科联主任委员、上海图书馆馆长等职。

主要参考文献：

任鸿隽：《科学救国之梦——任鸿隽文存》，上海科技教育出版社、上海科学技术出版社 2002 年版。

周川主编：《中国近现代高等教育人物辞典》，福建教育出版社 2018 年版。

19	黎秀石（1914—2007）

广东南海人。1931 年考入燕京大学新闻系学习。1935 年大学毕业后在《广州英文日报》当记者。"七七"事变后在香港《士蔑晚报》和美国合众通讯社香港分社当记者。香港沦陷后入桂林《大公报》当编辑。1945 年 1 月，赴缅甸、印度洋、太平洋等战区采访盟军反击日军的战况。在缅甸时，向国内发回《解放瓦城之路》《仰光解放》《血泪斑斑话缅甸》等 100 多篇文章。1945 年 9 月，在日本东京湾美军"密苏里"号采访日军投降签字仪式。抗战胜利后，作为《大公报》四馆驻伦敦特派员，负责采访欧洲新闻。新中国成立后，先后任职于中央人民广播电台、北京广播学院、中山大学等机构与院校。

主要参考文献：

黎秀石：《见证日本投降》，广东人民出版社 2005 年版。

燕京研究院编：《燕京大学人物志 第 1 辑》，北京大学出版社 2001 年版。

周雨编：《大公报人忆旧》，中国文史出版社 1991 年版。

续表

20	陶孟和（1887—1960）

原名陶履恭，出生于天津，祖籍浙江绍兴。早年就读于天津南开学校，1906年就读于东京高等师范学校，主修教育学。1910年赴英国伦敦大学经济政治学院深造，1913年获得博士学位。1913年回国后在商务印书馆、北京高等师范学校、北京大学任职，是《社会科学季刊》编辑和《北京大学月刊》顾问，也担任《新青年》编辑。1929年任北平调查研究所所长，后任中央研究院社会科学研究所所长。1948年秋，为抵制国民党政府强令中央研究院各所迁往台湾，团结全所员工进行斗争，使大量珍贵图书资料设备得以保存下来。1949年参加新政协。新中国成立后，任中国科学院副院长等职。

主要参考文献：

中国社会科学院社会学研究所编：《中国社会学年鉴1979—1989》，中国大百科全书出版社1989年版。

周川主编：《中国近现代高等教育人物辞典》，福建教育出版社2018年版。

中国社会科学院经济研究所学术委员会组编：《陶孟和集》，中国社会科学出版社2020年版。

21	顾毓琇（1902—2002）

江苏无锡人。1923年夏毕业于清华学校。同年进入美国麻省理工学院电机系学习，1928年获得科学博士学位。1929年回国，历任浙江大学工学院电机科主任、中央大学工学院院长、清华大学工学院电机系主任、清华大学工学院院长、国民政府教育部政务次长、中央大学校长、上海市教育局局长、上海交通大学教授等职。1947年，在报刊上发表《中国经济的改造》《粮食公有论》《企业公营论》《社会改革与经济协调》《民主理想与和平》等多篇讨论时政的文章。1950年赴美国，先后任职于麻省理工学院、宾夕法尼亚大学，并为两岸十几所院校名誉教授。

主要参考文献：

万国雄：《顾毓秀传》，南京大学出版社2001年版。

宋林飞主编：《江苏历代名人词典》，江苏人民出版社2019年版。

周川主编：《中国近现代高等教育人物辞典》，福建教育出版社2018年版。

22	朱启平（1915—1993）

祖籍浙江海盐，生于上海。1933年入北平燕京大学医学预科，1935年转入新闻系学习。1937年，辗转到重庆，先后在《新蜀报》《国民公报》工作。1940年秋加入重庆《大公报》，先任夜班编辑，不久被派往昆明，采访滇缅公路通车新闻。1941年太平洋战争爆发后，香港《大公报》派他去印度、锡兰、澳洲进行采访，后来在美国太平洋舰队任随军记者。1945年8月赴日本，随后采访在东京湾美军“密苏里”号上举行的日本投降签字仪式，并于当天撰写了著名的长篇通讯文章《落日》。1946年夏，奉派前往美国纽约任《大公报》驻美特派员兼联合国记者。1949年年初离开美国回到中国。1950朝鲜战争爆发，再次奉派作为香港《大公报》记者赴朝鲜前线采访战地新闻直到板门店和谈结束。从朝鲜回国后，任香港《大公报》驻京记者，香港《大公报》编辑部副主任等职。

主要参考文献：

朱启平：《朱启平新闻通讯选》，今日中国出版社1995年版。

尹韵公：《中国新闻界人物》，中国人事出版社2002年版。

续表

23	吴恩裕（1909—1979）

辽宁沈阳人。1933年毕业于清华大学哲学系，后任《行健月刊》副主编、《晨报》哲学副刊副主编、《文哲月刊》的主编。1936年公费留学英国伦敦大学经济政治学院，研究政治思想史，师从拉斯基教授。1939年获得博士学位。1939年回国后，先后在重庆任教于国民党中央政治学校、中央大学、中央干部学校等。抗战胜利后回到北平，任教于北京大学，同时为北京师范大学、清华大学兼职教授。1945—1949年，在《客观》《观察》《世纪评论》《新路》《东方杂志》等杂志上发表数量众多的时政、学术、随笔文章。新中国成立后，先后任职于北京大学、北京政法学院、中国社会科学院世界政治研究所等学校及研究机构。

主要参考文献：

吴恩裕：《马克思的政治思想》，商务印书馆2008年版。

马洪武、王德宝、孙其明主编：《中国近现代史名人辞典》，档案出版社1993年版。

24	萧公权（1897—1981）

祖籍江西泰和，出生于江西南安。1920年毕业于清华大学，后留学美国，先后在密苏里大学与康奈尔大学主修政治哲学专业，获得硕士和博士学位。1926年回国后，先后在南开大学、东北大学、燕京大学、清华大学等校任教。抗战爆发后，西迁成都，任教于四川大学、成都燕京大学、光华大学等。抗战胜利后继续在光华大学及四川大学任教。1947年任南京政治大学教授，后当选为中央研究院院士。1946—1948年撰写了大量的时评和宪政研究文章发表于报刊，探讨其时中国的政治社会问题。1948年赴台，任台湾大学教授，讲授政治学概论、西洋政治思想、中国政治思想等课程。1949年赴美，在华盛顿大学任教，讲授中国思想史、当代西洋政治思想等课程，直至1968年退休。

主要参考文献：

萧公权：《问学谏往录：萧公权治学漫忆》，学林出版社1997年版。

张允起编：《中国近代思想家文库 萧公权卷》，中国人民大学出版社2014年版。

周川主编：《中国近现代高等教育人物辞典》，福建教育出版社2018年版。

25	陈振汉（1912—2008）

浙江诸暨人。1929—1935年在南开大学学习，两年预科，四年经济系本科。1935年南开大学毕业后，考取清华大学留美公费生。1936年赴美国，入哈佛大学研究生院攻读经济史学。1940年取得哈佛大学博士学位。1940年回国后，在重庆南开大学经济研究所和中央大学从事研究和教学工作。1946年秋，回北平任北京大学经济系教授。1941—1948年，在《世纪评论》《知识与生活》《观察》等刊物上发表多篇论文，涉及战时经济政策、财政问题、计划制度等问题的讨论。1948年年底，北平解放的前夜，在去留的大局上，同北大法学院院长周炳琳和一些进步教授相约留北平。新中国成立后，任教于北京大学。

主要参考文献：

中国人民政治协商会议诸暨市委员会文史资料委员会编：《诸暨文史资料 第四辑》，1989年印。

陈振汉：《步履集：陈振汉文集》，北京大学出版社2005年版。

刘晓东主编：《中国当代经济科学学者辞典》，上海社会科学院出版社1992年版。

续表

26	沙学浚（1907—1998）

江苏泰州人。1926 年考入南京金陵大学，后转入中央大学教育学系，兼修地理。1930 年毕业后任教于上海光华大学附中。1932 年赴德留学，先后在莱比锡大学、柏林大学研读地理学，专攻地图学。1936 年赴法国继续研究地理与法文，并在法国陆军测量局学习制图，同年回国。1936—1945 年，先后在广州中山大学、重庆北碚复旦大学、浙江大学、中央大学等任教，曾任江苏省地政局副局长、国防研究院研究委员等职。抗战胜利后任中央大学地理系教授，1947 年兼任训导长。1949 年去台湾，先后任教于台湾师范大学地理学系，新加坡南洋大学地理学系等。

主要参考文献：

周川主编：《中国近现代高等教育人物辞典》，福建教育出版社 2018 年版。

孙文治主编：《东南大学校友业绩丛书》第 1 卷，东南大学出版社 2002 年版。

27	夏炎德（1911—1991）

上海南汇人。1931 年入上海暨南大学西洋文学系，后转入经济系。1935 年从暨南大学毕业，同年考入英国伦敦大学经济政治学院攻读经济史硕士研究生。1937 回国，任四川大学经济系教授，后任中央研究院秘书、国立中央大学教授。1945 年参与发起组织中国民主建国会，被选为中央委员。1946 年任教于复旦大学，另在私立大同大学经济系兼课，在私立江南大学任经济系任教授兼主任。新中国成立后一直任教于复旦大学。

主要参考文献：

上海市浦东新区政协学习和文史委员会、上海市浦东新区党史地方志办公室编：《浦东早期留学人员选录 1872—1949》，上海大学出版社 2016 年版。

周川主编：《中国近现代高等教育人物辞典》，福建教育出版社 2018 年版。

28	蒋硕杰（1918—1993）

祖籍湖北应城，出生于上海。1934 年入日本庆应大学预科就读，1937 年毕业后升入庆应大学本科攻读经济学。1937 年 7 月从日本回国。1938 年春考入伦敦大学经济政治学院，1945 年通过由哈耶克和希克斯等经济学大师组成的博士论文答辩委员会的答辩，取得伦敦大学博士学位。1945 年冬返回中国，任东北行辕经济委员会调查研究处处长。1946 年年底任北京大学经济系教授，开设现代经济理论、高级财政学等课程。1948 年年底赴台，任教于台湾大学经济系。1949 年赴美，先后任职于国际货币基金组织、罗彻斯特大学、康奈尔大学等机构和院校。

主要参考文献：

熊诗平、徐边主编：《经济学家之路》第 5 辑，上海财经大学出版社 2006 年版。

曾康霖、刘锡良、缪明杨主编：《百年中国金融思想学说史》第 1 卷，中国金融出版社 2011 年版。

续表

29	刘大中（1914—1975）

江苏省武进人，出生于北京。1936年毕业于交通大学唐山工学院机械系，后赴美国康奈尔大学，主修土木工程。获硕士学位后改攻经济学，1939年获康奈尔大学经济学博士学位，为当时少数从事计量经济学研究的学者之一。1940—1941年担任美国华盛顿布鲁金斯研究所研究员。1941—1946年在中国驻美大使馆商务参赞处工作。1946年回国，任教于清华大学。1948年再度赴美，任国际货币基金组织经济专家，兼约翰霍普金斯大学经济学教授，1955年兼兰德公司顾问。1958—1975年担任康奈尔大学经济系史密斯讲座教授，其间曾任经济系主任和经济研究所所长。

主要参考文献：

李成勋主编：《中外经济学名人大辞典》，中国财政经济出版社1993年版。

于光远主编：《经济大辞典》，上海辞书出版社1992年版。

30	储安平（1909—?）

江苏宜兴人。1928年入上海光华大学英文系，1932年毕业。1933年起在《中央日报》任副刊编辑。1936年赴英国伦敦大学经济政治学院学习，受费边社的民主社会主义思想影响甚深。1938年归国后，先后担任《中央日报》撰述、编辑，复旦大学教授，中央政治学校研究员、《力报》主笔。1945年，在重庆创办《客观》周刊，撰写政论文章，影响颇大，至十二期停刊。1946年，于上海创办《观察》周刊，在当时产生极大的社会舆论力量，尤其在知识界享誉甚高。新中国成立后，历任国家出版总署专员、新华书店总店副总经理、中央出版总署发行局副局长、《光明日报》总编辑等职。

主要参考文献：

南京市地方志编纂委员会编：《南京报业志》，学林出版社2001年版。

谢泳：《储安平与〈观察〉》，中国社会出版社2005年版。

31	刘迺诚（1901—1976）

安徽巢县人。1920年考入南京金陵大学。1924年大学毕业后到安庆市省立第一女子中学任英语教师。1925年考取安徽省公费留学生。1926年考入英国伦敦大学经济政治学院，开始攻读博士学位，选读英国宪法、公共行政、各国政治制度、地方自治及市政学等课程。1928年暑假到德国柏林大学学习。1931年获得伦敦大学博士学位。其后曾在巴黎大学学习。1932年回国后受聘于武汉大学法学院教授，1936年任武汉大学政治系主任。1932—1949年，在各种杂志上发表大量论文，内容涉及政治制度、宪法、公共行政、地方自治、市政建设等领域。新中国成立后，继续任教于武汉大学。

主要参考文献：

武汉大学北京老校友会、《北京珞嘉》编辑部编：《珞嘉岁月》，2003年。

涂上飙主编：《珞珈风云：武汉大学校园史迹探微》，武汉大学出版社2020年版。

续表

32	罗梦册（1906—1991）

河南南召人。1927 年考入开封第五中山大学（今河南大学）法科，1931 年毕业于河南大学法学院，同年受聘担任河南大学附属高中主任。1931 年自费赴日本东京留学，因“九·一八”事变爆发回国。1932 年考入国立北京师范大学攻读教育学硕士学位。1935 年取得硕士学位后，考取河南省公派研究员到英国伦敦大学学习。在英学习期间，被选为英国皇家学会终身会员，成为当时华人中最年轻的学会会员。1939 年回国，先后受聘担任国立政治大学、重庆中央大学和国立河南大学教授。1945 年，回到河南大学任法学院院长。1949 年后旅居香港，任香港大学教授。

主要参考文献：

中国人民政治协商会议南召县委员会文史资料研究委员会编：《南召文史资料第三辑》，1988 年。

刘卫东主编：《河南大学百年人物志》，河南大学出版社 2012 年版。

参考文献

（一）马克思主义经典作家著作及重要文献

《马克思恩格斯选集》第 1— 4 卷，人民出版社 2012 年版。

《马克思恩格斯文集》第 8 卷，人民出版社 2009 年版。

《马克思恩格斯全集》第 32 卷，人民出版社 1998 年版。

《马克思恩格斯全集》第 30 卷，人民出版社 1995 年版。

《列宁选集》第 3 卷，人民出版社 1995 年版。

《斯大林选集》下卷，人民出版社 1979 年版。

《毛泽东选集》第 4 卷，人民出版社 1991 年版。

《中共中央关于党的百年奋斗重大成就和历史经验的决议》（2021 年 11 月 11 日），人民出版社 2021 年版。

习近平：《在纪念马克思诞辰 200 周年大会上的讲话》（2018 年 5 月 4 日），人民出版社 2018 年版。

［德］马克思：《资本论》第 1 卷，人民出版社 2004 年版。

（二）民国报刊资料

北平《独立评论》周刊（1934）

北平《新路》周刊（1948）

《大公报》（重庆版、天津版、上海版）（1945—1949）

南京《世纪评论》周刊（1947—1948）

南京《主流》月刊（1947—1948）

《人民日报》（1948）（晋冀鲁豫边区政府、华北中央局）
上海《东方杂志》半月刊（1921—1948）
上海《观察》周刊（1946—1948）
上海《申报月刊》（1933）
上海《时与文》周刊（1947—1948）
《新青年》（月刊、季刊）（1920—1921）
重庆《客观》周刊（1946）

（三）中文著作

陈旭麓：《近代中国社会的新陈代谢》，上海人民出版社 1992 年版。
陈振汉：《步履集》，北京大学出版社 2005 年版。
储安平：《储安平文集》（上、下），东方出版中心 1998 年版。
“从五四运动到人民共和国成立”课题组：《胡绳论“从五四运动到人民共和国成立”》，社会科学文献出版社 2001 年版。
邓野：《联合政府与一党训政：1944—1946 年间国共政争》，社会科学文献出版社 2011 年版。
樊弘：《樊弘著作集》（上、下），北京大学出版社 2012 年版。
樊弘：《两条路》，观察社 1948 年版。
冯景源：《唯物史观的形成和发展史纲要》，中央编译出版社 2014 年版。
冯自由：《社会主义与中国》，社会主义研究所 1920 年版。
高放主编：《社会主义思想史》，中国人民大学出版社 1987 年版。
顾海良主编：《马克思主义发展史》，中国人民大学出版社 2009 年版。
顾海良、梅荣政主编：《马克思主义与现时代》，武汉大学出版社 2006 年版。
顾海良、张雷声：《马克思劳动价值论的历史与现实》，人民出版社 2002 年版。
何廉：《何廉回忆录》，中国文史出版社 2012 年版。
胡绳：《从鸦片战争到五四运动》，人民出版社 1981 年版。

胡颂平编著:《胡适之先生年谱长编初稿》, 台北: 联经出版公司 1984 年版。
[美] 胡素珊:《中国的内战: 1945—1949 年的政治斗争》, 启蒙编译所译, 当代中国出版社 2014 年版。
黄苇町:《苏共亡党二十年祭》, 江西高校出版社 2013 年版。
黄苇町:《苏共亡党十年祭》, 江西高校出版社 2004 年版。
黄彦编注:《三民主义》, 广东人民出版社 2007 年版。
蒋大椿、陈启能:《史学理论大辞典》, 安徽教育出版社 2000 年版。
姜义华主编:《社会主义学说在中国的初期传播》, 复旦大学出版社 1984 年版。
姜玉齐:《新民主主义革命时期中国共产党对主要社会思潮的认识和态度》, 复旦大学出版社 2013 年版。
金冲及:《决战: 毛泽东、蒋介石是如何应对三大战役的》, 北京大学出版社 2012 年版。
金冲及:《二十世纪中国史纲》, 社会科学文献出版社 2009 年版。
金冲及:《转折年代: 中国的 1947 年》, 生活·读书·新知三联书店 2002 年版。
靳辉明、李崇富主编:《马克思主义若干重大问题研究》, 社会科学文献出版社 2011 年版。
《梁启超全集》第 2 册, 北京出版社 1999 年版。
《梁启超全集》第 5 册, 北京出版社 1999 年版。
刘书林:《论民主社会主义思潮》, 高等教育出版社 2004 年版。
刘统:《中国的 1948 年: 两种命运的决战》, 生活·读书·新知三联书店 2006 年版。
马立诚:《当代中国八种社会思潮》, 社会科学文献出版社 2012 年版。
梅荣政:《用马克思主义引领社会思潮》, 武汉大学出版社 2008 年版。
宁先圣编:《社会主义核心价值体系与当代社会思潮》, 社会科学文献出版社 2011 年版。
彭明主编:《从空想到科学: 中国社会主义思想发展的历史考察》, 中国人民大学出版社 1991 年版。
皮明庥：《近代中国社会主义思潮觅踪》，吉林文史出版社 1991 年版。
钱昌照：《钱昌照回忆录》，东方出版社 2011 年版。
沙健孙：《二十世纪中国的历史道路——兼评若干社会思潮》，中国社会科学出版社 2009 年版。
沈阳：《民主社会主义与中国特色社会主义本质比较》，社会科学文献出版社 2014 年版。
宋亚文：《施复亮政治思想研究：1919—1949》，人民出版社 2006 年版。
孙乃龙：《社会意识形态危机与规避》，中国社会科学出版社 2013 年版。
《孙中山全集》第 2 卷，中华书局 1982 年版。
陶德麟、石云霞编：《马克思主义基本原理概论》，武汉大学出版社 2013 年版。
汪恩键编：《民主社会主义与科学社会主义比较研究》，中央编译出版社 1998 年版。
王学典、牛方玉：《唯物史观与伦理史观的冲突——阶级观点问题研究》，河南大学出版社 2010 年版。
王芝琛：《一代报人王芸生》，长江文艺出版社 2004 年版。
卫春回：《理想与现实的抉择：中国自由主义学人与"中间道路"研究（1945—1949）》，中国社会科学出版社 2010 年版。
吴恩裕：《马克思的政治思想》，商务印书馆 2014 年版。
吴惠林、彭慧明：《蒋硕杰传》，天下远见 2012 年版。
吴景超：《劫后灾黎》，商务印书馆 1947 年版。
吴季松：《我的父亲吴恩裕》，科学技术出版社 2004 年版。
吴雁南等主编：《中国近代社会思潮（1840—1949）》，湖南教育出版社 2011 年版。
萧公权：《问学谏往录——萧公权治学漫忆》，学林出版社 1997 年版。
萧乾：《往事三瞥》，江苏文艺出版社 2010 年版。
萧乾：《萧乾回忆录》，中国工人出版社 2005 年版。
谢泳：《逝去的年代：中国自由知识分子的命运》，福建教育出版社

2013 年版。
谢泳：《清华三才子》，东方出版社 2009 年版。
谢泳：《储安平与〈观察〉》，中国社会出版社 2005 年版。
徐崇温：《怎样认识民主社会主义》，社会科学文献出版社 2013 年版。
许纪霖：《二十世纪中国思想史论》，东方出版中心 2000 年版。
许纪霖：《近代中国知识分子的公共交往（1895—1949）》，上海人民出版社 2008 年版。
杨奎松：《忍不住的关怀：1949 年前后的书生与政治》，广西师范大学出版社 2013 年版。
杨奎松：《“中间地带”的革命：国际大背景下看中共成功之道》，广西师范大学出版社 2012 年版。
杨奎松、董士伟：《海市蜃楼与大漠绿洲：中国近代社会主义思潮研究》，上海人民出版 1991 年版。
彦奇主编：《中国各民主党派史人物传》（第 3 册），华夏出版社 1993 年版。
彦奇主编：《中国各民主党派史人物传》（第 1 册），华夏出版社 1991 年版。
殷叙彝：《民主社会主义论》，中央编译出版社 2007 年版。
于幼军、黎元汇：《社会主义从理论到现实》，广东教育出版社 2011 年版。
张东荪：《民主主义与社会主义》，观察社 1948 年版。
张东荪：《理性与民主》，商务印书馆 1948 年版。
张冠生：《费孝通传》，群言出版社 2000 年版。
张宪文等：《中华民国史》，南京大学出版社 2013 年版。
郑大华、邹小站主编：《中国近代史上的社会主义》，社会科学文献出版社 2011 年版。
郑大华、邹小站主编：《中国近代史上的自由主义》，社会科学文献出版社 2008 年版。
中共中央文献研究室编：《周恩来统一战线文选》，人民出版社 1984

年版。

中国人民政治协商会议全国委员会文史和学习委员会编：《文史资料选辑》（第33卷第97辑），中国文史出版社2011年版。

中国社科院近代史研究所编：《五四运动回忆录》，中国社会科学出版社1979年版。

钟离蒙、杨凤麟主编：《中国现代哲学史资料汇编》（续集第1册 社会主义论战），辽宁大学哲学系1984年印。

钟离蒙、杨凤麟主编：《中国现代哲学史资料汇编》（第4集第2册“第三条道路”批判），辽宁大学哲学系1982年印。

钟离蒙、杨凤麟主编：《中国现代哲学史资料汇编》（第1集第4册 无政府主义批判），辽宁大学哲学系1981年印。

钟离蒙、杨凤麟主编：《中国现代哲学史资料汇编》（第1集第3册 社会主义论战），辽宁大学哲学系1981年印。

中央档案馆编：《中共中央文件选集》（第十七册 1948），中共中央党校出版社1992年版。

中央档案馆编：《中共中央文件选集》（第十三册 1945—1947），中共中央党校出版社1987年版。

左玉河：《张东荪传》，红旗出版社2009年版。

（四）中文论文

白暴力、胡红安：《“按要素分配”的自然基础、社会原因和量的边界》，《福建论坛》（人文社会科学版）2004年第9期。

陈爱平：《商务印书馆与社会主义思想传播》，《湖北行政学院学报》2011年第3期。

陈奇：《讲习会派社会主义思想探析》，《近代史研究》1994年第2期。

陈祥勤：《20世纪西欧社会主义运动的三次修正主义浪潮——兼论马克思主义的历史命运和对左翼政治的启示》，《社会科学》2012年第9期。

成保良：《论共产主义、社会主义用语含义的演变和发展》，《当代经济研究》2004 年第 9 期。

邓建华：《社会主义思潮何时出现》，《四川统一战线》2014 年第 1 期。

丁兆梅：《论李达社会主义观的三重维度》，《河南师范大学学报》（哲学社会科学版）2012 年第 1 期。

董方奎：《梁启超社会主义观再认识》，《华中师范大学学报》（哲学社会科学版）1996 年第 5 期。

董四代、杨静娴：《文化创新与 20 世纪前半叶科学社会主义中国化》，《长白学刊》2007 年第 6 期。

高放：《最早提出“社会主义”一词的德辛是何许人?》，《社会主义研究》1994 年第 3 期。

高放：《科学社会主义是中国的唯一选择》，《齐齐哈尔大学学报》（哲学社会科学版）1988 年第 6 期。

高放：《关于社会主义思想史若干问题的探讨》（下），《社会主义研究》1986 年第 4 期。

高放：《中国近现代史上三次探索社会主义的热潮》，《人文杂志》1981 年第 5 期。

高放：《什么是社会主义?》（续），《社会主义研究》1980 年第 2 期。

高放：《什么是社会主义?》，《社会主义研究》1980 年第 1 期。

高放：《关于社会主义思想史若干问题的探讨》（上），《社会主义研究》1986 年第 3 期。

高瑞泉：《儒家社会主义，还是儒家自由主义——从徐复观看现代新儒家“平等”观念的不同向度》，《学术月刊》2010 年第 6 期。

关勋夏：《费边社会主义的产生及其反动本质》，《华南师院学报》（哲学社会科学版）1980 年第 2 期。

郭根山：《试析邓演达的社会主义思想》，《社会主义研究》1990 年第 6 期。

郭圣福：《五四时期社会主义思潮的水平评估》，《华中师范大学学报》（人文社会科学版）1999 年第 5 期。

韩华：《梁启超与两次“社会主义”论争》，《四川师范大学学报》（社会科学版）2001 年第 1 期。

韩云川：《社会主义再定义》，《科学社会主义》2008 年第 5 期。

胡成：《二十世纪初中国基尔特社会主义的思想矛盾》，《南京大学学报》（哲学 · 人文科学 · 社会科学版）1996 年第 1 期。

胡乐明：《社会主义：一个总体性认识》，《马克思主义研究》2012 年第 6 期。

黄碧影：《在救世理想与现实苦难之间——张东荪对社会主义问题的思考》，《现代哲学》2011 年第 4 期。

黄见秋等：《只有社会主义才能救中国》，《华南师范大学学报》（社会科学版）1981 年第 3 期。

黄岭峻：《30—40 年代中国思想界的“计划经济”思潮》，《近代史研究》2000 年第 2 期。

姬金泽：《马克思主义社会主义与东方文化的解读》，《中国青年政治学院学报》2007 年第 2 期。

贾伯中：《社会主义思想史上的平等思想比较分析》，《社会主义研究》1990 年第 5 期。

姜辉：《国外独立左翼人士的“新社会主义”观》，《教学与研究》2000 年第 5 期。

金冲及：《他们为什么选择了社会主义——五四时期先进青年思想变动轨迹的剖析》，《科学社会主义》1989 年第 9 期。

寇清杰：《“儒家社会主义”评析》，《思想理论教育导刊》2010 年第 10 期。

匡珊吉：《无政府主义在中国的传播及其破产》，《四川大学学报》（哲学社会科学版）1979 年第 1 期。

李凤成：《梁启超社会主义思想源流、主张及其历史贡献》，《求索》2012 年第 5 期。

李光一：《无政府主义在中国的传播及破产》，《史学月刊》1981 年第 2 期。

李其驹等：《只有社会主义才能救中国》，《江汉论坛》1979 年第

1 期。
廖生智：《社会主义传入中国的演进历程探究》，《湖北社会科学》2013 年第 8 期。
林建华、聂新：《“中国到自由之路”——罗素社会主义思想的中国化过程及其影响》，《东岳论丛》2006 年第 6 期。
刘贵福：《刘师复社会主义思想述论》，《近代史研究》1994 年第 2 期。
刘家峰、刘莉：《基督教社会主义在近代中国的传播与影响》，《宗教学研究》2009 年第 3 期。
刘立范：《漫谈“社会主义”由来和含义》，《胜利油田党校学报》1987 年第 1 期。
刘其发：《近代中国空想社会主义简论》，《江汉论坛》1985 年第 12 期。
刘是今：《20 世纪 30 年代王造时费边社会主义思想述论》，《湖南师范大学社会科学学报》2012 年第 6 期。
刘是今：《一个鲜为人知的费边社会主义宣传团体——主张与批评派初探》（上），《广西社会科学》2007 年第 12 期。
刘是今：《超越与困顿——二十世纪三、四十年代中国自由主义知识分子与民主社会主义》，《湖南经济管理干部学院学报》2006 年第 4 期。
刘颖涟：《“中国近代史上的社会主义学术研讨会”综述》，《教学与研究》2010 年第 10 期。
刘勇：《试述无政府主义对中国现代工人运动的积极作用》，《党史研究与教学》1996 年第 2 期。
禄德安：《第二次世界大战后民主社会主义在欧洲全面兴起的原因———以英法两国为例》，《河南师范大学学报》（哲学社会科学版）2010 年第 5 期。
鲁法芹：《民国初年中国社会主义思潮概述》，《当代世界社会主义问题》第 2021 年第 1 期。

鲁法芹:《中国早期社会主义思潮与传统均贫富思想的关系》,《当代世界社会主义问题》2012 年第 3 期。

鲁法芹:《晚清社会主义思潮在中国传播的若干问题》,《当代世界社会主义问题》2012 年第 1 期。

鲁法芹:《中国早期无政府主义者的社会主义观评析——兼论师复对民生主义的诘难》,《当代世界社会主义问题》2010 年第 4 期。

卢毅:《平社与费边社渊源初探——兼论拉斯基学说在中国》,《学术研究》第 2002 年第 3 期。

罗文东:《人道主义与马克思主义、社会主义》,《科学社会主义》2004 年第 6 期。

马秋丽:《学说上的社会主义与信仰上的社会主义》,《当代世界社会主义问题》2005 年第 4 期。

孟宪平:《当代西方独立左翼的新社会主义观及评价》,《宁波职业技术学院学报》2008 年第 3 期。

亓元:《社会主义、自由主义与政治价值——20 世纪两大思潮争论的一种解释》,《社会科学》2010 年第 3 期。

秦秋:《简析西方社会的“新社会主义”观》,《聊城大学学报》(社会科学版)2006 年第 3 期。

裴大新:《近代中国空想社会主义的特点》,《社会主义研究》1984 年第 2 期。

裴德海:《早期社会主义者人道主义的价值向度》,《江淮论坛》2007 年第 1 期。

乔贵平:《实质民主与形式民主之争——20 世纪社会主义与自由主义关于民主问题的分歧之一》,《云南行政学院学报》第 2010 年第 3 期。

秦正为:《1930 年代中国现代化的萌动及其社会主义走向》,《长白学刊》2010 年第 3 期。

任晓伟:《阶级民主和程序民主——考茨基和列宁政制之争再思考》,《当代世界社会主义问题》2011 年第 2 期。

沈宝祥：《什么是社会主义？——学习马克思恩格斯有关论述的笔记》，《马克思主义与现实》2008 年第 1 期。
沈骏：《江亢虎的社会主义与中国社会党》，《华中师范大学学报》（哲学社会科学版）1989 年第 1 期。
盛邦和：《中国“儒家社会主义”论析》，《史学月刊》2007 年第 4 期。
宋连胜等：《论邓演达的社会主义观》，《社会科学战线》2009 年第 8 期。
宋连胜、李波：《邓演达与毛泽东社会主义思想之比较》，《理论学刊》2007 年第 4 期。
孙关宏等：《理论与历史：逻辑的错位——再论考茨基的“民主与社会主义”理论》，《浙江社会科学》2009 年第 2 期。
孙宏云：《拉斯基与中国：关于拉斯基和他的中国学生的初步研究》，《中山大学学报》（社会科学版）2000 年第 5 期。
孙建华：《“社会主义论战”与马克思主义中国化思想探论》，《社会主义研究》2010 年第 6 期。
孙楠楠：《略论中国特色社会主义道路的历史必然——中国“第三条道路”破产给我们的启示》，《改革与开放》2014 年第 13 期。
孙雨亭：《社会主义伦理化思潮评析》，《杭州师范学院学报》1991 年第 4 期。
田明孝：《所有制问题与社会主义》，《浙江学刊》2012 年第 4 期。
万平、李文峰：《“经济决定论”的历史指认》，《前沿》2011 年第 7 期。
王劲：《二十世纪初中国的社会主义思潮》，《兰州大学学报》（社会科学版）1983 年第 1 期。
王国宇：《再评五四时期关于社会主义的论战》，《湖南师范大学社会科学学报》1993 年第 4 期。
王纪河：《建党前夕关于社会主义的论战》，《河北师范大学学报》1991 年第 3 期。

王力：《 20 世纪中国社会主义与自由主义论争的历史审视》，《河北师范大学学报》（哲学社会科学版）2010 年第 1 期。

王明生：《罗素的两大命题与 20 世纪初社会主义论战的再审视》，《江苏社会科学》2010 年第 2 期。

王尚明：《“社会主义”一词溯源》，《四川统一战线》2014 年第 1 期。

王跃：《试论社会主义一般与特殊——从社会主义在中国的早期传播谈起》，《南京社会科学》2013 年第 8 期。

王增智：《20 世纪 20 年代的社会主义讨论与马克思主义中国化》，《湖北社会科学》2012 年第 11 期。

汪宗田等：《“什么是社会主义”30 年研究述评》，《当代世界与社会主义》2011 年第 2 期。

卫春回：《试论吴景超“自由主义的社会主义经济”学说》，《近代中国》2014 年第 23 辑。

魏万磊：《论 20 世纪 30 年代中国国社党的社会主义观》，《广西师范大学学报》（哲学社会科学版）2011 年第 3 期。

魏万磊：《论 20 世纪 30 年代国家社会主义的内涵》，《清华大学学报》（哲学社会科学版）2009 年第 6 期。

翁贺凯：《战后张君劢的社会主义新思考》，《史学月刊》2008 年第 6 期。

翁贺凯：《“国家社会主义下之计划经济——张君劢 1930 年代的社会主义思想论析》，《福建论坛》（人文社会科学版）2007 年第 8 期。

吴恩远：《苏联社会主义体制与 20 世纪 30 年代的世界经济危机》，《世界历史》2009 年第 3 期。

吴海勇：《中共一大召开前社会主义思潮与激进政党创建的历史考察（1911—1921 年）》，《上海党史与党建》2018 年第 10 期。

吴宣恭：《关于“生产要素按贡献分配”的理论》，《当代经济研究》2003 年第 12 期。

吴玉军：《公正：社会主义的基本价值追求》，《中国特色社会主义研究》2012 年第 3 期。

夏学花：《三十年代初现代化问题大讨论中的社会主义思想研究》，《社会主义研究》2011 年第 2 期。

谢荫明：《十月革命前后社会主义思潮在中国传播之比较》，《新视野》1989 年第 6 期。

徐觉哉：《近代中国社会主义思潮的多元谱系》，《中国延安干部学院学报》2018 年第 4 期。

徐木兴：《拉斯基民主社会主义思想探析》，《社会科学战线》2011 年第 2 期。

徐行：《试论社会主义思潮在华传播的起始》，《南开学报》（哲学社会科学版）1999 年第 2 期。

许耀桐：《什么是社会主义：面对困惑的沉思——访许征帆教授》，《社会主义研究》1989 年第 5 期。

轩传树等：《当代世界社会主义思潮研究述评》，《马克思主义研究》2010 年第 10 期。

严铭：《社会主义在中国早期传播的研究》，《哲学动态》1987 年第 6 期。

闫润鱼：《试析自由主义与社会主义的“重叠共识”——基于 20 世纪上半叶中国思想界的考察》，《教学与研究》2010 年第 10 期。

杨菲蓉：《梁漱溟与社会主义》，《社会主义研究》1999 年第 5 期。

杨国强：《二十年代初期“社会主义讨论”的历史思辨》，《上海社会科学院学术季刊》1993 年第 4 期。

杨汉鹰：《梁启超介绍西方社会主义学说的几个问题》，《江汉论坛》1985 年第 2 期。

杨俊、程恩富：《共产国际与中国革命》，《中国社会科学》2014 年第 9 期。

杨奎松：《社会主义从改良到革命——十月革命对中国社会思想的影响》，《学术界》1987 年第 5 期。

杨丽娟：《邵飘萍早期社会主义观探析》，《扬州大学学报》（人文社会科学版）2010 年第 5 期。

杨日鹏、王建民：《泰勒与社会主义经济核算论战》，《社会主义研究》2010 年第 2 期。

杨卫华：《20 世纪上半期基督教社会主义的在华传播及影响》，《当代世界社会主义问题》2013 年第 1 期。

杨向荣、薛诚：《从马克思主义“真正的民主”看当代中国民主建设》，《云南行政学院学报》2010 年第 6 期。

杨阳：《试析基尔特社会主义在中国的传播》，《广西社会科学》2009 年第 6 期。

殷叙彝：《“民主社会主义”和“社会民主主义”概念的渊源和演变》，《中国特色社会主义研究》2007 年第 5 期。

殷叙彝：《民主社会主义与伦理社会主义》（下），《当代世界社会主义问题》1997 年第 1 期。

应祖国：《社会主义学说在中国早期传播问题辨析》，《福建师范大学学报》（哲学社会科学版）1988 年第 2 期。

于光远、高放：《关于“社会主义”一词的通信》，《读书》1979 年第 2 期。

俞祖华、赵慧峰：《社会主义：现代中国三大思潮的共同取向》，《中国文化研究》2010 年秋之卷。

原付川等：《〈西国近事汇编〉及其社会主义思想的传播》，《理论学刊》2010 年第 7 期。

张海鹏：《近代中国历史发展选择了社会主义道路》，《当代中国史研究》2009 年第 5 期。

张雷声：《论价值创造的意义——析理论界存有误解的几个问题》，《中国人民大学学报》2003 年第 1 期。

张丽君：《哈耶克与 20 世纪的社会主义》，《河南师范大学学报》（哲学社会科学版）2007 年第 4 期。

张太原：《二十世纪三十年代国民党主流报刊上的马克思学说之运用》，《中共党史研究》2014 年第 2 期。

张五钢：《列宁的苏维埃代议制民主思想研究》，《河南社会科学》2012 年第 9 期。

张宪文、汪佩伟：《第三党“社会主义”思想初探》，《南京政治学院学报》1990 年第 6 期。

张永：《20 世纪 20 年代各政治派别对社会主义模式的态度及对大革命的影响》，《求索》2006 年第 4 期。

赵庆元：《“经济决定论”的多重误识及其解析》，《求实》2009 年第 5 期。

郑传芳：《对马克思主义中国化的若干认识》，《福建行政学院福建经济管理干部学院学报》2006 年第 5 期。

郑大华：《中国近代社会主义研究的几个问题》，《教学与研究》2010 年第 10 期。

郑大华、王毅：《新世纪以来近代中国社会主义思想研究的回顾与展望》，《中国文化研究》2010 年秋之卷。

郑大华、高娟：《改造与五四时期社会主义思想的传播》，《求是学刊》2009 年第 3 期。

郑大华、张英：《论苏联“一五计划”对 20 世纪 30 年代初中国知识界的影响》，《世界历史》2009 年第 2 期。

郑瑞峰：《20 世纪 40 年代自由知识分子对社会主义的解读——以〈观察〉为中心》，《福建论坛》2009 年第 8 期。

周鼎：《文化保守主义与基尔特社会主义：从中心到边缘》，《社会科学研究》2006 年第 3 期。

周穗明：《社会主义与 20 世纪意识形态》，《当代世界与社会主义》2001 年第 3 期。

朱锋刚：《天下观念、民族国家与现代认同——权力与教化变奏下社会主义核心价值体系建设之思考》，《社会科学辑刊》2013 年第 3 期。

朱汉国：《五四时期知识分子张扬社会主义的缘由及启示》，《郑州大学学报》（哲学社会科学版）2009 年第 4 期。

朱汉国：《简析梁漱溟的“社会主义”》，《史学集刊》1997 年第 2 期。

朱丽英：《“民族社会主义”还是“国家社会主义”?》，《读书》1999 年第 12 期。

朱旭红、田孝明：《近代社会民主主义思想的产生——社会民主主义概念进入政治的结果》，《江汉论坛》2012 年第 8 期。

庄有为：《三十年代初张君劢的国家社会主义思想述评》，《上海师范大学学报》（哲学社会科学版）1989 年第 4 期。

邹庆锋：《社会主义一词的由来及其发展》，《社会主义研究》1980 年第 3 期。

左玉河：《试析张东荪“社会主义的民主主义”理论》，《史学月刊》1995 年第 2 期。

（五）学位论文

李文坛：《社会主义思潮在近代中国的早期传播（1871—1910 年）》，硕士学位论文，四川省社会科学院，2017 年。

刘明明：《试论 20 世纪 40 年代中国自由知识分子向左翼发展的历史起势》，硕士学位论文，上海师范大学，2009 年。

宁文晓：《中国自由主义知识分子的政治态度研究——以〈观察〉周刊为中心》，博士学位论文，东北师范大学，2010 年。

师泽伟：《近代中国无政府主义思潮流变研究（1924—1941）》，硕士学位论文，东北师范大学，2011 年。

谭庆辉：《30 年代初思想界社会主义思潮的历史考察》，硕士学位论文，湖南师范大学，2007 年。

郑志峰：《重建社会重心：战后自由知识分子群体研究（1945—1949）》，博士学位论文，华东师范大学，2008 年。

后　记

本书得以脱稿得益于我在博士学习期间的积累。多年前，特殊的机缘，让我在已经过了求学的黄金时间之际，开始攻读博士学位。四年求学时间，易逝但非匆匆。求学期间成果寥寥，唯一值得安慰的是不忘求学初心，就着一个并不热门的选题，心无旁骛，徜徉于旧书故纸之中。爬梳之余，有过震撼，有过叹息。治学魅力，我只窥见一二，却已心存感动。感谢这一段求学时光！

对于知识分子群体感兴趣是偶然的际遇。但是长期接受马克思主义理论学科的学术训练，选择以国共之外的知识分子群体为研究主体探讨社会主义的话题，无论对既往的学术积累，或是对未来研究空间的预判，对博士求学期间的我而言其实都是挑战。博士定题时抱持的“要么飞，要么死”的飞鸟心态，至今想来，依然鲜活。时过境迁，自己也有学生求学于门下，此时特别感念导师郑传芳教授对我的包容。在确定选题期间，几度易题，但无论何时，老师总是报以最大限度的宽容、耐心、等待与支持。在研究过程中，在马克思主义理论学科与历史学科之间，我时不时会不由自主地陷入困惑。感谢郑老师总在关键问题上，给我以及时的提点，帮我把正航向。老师的谆谆教诲，使我受益无穷，拜惠久久！

博士毕业后，我对知识分子群体的研究兴趣依然不减。深入他们的舆论空间，总能与一些意料之外的思想不期而遇，它所展现的历史的多样性与复杂性，正是它的魅力所在。我相信，每一次际遇，都是一种积累。

学术路上，会有很多无缘谋面的领路人。本书可以成型，仰赖许多前辈学者的开拓和奠基。在此无法一一言谢，只能感念于心，默默铭记！

本书能与读者见面，特别感谢北京师范大学王树荫教授，华南师范大学陈金龙教授，社会科学文献出版社仇扬老师的指点和帮助。这样的帮助，对他们而言，或许只是他们又一次习以为常的举动，但对我却是莫大的支持。感恩铭记之余，定当牢记师者清芬，成人修己！

最后，但不是最不重要的，是要感谢我的家人！感谢年迈的父母长时间精神上的支持和生活上无微不至的照顾！感谢我的先生和懂事的儿子，在我为科研烦躁之时给予的最大的包容！他们让我成了最幸福的人！

祝愿所有感念的人，平安、健康、快乐！祝愿自己，治学之路，不忘初心！

于榕城闽江之畔

2023 年 12 月